제4판

담론분석 입문
: 이론과 방법

An Introduction to
DISCOURSE ANALYSIS
THEORY AND METHOD

James Paul Gee 지음
이수원 · 임민정 · 박수경 옮김

아카데미프레스

An Introduction to Discourse Analysis: Theory and Method, 4/E
by James Paul Gee

역자 서문

이 책은 언어를 어떻게 이해해야 하는가, 즉 언어의 본질을 설명하고 있습니다. 우리는 언어와 거대 담론을 생산해 내지만 이로부터 영향을 받기도 합니다. 지금까지 국내 담론 분석 연구의 대부분은 내용 범주화를 통해 자료를 분석했습니다. 반면, 화자나 저자가 주어진 맥락 속에서 언어로 자신의 정체성을 어떻게 드러내고 수행하며 사회적 재화의 분배에 참여하는가 그리고 언어 사용에서 거대 담론이 어떤 역할을 하는가 등 사회, 문화, 역사 관점에서의 비판적인 담론 분석이 상대적으로 부족했던 것 같습니다.

이에 담론 분석과 관련된 대학원 강의를 진행하고 있는 역자들은 담론 분석에 대한 실제와 심도 깊은 해석을 위한 이론의 틀을 국내 연구자들과 함께 나누고자 뜻을 모아 번역 작업을 시작하게 되었습니다. 이 책은 담론 분석의 범위와 가능성을 보여 주므로 담론 분석의 한계에 봉착하여 갈급했던 목마름을 해소해 주는 책으로 사료됩니다.

원저자는 거대 담론(Discourse with a capital "D")과 거대 담화(Conversation with a capital "C")를 구분하고 있습니다. 거대 담론은 사회 내에서 특정 정체성을 수행하기 위한 모든 언어와 행동(말하기, 생각하기, 가치를 두기, 도구와 다양한 상징을 사용하기 등)을 의미합니다. 거대 담화는 흡연가와 비흡연가 간의 상충되는 권리, 좌 · 우의 이데올로기적 대립과 같이 어느 입장이냐에 따라 말과 글의 해석의 여지가 달라질 수 있는 사회 이슈나 논쟁을 의미합니다. 지금까지 국내에서 담론과 담화를 혼용하여 사용해 왔지만 이 책에서 원저자는 거대 담론과 거대 담화를 구분하여 설명하고 있습니다.

또한 영어 문장의 어순과 국어 문장의 어순이 다르지만 면담 전사 자료의 행과 연이 담론 분석에서 중요한 조사 도구이므로 담론 분석의 예로 제시된 면담 전사 자료의 경우 행과 연의 순서를 바꾸지 않고 그대로 옮겨 놓았습니다. 각 행마다 세부 주제가 담겨 있고 그러한 행이 모여 하나의 연을 이루고 있으므로 독자 여러분께서 이 책에 수록된 면담 전사 자료의 영문과 국문을 교독하실 것을 권합니다.

이 책은 담론 분석의 이론과 실제로 구성되어 있습니다. 1장과 10장부터 14장, 용어 설명까지를 이수원 교수가, 2장부터 5장까지를 임민정 교수가, 6장부터 9장까지를 박수경 교수가 번역했습니다. 번역물이 출간되도록 도와주신 아카데미프레스 사장님과 편집해 주신 분들께 감사 드립니다.

교육학, 간호학, 사회학, 정치학 등 다양한 분야에서의 담론 분석 입문자, 연구자 및 대학원생에게 이 책을 추천드립니다. 이 책의 출간이 담론 분석을 비롯하여 질적연구를 하는 독자 여러분들과 연구 방법상의 의견을 나누는 대화의 출발점이 될 수 있길 기대합니다.

2017. 6. 5.

역자 일동

저자 서문

한국 독자들께

‘이름이 없는 것’을 소개하고자 합니다. 오늘날 지식인은 인간의 활동이 세계적인 기후 변화를 야기하고 있음을 알고 있습니다. 하지만 현실에선 연약한 우리 개개인들이 직접 그러한 큰 일을 해낼 수는 없습니다.

현재 기후 변화의 원인은, 자연 세계, 문화, 역사, 테크놀러지, 개인으로서/다양한 사회집단의 구성원으로서의 인간들 간의 복잡한 상호작용에 있습니다. 대부분의 경우 인간 홀로 (기후 변화와 같은 일을 만드는) 대행자가 아니라 더 큰 복합체의 일부로서 그러한 일들을 만들어 냅니다.

인간과 인간이 아닌 것 간의 복잡한 상호작용과 같은 “큰 일(big things)”을 무엇이라고 부를 수 있을까요? 우리 인간이 대행자로서의 인간에만 과도하게 관심을 갖고, 자연, 사회, 기관, 역사 그리고 문화적 요소에 관심을 갖지 않을 때 그 큰 일은 이름이 없습니다. 우리 인간이 영향력을 발휘하고 무엇인가를 하고자 한다면 자연, 사회, 기관, 역사 그리고 문화적 요소는 실행되어야만(일을 가능케 하고, 특정 방식으로 작동케 하며 특정 방식으로 상호작용할 수 있도록 해야만) 합니다.

변화를 야기할, 인간과 인간이 아닌 것 간의 크고 복잡한 상호작용을 무엇이라고 부를 수 있을까요? 우리는 이를 “인간-물질-자연-사회-문화-기관-역사-정치-테크놀러지로 연결된 상호작용”이라고 부를 수 있을 것입니다(이 개념은 프랑스 이론가 Bruno Latour의 생각과 유사합니다). 하지만 이 표현은 너무 장황합니다.

그래서 “인간과 인간이 아닌 것 간의 큰 일”이라고 짧게 부릅시다. 기후 변화의 원인은—우리가 지구 온난화 문제를 연구할 수 있고, 또 죽기 전에 이를 해결하고자 한다면 연구해야만 하는—"인간과 인간이 아닌 것 간의 큰 일"의 사례입니다. 인간 개인을 연구하는 것은 아무 득이 없습니다.

우리 인간이 말하고 쓸 때에도 비슷한 일이 생깁니다: 작은 존재로서의 우리와 큰 존재로서의 우리 간의 상호작용이 있습니다. 이 아무개라고 불리는 개인이 이 아무개라는 개인으로서 말하더라도 그 말이 의미가 있는 이유는, 자연, 문화, 사회, 기관, 역사, 정치학, 때로는 도구와 테크놀러지 간의 복잡한 상호작용이 그 의미를 가능케 하고 세상에 영향을 미치기 때문입니다.

저는 비디오 게임을 좋아하여 비디오 게임으로 예를 들겠습니다. 제가 게이머로서 "게임 기계는 문제 해결의 도구입니다."라고 말했을 때, 게임이 다양한 종류의 인간과 인간이 아닌 것 간의 상호작용(사회, 제도, 테크놀러지, 문화의 상호작용)으로서의 게임이 아니라면, 이 주장은 아무 의미가 없습니다.

게이머로서 말하려면 큰 것(사회-문화-제도적인 전체 게임 시스템)이 필요하며, 게이머와 학자로서 말하고자 한다면 두 개의 큰 것(게임과 학문)과 이 둘 간의 상호작용이 필요합니다. 그러나 이러한 큰 것은 또한 저를 필요로 합니다. 우리 인간이 큰 것을 우리 목소리로 표현하지 않는다면, 그 큰 것은 소멸할 것입니다(그리고 많은 것들이 역사에서 사라집니다. 예컨대, 기독교에서 기둥 은자pillar hermits가 몇 세기 동안 지속되었지만 더 이상 존재하지 않습니다).

우리는 각자 언제 어디에서든 큰 것을 말하며, 어떤 이는 우리가 있기 전에 큰 것을 말해 왔고 또 어떤 이는 우리 이후에 큰 것을 말할 것입니다. 지상에서의 짧은 삶 동안 우리가 큰 것을 말할 때 그것을 바꿀 수 있습니다. 우리는 개개인마다 고유하므로 우리 각자의 스타일에 따라 그것을 바꿀 수 있습니다. 또한 우리는 각자가 서로 다른 큰 것의 일부이므로(예컨대 저는 게이머, 언어학자, 교육자, 선생, 조류 사육자, 작가, 농부, 미국인 그리고 수많은 누군가가 될 수 있습니다) 우리는 큰 것을 바꿀 수 있습니다. 우리는 수많은 큰 것을 표현해 내기도 하며 이 큰 것은 우리 마음 속에서 상호 영향을 줄 수도 있습니다.

우리는 항상 특정 유형의 사람으로서(성직자, 의사, 한국인, 페미니스트,

조류 사육자, 게이머, 당원, 정치인, 학생 등등) 말하거나 글을 씁니다. 다양한 유형의 정체성은 말하거나 글을 쓰는 동안 상호작용합니다. 다양한 큰 것은 역사적으로 우리 인간을 통해 스스로를 드러내고 상호작용합니다. 게임이 학문분야가 되어 건강, 교육, 사회활동처럼 오락 이상으로서 연구된 이래로, 우리가 게임과 관련하여 말하고 행동할 때 게임은 정치, 상업, 대중문화 그리고 오늘날의 학문에 이르기까지의 큰 것에 대해 큰 것으로서의 모습을 드러내고 다양한 큰 것과 상호작용합니다.

그래서 작은 것(우리)과 큰 것(우리가 일부 된 것)이 항상 있고 있어야만 합니다. 이 두 가지는 결코 분리될 수 없습니다. 이는, 말하기와 쓰기가 작은 것과 큰 것이 만나 역사를 만들어 나가는 것을 이해할 이상적인 수단이 되는 이유이기도 합니다.

영어 쓰기에서 우리는 소리를 표현하기 위해 문자를 사용합니다. 영어에는 소문자와 대문자가 있습니다. Kim, American이나 Korea처럼 고유명사의 첫 글자나 문장의 첫 글자를 대문자로 표기합니다. 영어가 게르만어이긴 하지만 독일어는 대문자를 우리보다 더 많이 사용합니다.

작은 것(말하기와 쓰기 같은 우리의 대화)과 큰 것(사회, 문화, 제도, 정치, 테크놀러지, 역사, 사물계와 자연계 간의 상호작용에서의 담론) 간에 차이를 두고자 큰 것을 의미하는 담론의 첫 글자를 대문자로 표기했습니다. 처음 이를 시도했을 때 학술지나 도서 편집자들은 화를 내거나 심지어는 출판을 거절하기도 했습니다. 담론이라는 단어가 고유명사가 아닌 보통명사이므로 대문자 표기는 잘못된 영어 표기라는 이유였습니다(독일인만 보통명사의 첫 자를 대문자로 표기하는 것을 수용했습니다). 이는 편집자들이 개인으로서 말한 것일 뿐 아니라 편집자, 영어 순혈주의자, 그리고 학자로서 말하고 행동한 큰 담론이기도 합니다.

하지만 거대 담론("big D Discourse", 이를 큰 담론 혹은 거대 담론으로 부를 수 있을 것입니다)은 큰 것을 명명하기 위해 제가 이름 지은 것이고, 수년이 지난 지금은 영어에서(최소한 영어학에서) 하나의 단어이며 제가 대문자로 표기하더라도 아무도 반대하지 않습니다. 그러나 한국인인 여러분에게는 이를 명명하기 위해 대문자가 필요하지 않을 수도 있습니다. 그냥 큰 것이라 부르고 다만 우리가 큰 것을 취하고 실행해야 할 때, 우리 인간이 모두 미미한 존재이며 그래서 겸손하고 더욱더 사려 깊어야 함을 기억해 주십시오.

2017년 1월 28일

제임스 폴 지
애리조나 주립대학
문해교육의 메리 루 폴튼 석좌교수

Dear Korean Readers

Let me introduce you to type of creature that has no name. Any intelligent person today knows that human activity is creating global climate change. In reality, however, we frail little humans cannot really do such a big thing, all by ourselves.?

What really causes today's climate change is a very complex interaction among the natural world, institutions, cultures, history, technologies, and humans as individuals and as members of all sorts of different social groups. Here, as in almost everything, humans are not agents alone, but cause things only as parts of much larger complexes.

What can we call such big things, these complex interactions of the human and non-human? They have no name because we humans over-focus on humans as agents and do not pay enough attention to all the natural, social, institutional, historical, and cultural elements that must also "act" (do things, operate in certain ways, interact in certain ways) for anything we humans seek to do to actually happen.

What can we call these sorts of big, complex, partly human and partly not-human, interactions that bring about change? We could call them "human-material-natural-social-cultural-institutional-historical-political-technological networks of interactions" (and then we are very close to the French theorist Bruno Latour). But that is too much to say.

So, for short, let's just call them "human/non-human big things". Then we can say that what ultimately is causing climate change today is a specific human/non-human big thing that we can study and which we must study if we want to solve the problem of global warming before we are all dead. Studying individual humans alone will do no good.

When we humans speak and write, something similar happens: there is an interaction between us as small things and big things. An individual, say Kim Lee, speaks as Kim Lee the individual. But what she says takes on meaning only because a complex interaction of nature, culture, society, institutions, history, politics, and often tools and technologies, enables what she says to have meaning and effects in the world.

I like to play video games, so let me take video games as an example. Let's say I say (or write), as a gamer: "Game mechanics are tools for problem solving". This claim has no meaning outside gaming as a social, institutional, technological, and cultural interaction of many different sorts of things, human and not-human. Let's call such interactions—like gaming—also "big things".

I need the big thing (the whole gaming socio-cultural-institutional system) to speak as a gamer—and if I want to speak both as a gamer and an academic, I need two big things (gaming and academics) and their interactions, in order to speak. But the big things need me too. Unless we humans use our voices to speak for and through these big things, the big things die (and many in history have died, for example, in Christianity, "pillar hermits" existed for centuries, but do no more).

Each of us voices the big things for a time and place, others have voiced them before we came on the scene, and yet others will voice them after us. As we voice them, for our short stay on earth, we change them. We change them because we are each unique as individuals, with our own style. And we change them, too, because we are, each of us, parts of different sorts of big things (I, for example, am a gamer, a linguist, an educator, a teacher, a birder, a writer, a small farmer, an American, and many other things). We each serve as a voice for a number of big things and allow each of them to influence each other inside us.

We always speak or write as some type of person—a type of priest, doctor, Korean, feminist, birder, gamer, gang member, politician, student, and so forth—and these types interact within us as we speak and write. Through us these types (these big things) speak to and interact with each other across history. As humans speak to and act with each other around games, gaming as a big thing also speaks to and interacts with other big things, like government, commerce, popular culture, and, now academics (all big things), as well, since we academics now study gaming and its uses for things other than entertainment, like health, education, and social activism.

So there is, and there always must be, the small thing (us) and the big thing (of which we are but a part). And the two cannot really be separated. That is why talk and writing (discourse) is an ideal place to study what happens when the small thing (us) meets the big thing (us as part of something much bigger) and, in the meeting, makes history.

In English writing, we use letters to represent sounds. We have small letters and big ones, which we call "capital letters". We use capital letters for the first letter in any word that begins a sentence and for the first letter in a proper noun (a name like "Kim", "America", or "Korea"). German uses capital letters for many more things than we do, despite the fact that English is a Germanic language).

Long ago, in order to make clear the difference between the little thing ("discourse" as talk and writing from us little people) and the big thing ("discourse" as talk and writing in interacting human, social, cultural, institutional, political, technological, historical, material, and natural systems) I capitalized the first letter of discourse when it meant the big thing. When I first did this it made copyeditors for journals and books angry, indeed—some refused even to do it—because it was, they said, "wrong" in English, since "discourse" was not a proper noun, but a common noun (Only Germans, they told me, would capitalize a common noun). This was not just them speaking as individuals, of course, but it was also the big discourses of copy-editors, English purists, and academics talking and acting through them.

But "big D Discourse" (you can call it big discourse or macro-discourse) was my name for the big thing, and now, after all these years, it is a word in English (at least academic English) and no one objects any more when I write it with its big letter. But, you Koreans, you do not need capitals to name the big thing. Just call it big and realize we humans are all small and, therefore, must be very humble and very thoughtful, indeed, when we act and, in the process, set big things in motion.

James Paul Gee
Cottonwood, Arizona, USA
January 28, 2017

Mary Lou Fulton Presidential Professor of Literacy Studies
Regents' Professor
Arizona State University

차례

제1장

서론

말하고 행하고 (누군가로) 되는 것으로서의 언어

언어란 무엇인가? 흔히 우리는 정보를 교환할 때 언어로 '무엇인가를 말할 수 있다'고 생각한다. 하지만 정보를 교환하는 것은 언어의 수많은 기능 중 하나일 뿐이다. 정보를 교환하는 것 이외에도 우리는 언어를 이용하여 행동하거나 무엇이 될 수도 있다. 이 책에서 다룰 많은 내용 중 하나는, 말하는 것이 행동하거나 (누군가가) 되는 것과 늘 밀접한 관련이 있다는 사실이다.

우리는 언어로 일을 할 수 있다; 우리가 행동에 가담하고 활동에 참여할 수 있는 도구가 바로 언어이다. 우리는 언어로 사람들에게 일을 약속하고, 위원회 회의를 열며, 사랑하는 사람에게 고백을 하고 정치 문제를 논쟁하며 신에게 말하기(기도하기)도 한다. 이러한 일들은 정보를 교환하는 차원을 넘어서 우리가 언어로 할 수 있는 많은 일들 중 일부이다.

우리는 언어로 (누군가가) 될 수도 있다. 우리는 사회적으로 의미 있는 다양한 정체성을 언어로 실천한다. 의사, 변호사, 애니메이션 광팬이나 목수와 같은 전문가로서 말하기도 하고 평범한 일상의 사람으로서 말하기도 한다. 특정 시공간에서 정체성을 수행하기 위해서는 (정체성과 관련된 관례적인 화법대로) 이미 언급된 것을 말하고, 말한 것을 실천해야 한다. 만일 길거리 폭력단의 일원이라면, 이들은 학교 학생일 때와는 다르게 말해야 할 것이다. 심지어 다른 시간과 장소에서 동일인이 다르게 말하고 행동할 수도 있다.

언어로 말하고(정보제공), 행하고(행동), 존재하는(정체성) 것 간에 중요한 연관성connection이 있다. 만일 누군가 어떤 말을 했을 때 무엇을 하고자 하는지 그리고 누구로서 그 말을 하는지 모른다면, 그 말을 완전히 이해하지 못할 것이다. 완전한 이해를 위해서는 누가 그 말을 하고 무엇을 위해 그 말을 하는가를 알아야 한다.

간단한 예를 들어 보자. 거리에서 낯선 이가 당신에게 다가와서 "안녕하세요?"라고 한다. 그 낯선 이는 무언가를 말하지만 당신은 그 사람이 누군지, 그 낯선 이가 무엇을 하고자 하는지 모른다.

게임에서 낯선 이가 특정 반응을 얻기 위해 타인에게 인사를 한다고 가정해 보자. 혹은 당신에게 쌍둥이 형제가 있는데 낯선 이가 당신을 그 쌍둥이 형제라고 여겼다고 가정해 보자. 혹은 낯선 이가 오래 전에 만나서 잊고 지냈던 잘 모르는 사람인데 그가 당신을 친구로 여긴다고 가정해 보자. 앞서 첫 사례에서 게이머는 게임을 하고 있었고 다음 사례에서 당신 형제의 친구는 실수로 당신에게 우호적이었다. 마지막 사례에서 낯선 이가 당신을 친구로 (잘못) 여기고 우호적이었다. 당신이 일단 어떤 사례에 해당하는지 알고 나면 모든 것은 명백해진다(명백해진다고 해서 반드시 그 상황이 편해지는 것은 아니다).

친구이기도 한 나의 주치의는 사무실에서 내게 인사할 때 다음과 같이 말한다: "피곤해 보이네요." 주치의는 친구로서 나와 소소한 대화를 하고 있는 것인가 아니면 의사로서 내 건강에 대해 전문가의 진단을 하고 있는 것인가? 술집에서 친구가 장난스럽게 동료를 욕하는 것과 폭주족이 낯선 이를 협박하는 건 간에는, 설령 이들이 같은 말을 했을지라도, 상당한 차이가 있다. 단어는 같을 수 있으나 뜻이 다를 것이다. 말을 할 때 우리가 누구이며 무엇을 하고 있는가는 중요한 문제이다.

이 책에서 우리가 표현하고 행동하며 정체성을 실천할 때 언어를 어떻게 사용하는가에 관한 이론을 다룰 것이다. 물론 말, 행동, 정체성을 언어로 어떻게 연구하는지의 방법론도 다룰 것이다. (누군가로) 되는 것을 정체성으로 표현할 것이다. 하지만 이는 본질적으로 되고자 하는 자아감을 의미하는 것이 아니다. 대신, 다양한 시공간에서 다양한 목적으로 세상에서 (누군가가) 되고자 하는 다양한 방식을 의미하는 것이다. 예컨대, "좋은 학생" "제1정당의 정치인", "거친 경찰관", "비디오 게이머", "미 원주민" 등 끝도 없는 정체성의 리스트가 있다.

언어와 실제

우리에게 너무나 익숙한 것을 검토하는 최선의 방법 중 하나는 이를 낯설게 볼 수 있는 사례를 살펴보는 것이다. 대중문화 활동 중 하나이며 다수에게 익숙하지 않은 언어를 사용하는 영역인 Yu-Gi-Oh[1]를 보자.

Yu-Gi-Oh에 관해 몇 가지를 살펴보면, 먼저, 이는 면대면 혹은 비디오로 하는 카드 게임이다. 텔레비전 쇼, 영화, 책 형식의 Yu-Gi-Oh도 있다(여기서는 카드에 그려진 캐릭터들이 게임에서 실제 행동한다). 수많은 Yu-Gi-Oh 카드가 있고 게이머는 40개 카드 한 세트를 고르고 상대와 듀얼[2]할 수 있다. 게임에서 여러 수들은 카드에 그려진 괴물 간의 전쟁을 의미한다. 각각의 카드에는 게임에서 어떤 수로 움직이는지 지침이 있다. Yu-Gi-Oh는 일본 애니메이션의 한 형태이며 만화, 텔레비전 쇼나 영화 버전의 Yu-Gi-Oh에는 캐릭터와 줄거리가 있다. 일본 애니메이션은 전 세계적 현상이다. 이 모든 것이 당신에게 낯설게 보인다면 그것도 괜찮다. 아래는 한 카드에 적힌 문구를 인용한 것이다:

> 이 카드가 소환, 뒤집기 소환 혹은 특수 소환이라면 다음 효과 가운데 한 가지를 고르고 발동하시오: 장착 마법 카드 한 장을 골라 파괴하시오. 장착 마법 카드 한 장을 골라 이 카드에 장착하시오.

위 문장이 의미하는 바는 무엇인가? 일단 한국어가 모국어인 당신은 위 문장의 각 단어를 알 것이다. 하지만 실제로 쉽게 해석할 수 없을 것이다. Yu-Gi-Oh 카드 게임을 모른다면 여전히 무슨 말인지 모를 것이다.

위 문장이 실제 의미하는 바가 무엇인지 어떻게 알 수 있는가? 위 문장을

---

1) 국내에는 유희왕 카드로 도입되었다.

2) 국내 유희왕 카드 사용 설명서에 의하면, 1회 대전 후 승부가 정해지는 것을 '듀얼'이라 부른다. 3회 듀얼을 실행하는 것을 '매치'라 부르고 이 매치를 통해 승자를 결정한다.

이해하기 위해 우리는 학교에서 배운 대로, 사전이나 사용 설명서에서 단어 뜻을 찾아볼 것이다. 하지만 이 방법도 생각만큼 도움이 되지 않을 것이다. 이 게임 카드에 적힌 단어와 구절이 의미하는 바를 찾아볼 수 있는 웹사이트들이 있는데 실제 웹사이트에 가 보면 다음과 같은 글을 볼 수 있다:

> 장착 마법 카드는 몬스터 카드의 ATK와 DEF를 변화시키는 마법 카드이며 몬스터 카드에 특별한 능력을 부여한다. 이 카드는 일반적으로 장착 카드라고 불린다. 왜냐하면 장착 카드는 장착 마법 카드이거나 발동 후에 장착 카드로 여겨지는 트랩 카드이기 때문이다. 장착 마법 카드를 발동할 때 필드 위에 앞면 표시로 존재하는 몬스터를 선택하라. 이 카드가 파괴되거나 제거될 때까지 해당 몬스터에 장착 마법 카드의 효과가 적용될 것이다. 장착 몬스터가 필드에서 제거되거나 뒷면으로 뒤집힐 때 몬스터에 장착된 모든 장착 마법 카드는 파괴된다. 장착 마법 카드의 한 쌍은 무기이거나 갑옷과 같다.
>
> (출처: http://yugioh.wikia.com/wiki/Euip_Spell_Cards)

위 문장이 도움되는가? 카드를 모른다면 위 문장 역시 이해할 수 없을 것이다. Yu-Gi-Oh 카드에 관한 전체 글을 이해하기 위해 얼마만큼의 설명이 더 주어져야 할지 생각해 보자.

왜 도움이 되지 않았는가? 일반적으로 몇몇 단어가 이해되지 않을 때, 같은 종류의 단어를 더 알게 되어도 원문을 이해하는 데에는 도움이 되지 않는다. 사실, 단어 정의나 언어 설명으로 위 문장을 이해하는 것은 어렵다. 단어 정의를 알고 있다 하더라도 그 단어가 의미하는 범위 내에서만 알 뿐 단어를 사용하는 실제 맥락에서 그 단어를 적절히 사용하는 방법까지 이해하는 것은 아니다.

위 카드 게임 언어가 실제 의미하는 바가 무엇인지 알아야 한다면 무엇을 하겠는가? 아마 웹사이트에서 위와 같은 텍스트를 읽지는 않을 것이다. 만일 그렇게 한다면 실제 카드 게임에서 질 수밖에 없다.

카드에 적힌 언어가 의미하는 바를 배우는 최선의 길은 텍스트를 더 읽는 것이 아니라 카드 게임을 직접 해 보는 것이다. 어떻게 직접 해 볼 수 있겠는가? 게임하는 것을 지켜보고 나서 해 볼 수 있고, 다른 게임 참가자에게 조언을 구할 수도 있고, 게임 방법을 알려 주는 비디오 게임으로 게임을 해 볼 수 있으며, 게임을 연출하는 텔레비전 쇼나 영화를 볼 수 있고 그러고 나서 사용 설명서를 읽어 볼 수도 있다.

왜 이것이 카드에 적힌 언어의 의미를 배우는 최선의 길일까? 카드에 적힌 언어가 게임이나 규칙, 게임 방법에 관한 것이기 때문이다. 언어는 실제 활동으로서의 게임을 하기 위해 행동과 함께(언어 자체도 행동의 한 형태임을 기억하라) 사용된다.

Yu-Gi-Oh 카드 위에 적힌 언어는 단어 정의나 언어 설명, 즉 다른 언어로부터 의미를 얻는 것이 아니다. 이 언어는 카드 게임을 하는 활동으로부터 의미를 얻는다. 이것이 행하는 것으로서의 언어language as doing이다.

하지만 Yu-Gi-Oh는 활동(이 사례에서는 게임)이다. 왜냐하면 참여자들이 게이머나 특정 영역의 열광자(포켓몬이나 Yu-Gi-Oh 같은 애니메이션 카드 게임의 광팬)로서의 정체성을 취하기 때문이다. 이것은 (누군가가) 되는 것으로서의 언어language as being이다.

애니메이션 게이머나 팬이 없다면 애니메이션 게임이나 게임하는 행위도 없을 것이다. 애니메이션 게이머나 팬이 없고 게임하는 행위도 없다면 카드 위에 적힌 단어는 무의미해진다. 활동doing과 정체성being에 따라 언어로 말하는 것saying이 발생한다.

Yu-Gi-Oh가 낯설고 전형적이지 않은 사례인가? 이 책에서 언어가 작용하는 방식이 전형적임을 얘기하고자 한다. 낯설고 비전형적인 Yu-Gi-Oh 사례를 통해 우리가 일상 언어에 너무 익숙한 나머지 언어로 (무엇을) 하고 (누군가가) 되는 일을 잊고 있음을 알 수 있다.

Yu-Gi-Oh 카드에 적힌 언어의 경우, 그 의미를 사전이나 다른 언어에서 찾을 수 있는 것이 아니라 게임, 규칙, 그리고 게임 활동으로부터 의미가 비롯됨을 지적한 바 있다. 이러한 관점에서 모든 언어는 게임과 같은 활동으로부터 그 의미를 얻는다고 볼 수 있다. 실제로는 게임이란 단어를 잘 쓰지 않고 대신 좀 더 불가사의한 단어인 "실제practice"라는 말을 사용한다.

게임에는 승자와 패자를 결정하는 일련의 규칙이 있다. 위원회 회의, 강연, 정치 논쟁이나 이웃 간의 사소한 대화에 참여하는 것과 같은 활동은 특정 규칙이나 관습에 따라 수행되는 것이다. 이러한 규칙이나 관습은 승자와 패자를 (일반적으로) 결정하지 않지만 누가 적절하게 혹은 정상적으로 행동했는가 혹은 그렇지 않았는가를 결정한다. 사회에서 이는 일종의 승패와 같다고 볼 수 있다.

위원회 회의, 강연, 정치 논쟁이나 사소한 대화와 같은 일련의 활동은—보다 넓은 관점에서의 게임으로 볼 수 있겠지만—"실제"라고 불린다. 이 책에서 Yu-Gi-Oh 언어를 포함하여 모든 언어가 게임이나 실제로부터 그 의미가 생겨난다는 것을 얘기하고자 한다. 이 게임이나 실제는 말하고 행동하고 (누군가로) 되는 방식을 일컫는다.

언어와 정치학

Yu-Gi-Oh 규칙을 지키지 않는 것은, 게임을 틀리게 하고 있거나 규칙을 바꾸려고 시도하는 것이다. 규칙을 지키지 않는다면 다른 게임 참여자들과의 관계가 어려워질 수 있다. 규칙을 따른다면 게임을 적절하게 하고 있는 것이며 Yu-Gi-Oh 게임 참여자로서 타인에게 받아들여짐(유능한 게임 참여자가 아니더라도)을 의미한다. 만일 규칙을 따르고 유리하게 잘 활용한다면 당신은 게임에서 자주 이기고 남들에게 유능한 게임 참여자로 여겨질 것이다.

만일 당신이 Yu-Gi-Oh 게임을 좋아하고 게임 참여자로 여겨지길 원할 때, 당신을 게임 참여자 혹은 유능한 게임 참여자로 판단할 누군가가 있다는 것은 일종의 "사회적 재화social good"이다. 사회적 재화는 사회에서 사람들이 원하고 가치 있게 여기는 것들이다. Yu-Gi-Oh 게임 참여자 혹은 유능한 게임 참여자로 여겨지는 것은 몇몇 사람들에게는 사회적 재화이다. 이 경우, 게임에 참여하는 방법이나 타인이 이 게임을 받아들이는 방법은 중요하다.

위에서 Yu-Gi-Oh 언어는 Yu-Gi-Oh 게임을 수행하기 위해 사용됨을 얘기한 적 있는데, 마찬가지로 다양한 언어가 다양한 게임이나 실제를 위해 사용된다. 예컨대 초등학교에서 "좋은 학생"이 되는 실제(혹은 게임)를 살펴보자. 서로 다른 교실이나 학교에서 이 게임은 다소 다르게 진행된다. 그리고 이 게임은 시간이 지남에 따라 변한다. 17세기 미국에서 "좋은 학생"이 되는 요건, 즉 "좋은 학생"이 어떻게 말하고 행동하는가는 오늘날 "좋은 학생"이 되는 요건과 다르다.

하지만 각각의 경우에서 "좋은 학생"이 어떻게 말하고 행동하는가에 관한 관습(규칙)이 있다(여기서 "좋은 학생"이란 교사나 학교 교직원이 말하는 "좋은 학생"을 의미하며 이는 따옴표를 한 이유이기도 함). 훌륭한 Yu-Gi-Oh 게이머로 여겨지고 싶은 사람들이 있는 것처럼 다수의 아동들은 "좋은 학생"의 정체성을 얻길 원한다. 많은 부모는 자신의 자녀가 "좋은 학생"으로 인정받길 원한다. 따라서 "좋은 학생"으로 여겨지는 것은, 이를 원하는 사람들에게 사회적 재화가 된다.

따라서 "좋은 학생"이 되는 실제는, 게임이 아닐지라도("좋은 학생"이 되는 규칙이나 관습은 덜 형식적임) 실질적으로 "승자"와 "패자"가 있는 영역이다. 승자는 "좋은 학생"으로 여겨지길 원하고 또 이를 성취한 사람들이고, 패자는 "좋은 학생"으로 받아들여지길 원하지만 성취하지 못한 사람들이다.

지금까지 얘기한 대로, 서로 다른 학급과 학교에서 좋은 학생은 어떻게 말하고 행동하는가에 관련된 다양한 실제(다양한 게임)가 있다. Yu-Gi-Oh 사례처럼, 규칙을 다르게 해석하길 원하고 이를 변화시키려고 하는 사람들이 있다. 예컨대, "좋은 학생"은 항상 교사의 지시를 잘 따라야 하는가 아니면 교사에게 도전하고 현 상황을 바꿀 수 있어야 하는가? 한 학생이 교사에게 설명한 것을 증명해 보라고 요청한다면 "좋은 학생"인가, "문제 학생"인가?

당신은 Yu-Gi-Oh 게임 참여자로 받아들여지길 원치 않고 학교에서 "좋은 학생"이 되는 것을 거부할지도 모른다. 그렇다면 이런 것들은 당신에게 사회적 재화가 아니다. 그러나 어떤 것들은 당신에게 사회적 재화일 것이다. 아마도 "받아들여질 만한" 시민, 남자나 여자, 노동자, 친구, 활동가, 축구팬, 교육받은 사람, 원주민, 종교인, 기독교인 등등 누구든지 원하는 대로 받아들여지는 것이 사회적 재화가 된다.

이기길 원하는(받아들여질 만한 것으로 받아들여지는) "게임"이나 실제는 사회적 재화와 관계된 문제이다. 여기서 당신이 언어를 어떻게 사용하며(더 일반적으로는 어떻게 말하고 행동하고 누군가로 되고자 하며), 어떻게 사람들이 당신에게 반응하는지는 당신에게 중요한 일이 된다. 만일 받아들여진다면—게임에서 승리한다면—이는 사회적 재화를 얻음을 의미한다. 완전히 받아들여지지 않는다면—게임에서 진다면—이는 사회적 재화를 잃는 것을 의미한다.

사람들은 Yu-Gi-Oh 게임의 규칙을 두고 실제 무엇을 의미하며 정확히 어떻게 적용해야 하는지를 논쟁한다. 가끔 규칙을 바꾸기도 하고 다소 다른 규칙으로 게임할 것에 동의하기도 한다. 사회에서의 실제도 마찬가지다. 사람들은 "좋은 학생"이 되는 "규칙"이 무엇이어야 하는지를 두고 논쟁한다. 그들은 이 규칙을 변화시키려 하기도 하고 새로운 규칙에 동의하기도 한다. 그들은 이런 문제에 중요한 사회적 재화가 걸려 있기 때문에 논쟁한다.

요점을 분명히 하기 위해 극적인 사례를 보자. 결혼은 실제다. 결혼한 사람들이 어떻게 말하고 행동하며, 하나의 제도로서의 결혼에 대해 어떻게 말하고 행동하는지에 관한 형식적/비형식적 법과 관습이 있다. 오늘날 사람들은 동성애자의 결혼이 적절한지, 이를 결혼으로 볼 수 있을지, 이 결혼이 법률적으로나 교회에서 인정되어야 하는지를 두고 논쟁한다.

동성애자 두 사람의 관계를 두고 결혼이란 단어를 사용하지 못하는 것은 동성애자들에게 사회적 재화가 부인되는 것과 같다. 동성애자들은 이 사회적 재화가 허락될 수 있는 방향으로 결혼의 규칙을 해석하면서(혹은 규칙을 변경하면서) 논쟁한다. 동성애자들에게 있어서 결혼 이외의 용어들(예컨대, 합법적 관계legal union)은, 설사 결혼과 같은 법적 보호를 허용한다 해도, 받아들여질 수 없는 것이다.

Yu-Gi-Oh 게임이나 결혼에서 사용하는 언어처럼 모든 형태의 언어는 사람들이 수행하는 게임이나 실제로부터 의미를 얻는다. 게임이나 실제에서 누가 "받아들여질 만한지" 혹은 "좋은지", 즉 누가 승자이고 패자인지 결정된다. 실제에서 "우승하는 것"(원하는 것 혹은 성취하고자 하는 것)은 많은 사람들에게 종종 사회적 재화가 된다. 따라서 언어를 사용할 때 항상 사회적 재화가 걸려 있다. 아무도 게임이나 실제를 원하지 않는다면, 즉 "받아들여질 만하거나" "좋은" 것으로 여겨지는 것이 더 이상 중요하지 않다면, 게임이나 실제에는 더 이상 사회적 재화가 없고 게임이나 실제는 더 이상 존재하지 않을 것이다.

언어를 사용할 때 항상 사회적 재화가 관련된다. 말을 할 때나 글을 쓸 때 우리는 주어진 게임이나 실제에서 승자나 패자로 보일 위험을 무릅써야 한다. 게다가 우리가 타인을 승자나 패자로 받아들이기 위해 글을 쓰거나 말을 할 수 있다. 말하고 글을 쓸 때 우리는 사회적 재화를 얻거나 잃고, 주거나 거절할 수 있다. 파트너와 결혼했다고 말하는 동성애자들은 사회적 재화를 얻기 위해 노력하고 있다. 우리 사회 안에서 결혼이라는 "게임"을 어떻게 수행할 것인지의 문제는 동성애자들에게 이 사회적 재화를 주거나 주기를 거절하는 문제일 수도 있다. 그리고 사람들이 결혼이나 이와 같은 문제에 대해 어떻게 말하는가는 단순히 말에 관한 결정이 아니라 행동과 정체성에 관한 결정이기도 하다.

사회적 재화는 정치학의 문제다. 정치학은 정당 간 정치논쟁뿐만 아니라 더 깊은 관점에서 보면 사회에서 사회적 재화를 어떻게 분배하는가에 관한 것이기도 하다. 즉, 누가 사회적 재화(예컨대, 돈, 지위, 힘, 승인 등. 사회적 재화는 다양한 용어로 표현됨)를 얻을 것인가에 관한 것이다. 우리가 언어를 사용할 때 늘 사회적 재화와 사회적 재화의 분배가 걸려 있기 때문에 깊이 들여다보면 언어는 항상 정치적이다.

담론 분석의 두 가지 형태: 기술적 분석과 비판적 분석

담론 분석은 사용 중인 언어를 연구하는 것이다. 담론 분석에는 여러 가지 방법이 있다(본 장의 마지막 추천문헌 참조). 몇몇 분석 방법은 사용된 언어의 "내용", 즉 대화나 신문기사에서 논의된 이슈나 주제만 검토한다. 다른 접근 방법은 언어의 구조("문법")와 이러한 구조가 특정 맥락에서 의미를 어떻게 만드는가를 살펴보는 것이다. 이러한 접근법은 언어학에 뿌리를 두고 있다. 이 책은 그러한 접근법에 관한 것이다.

담론 분석에서의 다양한 언어학적 접근은 각기 다른 문법 이론에 근거하며 의미를 어떻게 표현하는가에 대한 서로 다른 관점을 보여 준다. 이 책에서는 말하고(정보제공) 행하고(행동) 되는(정체성) 방법을 통합하여 의미를 찾아보며, 통합을 가능케 할 도구로서 문법을 살펴볼 것이다. 예로 아래 두 문장[3)]을 보자:

1. 유충이 얼마나 자라는가는 확실히 상당히 다양하다.
2. 유충의 성장은 유의미한 정도의 다양성을 보인다.

1의 문장은 특정 분야의 전문가가 아니라 일반인으로서 말할 때 사용하는 언어이다. 이 문장은 그 자체가 정체성being을 표현한다. 개인의 관찰에 근거하여 의견을 표현하는 방식이며 이것이 바로 행동doing이다. 이 문장은 놀라움을 나타내거나 다른 이에게 유충을 길러 보도록 권할 때 사용될 수도 있다. 이 문장은 노란 뿔을 가진 귀여운 초록색 애벌레를 설명한 것이다.

2의 문장은 생물학 전문가의 언어이다. 이 문장도 전문가로서의 정체성being을 표현한다. 이 문장은 유충 관찰을 근거로 의견을 표현하는 것일 뿐만

---

3) 원문은 다음과 같다.

1. Hornworms sure vary a lot in how well they grow.
2. Hornworm growth exhibits a significant amount of variation.

아니라, 단순히 한 사람의 의견이 아니라 생물학 분야에서의 "유의미한" 통계적 검증에 근거한 주장이다. 이는 행동doing이다. 문장은 유충(혹은 유충의 귀여움)뿐만 아니라 "유충의 성장"을 유충의 추상적인 특질로 설명하고 있다.

두 문장의 문법(구조)은 매우 다르다. 1의 문장에서 문장의 주어(문장의 주제)는 명사 "유충"이다. 2의 문장에서 주어는 명사절인 "유충의 성장"이다. "유충의 성장"은 전체 문장의 정보를 표현하는 명사절이며 단순한 명사 "유충"보다 더 복잡한 구조를 지니고 있다. 이는 유충 그 자체가 아니라 유충의 추상적인 특질을 말하는 방식이며 일반인의 언어가 아니라 전문가의 언어로 표현하는 방법 중 하나이다.

2의 문장에서 "유의미한 정도의 다양성" 구절은 1의 문장보다 더 추상적인 명사("다양성")를 사용하고 이 명사를 "유의미한 정도의" 표현과 결합한 것이다. 다양하다는 표현은 통계적으로 측정가능한 추상적인 것("다양성")으로 바뀌었다. 이 역시 언어를 전문가의 언어로 만드는 방식 중 하나이며 개인의 관찰뿐 아니라 해당 학문 분야에서의 도구(예, 유의미한 통계 결과)와 연관짓는 방식이다.

이 두 문장의 문법은, 서로 다른 행동actions과 정체성identity을 수행하도록 말하는 방법을 보여 준다. 언어[4]의 구조를 자세히 들여다보면, 세상에서 말하고 행동하고 (누군가가) 되는 다양한 방식을 발견할 수 있다.

그렇다면, 우리는 왜 이를 분석하고 이해해야 하는가? 담론 분석의 기술적인 접근법에서는, 마치 물리학자가 물리적인 세계를 이해하기 위해 이 세계가 어떻게 작동하는지를 묘사하는 것처럼, 언어를 이해하기 위해 언어가 어떻게 작용하는지를 묘사한다. 담론 분석가나 물리학자의 공통된 바람은, 언어 혹은 물리적 세계가 어떻게 작용하는지 그리고 왜 그렇게 작용하는지를

4) 여기서 언어는 사용 중인 언어이다. Bakhtin(1981, 1986)은 대화나 글 등과 같이 사용되는 언어만이 살아있는 언어이며 언어 연구의 대상이 되어야 한다고 역설한 바 있다. 이 책의 저자도 언어를 언급할 때마다 늘 "사용 중인" 혹은 "누군가에 의해 말 되어진" 언어임을 부연설명하고 있다.

깊이 이해하고 설명하는 것일지도 모른다. 이들의 연구가 실세계에 적용될 수도 있겠지만 담론 분석가와 물리학자는 단순히 실세계에 적용하고자 연구하려는 것은 아니다.

기술적 담론 분석의 목적과는 다른 비판적 담론 분석의 목적을 살펴보면, 비판적 접근법의 목적은 언어가 어떻게 작용하는지 기술하거나 이론적으로 깊이 설명하고자 하는 것이지만 이것만을 목표로 하는 것은 아니다. 이 접근법은 세상의 제도, 사회, 정치적 이슈나 문제, 논쟁 등을 다루고 개입하는 것을 목표로 한다. 비판적 접근법의 담론 분석가들은 자신의 연구가 어느 정도 세상에 적용되길 바랄 것이다.

기술적 담론 분석가들은 비판적 담론 분석이 비과학적이라고 여긴다. 왜냐하면 그 응용된 담론 분석이 실제 그 문제에 대한 연구자의 관심사나 문제에 개입하려는 열정의 영향을 받을 수 있기 때문이다. 비판적 담론 분석가들은 흔히 순수한 기술 분석을 사회 정치적 책임을 회피하는 일로 여긴다.

이 책에서 저자의 관점은 모든 담론 분석은 비판적일 필요가 있다는 것이다. 이는 담론 분석이 정치적이어야 하기 때문이 아니라 언어 그 자체가 정치적이기 때문이다. 앞서 언어 사용의 의미는 언어가 사용되는 게임이나 실제로부터 비롯된다고 말한 바 있다. 그러한 게임이나 실제는 잠재적인 사회적 재화와 관련 있으며 사회적 재화의 분배는 정치학 영역의 핵심이 됨을 앞서 설명한 바 있다. 따라서 언어 사용을 완전하게 설명하기 위해서는 정치학을 다루는 것이 필수적이다.

언어는 인간이 세상과 제도, 그리고 사회 관계를 만들거나 허무는 중요한 도구이다. 담론 분석을 통해 실제 세상에서의 문제나 쟁점을 설명할 수 있으며 누군가에게는 유용하지만 누군가에게는 치명적일 수 있는 사회적 재화의 분배를 설명할 수 있다.

예를 들어 1과 2의 문장과 비교하여 아래 3의 문장의 차이점을 살펴보자. 3의 문장처럼 말한다면 우스꽝스러울 수 있다.

3. 유충 성장은 유의미한 정도의 다양성을 확실히 상당히 보여 준다.

위 문장이 왜 이상하게 들리는가? 이유는 일반인의 언어와 전문가의 언어가 혼합되었기 때문이다. 1의 문장에서 "확실히"는 유충을 관찰한 내용에 대해 사람의 태도나 감정을 표현한 방식이다. 화자에게는 (관찰한 내용이) 인상 깊고 약간 놀라웠던 것 같다. 화자는 자신이 키운 유충에 대한 열정을 보여 주고 있다. 하지만 과학의 "목소리", 즉 2의 문장과 3의 문장 일부의 목소리는 태도나 감정을 드러내지 않아야 한다. 냉정한 "이성"의 목소리여야 한다. 이것이 과학이라는 게임의 "규칙" 중 하나이다.

"규칙"을 기술하는 것, 즉 왜 3의 문장이 이상한지 설명하는 것은 언어를 다루는 담론 분석가의 일 중 일부이다. 그러나 그러한 객관적인 문장이 신뢰할 만한 과학을 위한 것인지 아니면 개인의 책임을 회피하기 위한 것인지 역시 우리가 생각해야 할 부분이다.

이 책의 후반에서 윤리적이고 정서적인 딜레마를 숨기고 피하기 위해 전문가의 언어가 사용된 실험 사례를 살펴볼 것이다. 언어 사용은 말하고 행동하고 (누군가가) 되는 일이므로 (우리의 분석이) 결과적으로 언어 사용을 판단/비판하게 되더라도, 비판적 담론 분석은 언어를 연구하는 담론 분석가로서의(담론 분석을 말하고 행동하고 그렇게 되고자 하는) 책무이기도 하다. 모든 언어는 정치적이며 우리들이 세상, 문화, 제도를 만들고 유지하는 방식 중 하나이므로, 언어를 연구하는 모든 담론 분석은 비판적 담론 분석이다. 담론 분석이, 좋은 것이든 나쁜 것이든 세상이 (언어로) 어떻게 만들어져 가는지를 밝히는 작업이므로, 모든 담론 분석은 "실제"이며 "응용"이다.

이 책에 관하여: 이론과 방법

이 책은 담론 분석의 개론서이다. 담론 분석에는 여러 접근법이 있지만 전적으로 "옳은" 분석이 있는 것은 아니다. 각기 다른 접근법은, 쟁점과 연구 목적에 따라 더 적절할 수도, 아닐 수도 있다. 때로 세부 연구 분야에 따라 연구 도구와 용어를 달리 사용해도 유사한 결론에 이르기도 한다.

이 책에서의 담론 분석은 저자만의 방법이 아니다. 학문적인 스타일이나 우리의 자아가 특정 방식으로 글을 쓰게끔 할지라도, 연구 도구나 이론이 한 사람에게만 속한 것은 아니다. 본 저자는 자유롭게 여러 학자들의 이론을 차용하고 통합했다. 아마도 본 저자가 타인의 가게에 가서 재료를 사와서 만든 수프의 "맛"에 이 책의 특징을 비유할 수 있다. 몇몇 학자들은 이 책에 기여한 부분을 인식하지 못할 수도 있고 어떤 학자들은 "맛"을 본 후에 기여한 사실을 인정하지 않을 수도 있다. 만일 간혹 새로운 내용이 이 책에 있다면, 본 저자가 타 이론을 빌려 섞어 새로운 수프를 만들어 낸 우연한 일일 것이다.

이 책은 일부분 연구방법에 관한 것이다. 그러나 여기서 다루는 연구방법의 전체 내용이 혼란스러울 수도 있다. 먼저, 연구방법은 언제나 이론과 병행한다. 방법이 마치 단독으로 존재하는 것처럼 가르쳐지곤 하지만 방법과 이론은 분리될 수 없다. 연구방법은 특정 영역을 조사하는 방법이다. 여기서 영역이란 사용 중인 언어language-in-use를 말한다. 실제 당신은 이 이론의 일부를 들어 본 적 있을 것이다: 사용 중인 언어는 말하기-행하기-되기에 관한 것이고 언어가 사용되는 게임이나 실제로부터 그 의미가 비롯된다.

언어에 대해 다른 이론을 가진 연구자들은 다른 연구방법을 사용할 것이다. 연구방법은 다양한 조사 도구tools of inquiry와 도구 사용 전략으로 구성되어 있다. 조사 도구는 연구자가 해당 분야에서 중요하다고 여기는 것을 묘사하고 설명하기 위해 설계되었다. 따라서 이론이 다르면(예컨대, 사용 중인 언어가 무엇인가 혹은 진화가 무엇인가 등에 관한 이론) 조사 도구 역시 달라진다.

이론에 따라 방법이 달라지는 것을 이해하는 것뿐만 아니라 (물리학, 비판 문학 혹은 담론 분석 등 어디에서든) 연구가 알고리즘 절차가 아니라는 것을 이해하는 것 역시 중요하다. 즉, 절차대로 하면 결과가 보장되는 일련의 규칙이 아니라는 것이다. 자연과학에서조차 우리가 따르기만 하면 되는 규칙은 더 이상 과학적인 방법이 아니다. 특정 조사 방법과 전략은 연구를 위해 차용되거나 적용되어야 한다. 궁극적으로 해당 연구 분야에서 연구자들이 모여 만든 실행 공동체community of practice[5]에서 이 도구와 전략을 발견할 수 있다.

이 도구와 전략은 연구의 맥락, 특정 이슈, 문제에 대해 지속적이고도 융통적으로 적용된다. 도구와 전략은 실제에서 지속적으로 변형된다. 특정 분야의 신진 연구자들은 그 분야의 조사 도구와 전략이 잘 활용된 모범사례 연구로부터 조사 도구와 전략을 접하게 될 것이다. 방법론은 그렇게 사회적이고 공동으로 사용되는 것이다.

이 책에서 담론 분석의 다양한 조사 도구와 전략을 소개할 것이다. 조사 도구의 사례 역시 제공할 것이다. 독자들은 조사 도구가 엄격하게 정해진 도구가 아님을 명심해야 한다. 오히려, 이 도구들은 특정 자료와 이슈, 문제를 "생각하게 하는 도구"임을 의미한다. 이 도구들은 독자 자신의 목적에 따라 차용될 수 있다. 독자의 이론이나 전공에 따라 도구를 차용할 때 도구 사용의 변용도 있을 것이다. 물론 독자의 이론이 저자의 이론과 거리가 너무 멀다면, 이 도구를 쉽고 직관적으로 적용하기 어려울 것이다.

마지막으로 저자는 자료의 특정 분석 자체에 관심 있는 것이 아니다. 담론 분석은 말하고자 하는 점이 있어야 한다. 저자는 그저 언어가 얼마나 복잡한 것인지 감탄하기 위해 자료를 기술하는 것에는 관심이 없다. 오히려 이 기술을 넘어선 다음의 두 가지에 관심이 있다: 1) 언어가 사용될 때 어떻게 언어가 작용하는지 그리고 왜 언어가 그렇게 작용했는지 설명하는 이론적 증거를 보이는 것, 2) 세계 시민으로서 우리가 관심 갖는 주요 이슈나 문제를 이해하고 이를 중재하는 데 기여하는 것.

특정 이슈들이 늘 주의를 끄는 것은 아니지만, 담론 분석에는 "말하고자 하는 점"이 있어야만 한다는 사실 때문에 이 책에서는 대체로 이슈들을 다룰 것이다. 담론 분석에서 응용과 실제가 덜 중요하고 덜 순수하다는 것이 아니

5) 실행 공동체는 1991년 『맥락화된 학습(Situated Learing)』에서 인지문화인류학자인 Lave와 Wenger가 제안한 개념이다. 실행 공동체는 실제와 관련된 기술과 직업을 공유하는 집단을 의미한다.

다. 이 책에서 언어 이론은 "언어의 의미는 사회적 실제를 통해 그리고 오직 사회적 실제 내에서 비롯된다"는 것이다. 그리고 그 실제는 우리가 이를 바꾸려 하지 않는 이상 종종 해로움이나 불공정과 같은 윤리 문제와 얽혀 있다. 이 책의 입장은 언어 이론이란 실제의 이론, 곧 앞서 살펴보았듯이 우리 인간이 참여하는 "게임"의 이론이라는 것이다.

덧붙이는 말

이 책은 세 유형의 청자를 위한 것이다. 첫 번째 유형의 청자는 타 분야의 학생과 연구자들이며 이 책의 목적은 이들에게 담론 분석의 한 형태를 소개하는 것이다. 학생과 연구자들이 본인의 생각에 따라 다양한 담론 분석을 사용하는 동안 이 책의 담론 분석도 사용하고 실험해 볼 수 있길 바란다. 또한 이 책은 언어, 문화, 제도에 관심 있으나 담론 분석이 주 목적이 아닌 사람들을 위한 책이다. 마지막으로 이 책은 담론 분석에 종사하는 나의 동료들을 위한 책이다. 그들이 여기서 개발된 생각과 자신의 의견을 비교하고 대조하여, 언어가 세계, 제도, 사회적 관계를 어떻게 형성해 나가는지 이해하고자 하는 연구를 더 진전시킬 수 있도록 하기 위함이다.

이 책은 다음과 같이 구성되어 있다: 다음 장에서는 이 책에서 개발할 담론 분석 관점을 개괄적으로 보여 줄 것이다. 책을 읽는 동안 당신이 나무를 보느라 숲을 보지 못했다면 2장을 다시 읽어야 할 것이다. 8장에서 방법론을 설명할 것이다. 3장부터 7장까지 각 장은 구체적인 조사 도구와 전략을 사례를 통해 다룰 것이다. 조사 도구와 전략은 모두 문화권 내에서 그리고 사회 안에서 사용 중인 언어 이론에 근거를 두고 있으므로 이 언어 이론 역시 3장부터 7장에 걸쳐 소개한다. 8장에서는 조사 도구를 간략히 설명하고 담론 분석의 틀 내에서 기술할 것이다. 이 장에서는 담론 분석의 타당성 문제를 논의할 것이다.

9장에서는 담론 분석에서 중요한 언어학적인 세부 내용(다양한 문법과 담론)을 다룰 것이다. 발화가 어떻게 계획되며 생산되는지를 다룬다. 언어학적인 세부 내용으로, 3장부터 8장까지의 큰 그림들을 더욱 분명히 보여 줄 것이며 담론 분석 전사자료를 어떻게 다뤄야 하는지를 독자들에게 보여 줄 것이다. 10장부터 12장까지에는 조사 도구와 전략을 사용한 담론 분석의 예를 수록했다. 담론 분석의 적용방안에 대한 절차가 아니라 이 책에서 논의된 조사도구의 몇몇 사례들을 보여 주기 위함이다. 이 책은 용어 설명으로 끝맺는다. 용어 설명은 책에서 중요한 용어들의 정의를 기술하여 독자들이 이 용어를 잊었을 때 참조할 수 있도록 하기 위해 구성되었다.

책 전체를 통틀어 나의 분석은 특정 문법 이론이나 해박한 문법 지식을 필요로 하지 않는다. 하지만 독자들은 문법, 특히 의사소통 기능으로서의 문법에 관하여 추가 읽을거리를 필요로 할 수 있다. 문법에 관한 기능적인 접근으로 유명한 학자는 M. A. K. Halliday이다. Halliday의 문법 이론은 좋은 입문서가 될 것이다. 각 장의 끝에는 추천문헌이 포함되어 있다.

이 책이 입문서이므로 각 장에 많은 추천문헌을 넣지 않으려고 노력했다. 각 장의 추천문헌에 참조자료를 넣어 두었다. 본론에서 직접적으로 언급한 자료는 각 장의 추천문헌에 있다. 이 책의 단점은 본 저자가 중요하게 여기는 동료 연구물을 참조하지 않았다는 것이다. 하지만 이 책에서 인용된 내용들을 다른 자료에서 이미 읽은 담론 분석 입문자들에게는 이 책이 추가적인 탐구를 위한 좋은 출발점이 될 것이다. 저자가 인용한 내용은 추천문헌에 있다.

마지막으로 이 책과, 본 저자의 다른 책 『담론 분석을 어떻게 할 것인가(how to do discourse analysis)』를 비교하자면 후자의 책은 이 책의 내용을 담고 있지만 분석과 관련하여 좀 더 절차적인 지침을 담고 있다. 자료를 다루고 담론 분석을 하고자 하는 독자들에게 도움이 될 것이다. 후자의 책을 방법론 교재로, 그리고 이 책을 교사의 설명서로 여길지도 모르겠다. 더 많은 이론적 설명과 사례를 원하는 사람들은 이 책을 좋아할 것이고 연구나 동료와의 협력 등을 할 사람들은 후자의 책을 더 좋아할 수도 있다.

추천문헌

Chafe, W. (1994). *Discourse, consciousness, and time: The flow and displacement of conscious experience in speech and writing.* Chicago: University of Chicago Press. [An important and infl uential approach to discourse analysis rooted in the flow of ideas in the mind and in speech]

Duranti, A. (1997). *Linguistic anthropology.* Cambridge: Cambridge University Press. [Excellent overview of discourse analysis within a cultural framework]

Fairclough, N. (2003). *Analyzing discourse: Textual analysis for social research.* London: Routledge. [Fairclough offers his well-known and widely used approach to "critical discourse analysis"]

Gee, J. P. (2004). *Situated language and learning: A critique of traditional schooling.* London: Routledge. [Discusses popular culture activities like Yu-Gi-Oh and video gaming and the complex sorts of language and literacy they often involve today]

Gee, J. P. (2012). *Social linguistics and literacies: Ideology in Discourses.* Fourth Edition. New York: Routledge. [This book applies some of the ideas about discourse analysis here to issues in education]

Gee, J. P. & Handford, M., Eds. (2012). *The Routledge handbook of discourse analysis.* London: Routledge. [A handbook with many articles representing different approaches to, and areas in, discourse analysis]

Gumperz, J. J. (1982). *Discourse strategies.* Cambridge: Cambridge University Press. [A classic approach to discourse from an anthropological linguist]

Halliday, M. A. K. & Hasan, R. (1989). *Language, context, and text: Aspects of language as a social-semiotic perspective.* Oxford: Oxford University Press. [A classic on the theoretical background of Halliday's Systemic Functional Grammar]

Halliday, M.A.K. & Matthiessen (2004). *An introduction to functional grammar.* Third Edition. London: Hodder Arnold. [The most detailed and best-known functional approach to grammar]

Hutchby, I. & Wooffitt, R. (2008). *Conversational analysis.* Malden, MA: Polity Press. ["CA"—which stands for "conversational analysis"—is a widely used approach to analyzing face-to-face conversations based in sociology]

Schiffrin, D., Tannen, D., & Hamilton, H. E., Eds. (2001). *The handbook of discourse analysis.* Malden, MA: Blackwell [A handbook with many articles representing different approaches to and areas in discourse analysis]

Thompson, G. (2004). *Introducing functional grammar.* Second Edition. London: Hodder Arnold. [A good secondary introductory source on Halliday's functional approach to grammar]

Van Dijk, T. A., Ed. (1997). *Discourse as social interaction.* London: Sage. [This and the book below are both good collections of articles detailing different approaches to and areas in discourse analysis]

Van Dijk, T. A. (1997). *Discourse as structure and process.* London: Sage.

Van Dijk, T. A. (2008). *Discourse and power.* New York: Palgrave/Macmillan [Van Dijk has done a great deal of work on using his own style of discourse analysis to deal with important social and political issues]

제2장

담론 분석이란 무엇인가

머리말

이 장에서는 "담론"이란 말의 의미에 관해 간략히 살펴보고, 추후 다루게 될 담론 분석을 소개하고자 한다. 어떤 독자들에게는 처음부터 전체적인 그림을 보면서 시작하는 것이 유용한 반면, 또 어떤 독자들은 점차적으로 알아 가는 것을 선호할 수도 있다. 이 장을 읽는 데 흥미를 느껴지 못한다면 다음 장부터 읽기를 바라며 전체적인 그림을 생각해 보고 싶을 때 다시 돌아와 이 장을 읽기 바란다.

1장에서는 언어를 사용하면서 말하고, 행동하고, 존재하고 있음에 대해 이야기하였다. 나는 학생과의 만남에서 교수로서의 정체성을 갖고 말하고 행동한다. 비디오 게임을 할 때에는 게이머로서 게이머의 일을 말하며 행동한다. 들새를 관찰할 때에는 조류관찰자가 되어 조류관찰자의 일을 말한다. 우리는 말하고, 행동하고, 무언가가 되기 위해 말, 행동, 되고자 하는 세계에 어울리는 대상과 타인이 필요하다. 즉, 대상이 되는 다른 교수(와 학생과 대학), 다른 게이머(와 게임), 다른 조류관찰자(와 새)가 있어야 한다.

"담론"이란 무엇을 의미하는가?

"담론"이란 용어는 학문 영역에 따라 다양하게 사용된다. 담론 분석도 마찬가지이다. 우리는 의미 측면에서 거의 모든 것을 분석할 수 있다. 무엇이든지 하나의 신호나 상징에 의미를 부여할 수 있다. 예를 들어, 아기, 산맥, 별은 단지 세상에 존재하는 사물일 뿐 아니라 순수함, 웅장함, 무한함과 같은 상징적 의미를 갖는다. 그러나 언어학자에게 "담론"은 언어의 구조와 단어나 어절이 결합되어 문장을 이루는 방식을 다루는 구문론과 관련된 언어를 의미한다.

그렇다면 구문론은 어떤 것이며 담론과는 어떤 관련이 있는가? 그림 그리는 것을 생각해 보자. 그림을 그리려면 원하는 방식에 잘 들어맞도록 다양한 부분들을 구성해야만 한다. 물론 하나하나 부분적으로 뜯어볼 수 있겠지만 모든 요소들은 하나의 그림을 구성하게 된다. 그렇다면 만화영화의 경우를 보자. 만화영화 속 각각의 낱장은 하나의 그림처럼 그려진다. 제작자는 각 낱장에 어떤 요소가 필요하고 전체적으로 어떻게 어울리도록 할 것인지 선택한다. 예를 들면 한 쌍의 연인은 왼쪽에 두고, 오른쪽에는 큰 나무를 넣고, 기울어 가는 달은 맨 위에 두는 식으로 말이다. 각 낱장은 그 자체로 하나의 그림이 된다. 하지만 만화영화는 시간 흐름에 따라 연속적으로 흘러가는 수많은 낱장의 그림들로 구성된다. 낱장 그림과 연속 그림은 모두 예술적이어야 한다. 그러므로 영화제작자들은 다음과 같은 두 가지 선택을 해야 한다. 첫째는 '각 낱장에 어떤 그림을 넣을 것인가'이고, 둘째는 '어떤 순서로 줄거리를 만들어 효과를 이끌어 낼 것인가'이다.

언어도 영화와 마찬가지로 시간의 순서에 따른 흐름이 있다. 언어에서의 낱장 그림은 "문장"이라 할 수 있다. "구문론"은 문장의 부분들을 구성할 때 우리가 따라야 하는 "규칙"이다. 그림이나 영화의 낱장처럼 어떤 요소들을 문장 안에 포함하고, 어떻게 결합하거나 어울리게 할지 선택해야 한다. 예를 들어, 명사, 동사, 주어와 목적어 등의 요소를 이용하여 "마이크로소프트의 새로운 운영시스템에는 버그가 탑재되어 있다"라는 문장을 만들 수도 있지만 "마이크로소프트는 새로운 운영시스템에 버그를 탑재했다"와 같이 요소를 달리 결합할 수 있다. 각각의 문장들은 영어문법의 형태를 따르고 있다. 각 문장은 다른 의미를 가지고 있다. 첫 번째 문장은 버그가 마치 실수인 것처럼 여기게 하고, 두 번째 문장은 마이크로소프트가 고의로 버그를 심어 놓은 것처럼 들리도록 한다.

영화와 같이 언어도 시간에 따라 흘러간다. 따라서 문장을 구성하면서 이야기나 농담, 주장이나 변명, 보고서나 호언을 위해 하나의 문장을 어떠한 순서로 놓아야 하는지를 결정할 때 수많은 가능성 중 하나를 선택하게 된다.

언어학자들이 "담론"에 부여하는 한 가지의 의미를 알 수 있다. 담론이란 문장의 순서이다. 담론이란 말이나 글에서 문장들이 연결되고 시간을 가로질러 서로 연관되는 방식이라 할 수 있다. 말하거나 글을 쓸 때 우리는 단어나 어절을 선택하여 문장 안에 넣거나 "꾸러미"로 묶어 넣는다. 담론은 의미를 만들거나 해석을 이끌어 낼 때 다양한 문장들이 어떻게 연관되고 순서대로 흘러가는지와 관련 있다. 영화로 치자면, 영화의 일부나 전체를 구성하는 낱장 그림들이 이루어 내는 일종의 순서인 셈이다.

예시로 아래의 문장들을 살펴보자:

1. 나의 집이 화재 속에서 한 시간 만에 파괴되었다.
2. 나의 집은 화재 속에서 파괴되었다. 한 시간 만에 그렇게 되었다.

거의 동일한 정보가 1과 2에서 표현되었다. 그렇지만 1에서는 정보들이 한 문장으로 모두 결합되었고, 2에서는 두 문장으로 표현되었다. 1에서 나의 집이 화재로 파괴되었다는 정보는 단지 한 시간이 걸렸다는 정보와 종합적으로 관련이 있다. 2에서는 똑같은 두 가지 정보들이 담론에 의해 연결된다.

어떻게 이러한 다양한 방식으로 말하고, 왜 1이 아닌 2를 사용하는가? 이러한 결정을 하는 것에는 화자나 저자뿐 아니라 누구를 청자나 독자로 하는지(예를 들면, 친구, 기자, 처음 만난 사람, 이웃, 낯선 사람 등) 또한 청자나 독자가 느끼고 생각하고 (상황이나 화자/저자에 대해) 원하는 것이 무엇인지에 따라 달라진다.

일부 사람들은 "문장"이란 개념이 단지 글쓰기에만 해당된다고 여긴다. 그러나 내 생각은 다르다. 문장은 말과 글에 따라 다르게 작용한다.

말에서의 문장구조나 어조는 글에서보다는 좀 더 유연하고 느슨한 방식으로 문장을 구분 짓는다.

가장 기본적인 수준에서 문장이란 무엇인가? 마치 그림이나 영화 프레임처럼 문장은 동일한 "단위"의 정보를 전경과 배경으로 내놓는 방식을 취한다. 문장의 경우 요점이 되는 정보를 전경에 놓고, 그 이외의 정보들은 주요 정보에 부속되도록, 즉 배경에 놓는 방식을 취한다. 다음에서 3과 4의 예를 살펴보도록 하자:

3. 비록 돈이 종종 미국의 선거 결과를 좌우하긴 하지만, 우리는 여전히 미국을 민주주의라고 여긴다.
4. 비록 우리가 여전히 미국을 민주주의라고 여기지만, 돈은 종종 미국의 선거 결과를 좌우한다.

3에서 화자 혹은 저자는 돈이 미국 선거에서의 결과를 종종 결정한다고 가정하는데, 이것은 화자 혹은 저자가 청자나 독자에게 당연하게 여기도록 하는 배경 정보이다. 그럼에도 불구하고 화자 혹은 저자는 여전히 우리가 미국을 민주주의로 여긴다고 주장한다. 이것은 전경이 되는 정보이며, 화자 혹은 저자는 정보를 전경에 두어 청자나 독자가 이를 주요 쟁점으로 여기도록 한다.

이러한 상황과 관련하여 4는 정확히 반대가 된다. 우리가 미국을 여전히 민주주의라고 여긴다는 정보는 배경이 되고, 돈이 종종 미국의 선거 결과를 결정짓는다는 정보는 전경이 된다.

3과 4에서 당연시 여길 정보(배경)와 주요 논점이 될 정보(전경)를 만드는 것은 바로 "비록"이라는 단어이다. 언어학자들은 "비록 돈이 종종 미국의 선거 결과를 좌우하긴 하지만" 또는 "비록 우리가 여전히 미국을 민주주의라고 여기지만"과 같은 구조들을 "종속절"이라고 부른다.

왜 우리는 문장들을 잇달아 연결하는가? 왜 우리는 영화 속의 프레임들을 연이어 결합하는가? 영화제작자들은 하나의 프레임보다 큰 것을 만들어 내기 위해 장면, 사건, 스토리의 각 프레임을 결합한다. 우리는 하나의 단독 문장보다 더 큰 것을 만들어 내기 위해, 대화나 보고문, 이야기, 농담, 주장을 펼치기 위해 문장을 서로 결합하거나 문장의 의미 있는 부분을 연결하기도 한다(예: 농담의 서두, 주장의 전제, 이야기의 결말, 시의 첫째 연 등).

"담론"의 또 다른 의미

언어학자들이 "담론"이라는 단어에 부여하는 또 다른 의미가 있다. 담론이란 특정한 맥락에서 실제로 사용되고 있는 언어를 의미한다. 실제로 사용되고 있는 언어를 연구할 때, 우리는 단지 언어를 추상적 체계(문법)로만 다루지 않고, 말하기, 듣기, 읽기, 쓰기의 특정 맥락 안에서 실제 발화와 문장을 살펴본다.

물론, 말이건 글이건 대부분의 경우에 언어를 사용하여 한 문장 이상을 만들고, 문장들을 연이어 놓는다. 이것이 바로 "담론"이란 용어의 첫 번째 의미인 문장들 간의 관계를 지칭한다. 그러나 "빨리 나가" "커피 좀 주세요"와 같이 하나의 문장만으로 말을 하거나 쓸 수도 있다. 언어학자들은 "담론"의 명목으로 실제 사용되는 언어를 연구할 때, 의미는 맥락에 의해 결정되므로 언어와 맥락 사이의 관계성에도 관심을 둔다. 예를 들어, 액상 커피가 쏟아진 상황에서 "치워라"라는 말은 대걸레를 가져오라는 뜻이지만, 만약 커피가루나 원두가 쏟아졌다면 빗자루를 가져오라는 뜻이다.

이와 같이 "담론", 즉 실제 사용 중인 언어는 마치 사람들이 영화를 보면서 어떻게 해석하는지를 연구하는 것과 흡사하다. 바로 관람객들이 영화를 해석하고 삶의 맥락 안에서 영화가 의미를 지니도록 만들기 위해 영화제작자들이 실마리와 단서들을 어떻게 사용하는지 탐색하는 것이라 할 수 있다. 언어도 마찬가지이다. 담론 분석가들은 화자와 저자가 청자와 독자의 해석과 행동을 구성하기 위해 실마리나 단서(즉, 구문과 담화)를 어떻게 사용하는지 연구한다.

일부 언어학자들은 "담론 분석"이라는 용어를 연이은 문장들의 연관성에 관한 연구와 특정 맥락에서 실제 사용되는 언어에 대한 연구 두 가지 모두에서 사용한다. 다른 언어학자들은 "담론 분석"이라는 용어를 단지 첫 번째 의미(연이은 문장 간의 연관성)로만 사용하기도 하고, 맥락 안의 언어를 살펴보는 연구에서는 화용론이라는 용어를 사용하기도 한다. 독자들이 관련 문헌을 읽을 때 담론이 아닌 화용론이라는 용어를 접하게 될 수도 있다. 그러나 이 책에서는 "담론 분석"이란 용어를 두 가지 경우를 대신하여 사용하려고 한다.

화자/작가와 청자/독자가 하는 일

1장에서 말을 하거나 글을 쓸 때 우리가 동시적으로 무엇인가를 말하고 행하며 어떤 것이 되어 감을 살펴보았다. 담론 분석에 대한 여러 가지 접근에서는 말하는 것(정보), 하는 것(행위), 또는 존재(정체성)를 중시한다. 이 책에서는 정체성을 중요하게 다루고자 한다. 우리는 특정 부류의 사람으로서 말하고, 듣고, 쓰고, 읽는다. 예를 들면, 학생, 학자, 정치가, 게이머, 조류관찰자, 여성, 여성주의자, 애니메이션 팬 등 끝없이 열거할 수 있다. 또한 우리는 누구로서 말하고 글을 쓰고 있는지에 따라 언어를 디자인(구성)한다. 예를 들어, 의사가 의학전문가로서 말하는지, 친구로서 말하는지, 아내에게 학계 동료로서 말하는지, 친한 상대로서 말하는지 등 우리의 정체성은 사회적 세계를 구성한다.

이 책에서는 우리가 정체성의 관점에서 말과 행동을 해석한다고 주장하고자 하는데, 정체성이란 사회에 속한 다양한 종류의 사람 혹은 역할을 의미한다. 당신이 나를 누구로 생각하는지 혹은 누구이기를 원하는지 알지 못한다면 당신은 어떻게 행동하고 말하며 대화 내용이 어떤 의미인지 알기 어려울 것이다. 예를 들어, 어떤 본토박이 미국인이 다른 본토박이 미국인에게 하는 말인지, 퇴역군인 동료에게 말하는 것인지, 본토박이 미국인이 본토박이 미국인이기를 거부하는 다른 사람에게 말하는 것인지는 중요한 문제이다.

우리는 말하거나 글을 쓸 때, 우리가 바라는 것을 말하고 행동하기 위해 언어를 적극적으로 디자인한다. 마치 예술가의 물감이나 음악가의 악보를 대신하여 우리는 말을 하며 소통하고 효과를 거두려고 한다. 이 때, 화자 또는 저자로서 우리가 수행하는 두 가지 형태의 중요한 작업이 있다:

1. *수용 디자인*Recipient Design: 말을 하거나 글을 쓸 때, 상대가 누구인가를 고려하면서 이에 맞게 언어를 디자인한다. 낯선 사람과 친구에게 하는 말과 글은 서로 다르다. 과학자들이 동료 과학자들에게 하는 말

과 글은 과학자가 아닌 다른 사람들을 상대할 때의 말과 글과는 다르다. 사장에게 말할 때와 서비스 직원에게 말할 때는 다르다.

2. *위치 디자인*Position Design: 우리는 상대방이 누구이고, 어떻게 생각하며 느끼고 행동하길 바라는가의 관점으로부터 언어를 디자인한다. 이 말은 화자/저자가 청자/독자가 어떤 특정한 정체성을 취해 주기를, 즉 화자/저자가 원하는 특정한 유형의 수취인이 되어 주기를 의도한다는 의미이다. 청자나 독자를 일정한 방식으로 "위치부여"하려고 시도한다. 화자나 저자는 단지 청자나 독자가 누구인가에 따라 말하거나 글을 쓰는 것을 디자인하지는 않는다. 때때로 화자나 저자는 청자나 독자로 하여금 자신이 원하거나 필요로 하는 누군가가 되도록 적극적으로 시도한다. 다른 사람들에게 위치를 부여하고 어떤 사람이 되길 바라는지에 따라 행동하거나 말한다. 의사나 선생님이 덜 공식적이고 좀 더 인간적이고 사적인 방식으로 말할 수 있다. 독자로 하여금 실제 본인의 모습보다 더욱 진보적 혹은 보수적, 종교적 또는 덜 종교적으로 보이게끔 하는 방식으로 글을 쓸 수 있다. 잠시뿐일지라도 청자나 독자가 새로운 정체성을 받아들여 그에 따른 신념이나 행동을 하도록 동기부여할 수도 있다. 타인을 설득하려고 시도하고, 동기를 부여하거나 변화시키고, 심지어 조작하려고 노력한다. 이 또한 사회생활과 사회변화의 핵심이라 할 수 있다.

또한 청자와 독자가 행하는 두 가지 형태의 중요한 과제들도 있다:

3. *맥락화된 의미*Situating Meaning: 실제 세계와 언어 및 상호작용 속에서 능동적으로 창조, 해석, 구성되는 맥락에 근거하여 청자와 독자가 단어나 절, 문장 등에 맥락화된 의미를 부여하는 것을 뜻한다. 만일 바닥에 액상 커피를 쏟았다면, 그러한 맥락에서 "치워라"라는 말은 "대걸레를 가져와라"라는 뜻으로 여겨진다. 그런데 바닥에 커피가루나 알갱이가

떨어져 있다면 이러한 맥락에서 "치워라"라는 말은 "빗자루를 가져와라"라는 뜻이다. "치워라"라는 말에 대한 우리의 위생 관념이나 방 청소 정도에 대한 맥락을 고려하면 여러 가지 다른 뜻을 지니게 된다. 이 책의 후반부에서 실제 사용하는 언어가 지닌 흥미로운 특성, 곧 우리가 언어를 사용하는 상황을 언어에 반영하는 동시에 언어로 이러한 상황을 만들어 내거나 의도(혹은 예고)하는 양방향의 특성에 대해 살펴보고자 한다.

4. *반응 디자인*Response Design: 우리는 청자와 독자로서 듣고 읽은 것에 대한 반응을 준비해야 한다. 즉, 화자는 어떻게 말했으며 청자와 독자인 우리는 맥락으로부터 어떤 맥락화된 의미를 부여했는지에 근거하여 반응이 이루어진다. 이러한 반응은 마음 속에 간직될 수도 있고, 신체언어로 일부 드러나거나 행동과 언어로 나타내질 수 있다. 대화 가운데 청자는 화자가 말하고 있는 동안 고개를 끄덕이거나 눈을 맞추고, 신체 자세, 소리내기 등의 반응을 항상 보이는데, 이는 말하기와 듣기의 양쪽 모두 능동적인 디자인 역할을 한다는 것을 나타낸다. 청자와 독자는 결국 번갈아 가며 자신의 "순서"를 따르고 반응해야 한다. 이러한 반응은 발화와 텍스트가 화자나 저자에 의해 어떻게 디자인되었는가에 바탕을 둔다. 반응은 자리를 뜨거나 대화에 몰두하거나 화자와 논쟁하는 것일 수 있다. 혹은 책을 집어던지거나 블로그 적기, 저자에게 존경심 갖기, 심지어 개인의 관점이 변화하는 것일 수도 있다. 어떤 면에서 보면 이러한 반응들은 화자나 저자를 돕기도 하고 방해하기도 한다. 만일 반응이 언어로 이루어진다면, 수용 디자인이나 아마도 위치 디자인을 사용해야 하고, 원 저자와 화자가 이러한 두 가지 형태의 디자인 작업을 어떻게 수행했는가도 고려해야 한다. 원 저자와 화자가 만들어 낸 우리가 누구인가에 대한 관점(수용 디자인)과 위치를 부여한 방식(위치 디자인)을 받아들이거나 거부할 수 있다.

여기서의 핵심은 말하기, 글쓰기, 듣기, 읽기란 우리가 적극적으로 디자인하고 즐겁게 참여하며 심지어 예술적이기도 한 작업이라는 점이다. 예술가가 특정한 반응과 해석을 유도하기 위해 예술작품을 디자인하는 것처럼 우리도 매사에 언어를 디자인한다.

정체성

정체성이란 복잡한 개념(또한 실제 세계의 복잡한 구성)이다. 우리는 정체성에 대해 두 가지 수준에서 말할 수 있는데, 하나는 상당히 광범위한 수준이고 다른 하나는 협소하며 뉘앙스를 지닌 수준이다:

5. *사회적 거리*Social Distance: 우리는 친구와 지인, 낯선 사람을 구분할 수 있다. 누가 친구이고 지인이며, 혹은 낯선 사람인가는 사회적 집단과 문화에 따라 다르고, 시간이 지나면서 변화할 수 있다. 지인이란 우리가 알고는 있지만 매우 잘 알지는 못하고, 함께 어울리기는 하지만 친구라고 할 만큼은 가깝지 않은 사람이다. 지인은 친구와 낯선 사람의 중간쯤에 있다. 사람들은 흔히 지인들을 친구(가끔은 당연하다고 여긴다는 면에서)와 낯선 사람들(앞으로 만나면서 이득이 있을 것 같은 사람들보다 덜 마음 쓴다는 면에서)보다 좀 더 예의를 갖추어 대하곤 한다. 사회적 거리는 *결속*solidarity/*유대*bonding, *지위*status/*복종*deference의 양 극단을 지닌 연속선상에 있다.
6. *사회적으로 의미 있는 사람*Socially Significant Kinds of People: 여기서 이야기되는 정체성이란 사회 내에서 사회·문화적인 산물과 다양한 집단에 의해 규정되고 인식되는 정체성을 일컫는다. 그러한 정체성은 특정 맥락 안에서 특정 맥락을 위해 특유의(부분적으로는 관습적인) 방식으로 규정되고 인식되며 해석된다는 면에서 맥락적이라 할 수 있다. 이러한 정체성은 다수이다. 우리는 모두 많은 정체성을 소유하고 있는

데, 특정 정체성을 잃어 버리거나 거부할 수 있고 혹은 새로운 정체성을 얻을 수도 있다. 정체성은 불완전하고, 협상되고, 경쟁되고, 시도되고, 즉흥적으로 만들어지고, 혁신되고, 부여되고, 자유롭게 선택되고, 혼합되고, 숙달되고, 진보되거나 시대에 뒤떨어질 수 있다. 정체성은 거짓과 진실일 수 있고, 적거나 많을 수 있다. 사회적으로 중요한 의미 있는 사람은 "변호사" "이론 물리학자" "아프리칸 미국인" "급진적 여성주의자" "기독교 근본주의자" "거친 남자" "남미 갱 조직원"과 같은 호칭에 대체적으로 동의하거나 그러지 않을 수 있다. 그러한 호칭들은 흔히 대략적이고 특정한 유형을 내포하고 있다(예를 들어 "흑인 거리 문화의 내부자인 아프리칸 미국인" 또는 "포스트모던 영어학의 급진적 여성주의자"). 정체성은 이러한 호칭들보다 훨씬 더 자주 유동적인데, 정체성이나 정체성에 대한 용어 모두가 시간이 지나면서 협상되고 경쟁되며 변화될 수 있다. 둘 모두 역사의 창조물이며 흔히 변형이 가능한 관습이기 때문이다.

사람들이 사용하는 각 언어는 문법을 지닌다. 이러한 문법들은 그 언어권의 화자와 저자가 이용할 수 있는 모든 언어적 자원의 집합체이다. 이 자원은 언어의 어휘 목록(단어), 음운론, 형태론, 구문론, 의미론을 포함한다.

특정한 과제, 실제, 일을 수행하고 사회적으로 의미 있는 특정 정체성을 규정하고 인식하기 위해서는 언어의 문법이 사회집단에 의해 사용되고, 차용되고, 적용되고, 변형되어야 한다. 문법의 변용을 통해 다양한 언어 스타일, 종류, 전문 용어를 지칭하는 "사회 언어social languages"가 발생한다. 우리는 사회 언어를 다음 두 가지로 대별할 수 있다:

7. *비일상적인(전문가) 사회 언어*Non-vernacular(Specialist) Social Language: 이것은 변호사나 물리학자, 음악가, 목수, 갱 조직원, 비디오 게이머 등 사회적으로 의미 있는 부류의 사람들이 사용하는 말의 표현방식이라

할 수 있다. 개인의 목적, 가치관, 요구, 과제에 적합한 언어를 만들기 위해 각 사회 언어에서 문법을 활용하거나 문법의 일부를 고안하기도 한다. 예를 들어, 영어권 화자들은 관계절과 명사를 어떻게 만들고 사용하는지 알고는 있지만 다양한 사회 언어에서 문법을 다르게 사용하고 타 문법 자원과는 다른 패턴을 만든다.

8. *일상적인 사회 언어*Vernacular Social Languages: "일상적인 사회 언어"는 개인이 지닌 하나의 언어스타일로 볼 수 있는 사회 언어이다. 일상적인 사회 언어란 개인이 특정인이 아닌 "상식"을 지닌 "일상의 사람"으로서 말하고 글을 쓸 때 사용하는 언어이다. 사회 집단들은 서로 다른 일상적인 사회 언어(흔히 다양한 사투리라고 할 수 있는)를 가지고 있다. 다양한 사회 집단들은 "일상의 사람"으로 살아가기 위해 서로 다른 방식의 언어를 사용한다. "상식"이 무엇을 뜻하는지에 대한 것도 사회 집단마다 다르다(집단 내에서도 일치하지 않는다).

수용 디자인, 위치 디자인, 맥락화된 의미, 반응 디자인은 정체성을 포함하기 때문에("사회적 거리" 유형이건 아니면 "사회적으로 의미 있는 부류의 사람" 유형이건) 단지 언어만으로는 정체성을 수행하기 어렵다는 것을 아는 것이 중요하다. 언어는 정체성을 수행하고 인식하는 행위에 있어 다른 여러 가지 것들과 결합된다. 예를 들어, 성직자가 단지 바른 말만 한다고 해서 혼인을 집례할 수는 없다. 적절한 때에 알맞게 행동하는 성직자여야 한다. 교수는 강의에서 옳은 말만 할 수 있지만 술이 취한 채 속옷을 입고 강의한다면 정체성이 완전히 받아들여지지 않을 것이다. 거리의 갱 조직원은 장난감 총을 들고서 위협적인 언어를 사용할 수 없다.

사람들은 정체성을 수행하기 위해서 적절하게 말하고, 적절하게 걸으며, 옳은 것을 믿고 가치 있게 여기는 것처럼 행동하고 때와 장소에 맞게 복장을 갖추어야 한다. 정체성이란 일종의 행위이다. 모든 행위가 그러하듯 여러분이 누구이고 무엇을 행동하는지 다른 사람들이 알아주지 않으면 소용이 없다.

담론에서 말하고 쓰는 것은 항상 연극 대본에서의 행line과 같다: 배우와 청중은 모두 배우가 누구를 나타내고 무슨 행동을 하는지 등 예상되는 것을 모두 알아야 한다. 물론 전위연극에서는 효과를 위해 모든 것을 모호하게 남겨 둔다. 그러나 실제 삶에서 지나치게 애매한 것은 위험할 수 있다. 험악한 술집에서 경찰답지 않으면 죽을 수 있다. 연인이라는 확신을 주지 않으면 상대는 떠날 것이다. 전혀 아니라고 할 수는 없겠지만, 우리 삶의 대부분은 전위연극과 다르다.

그래서 상대와 소통할 때 언어만이 아니라 우리가 이용할 수 있는 모든 것들을 활용하여 디자인한다. 의복, 몸짓 신체, 환경, 소품, 도구, 기술, 사물, 믿음과 가치관의 표출, 그리고 의도에 맞게 찾아내어 만들어 낼 수 있는 모든 것들을 이용하여 디자인한다. 그러므로 담론이란 "정체성에 기반한 상호 의사소통interactive identity-based communication"이다. "정체성에 기반한 상호 의사소통"을 명명할 용어가 필요하다. 우리는 이를 대문자 "D"의 "담론" 혹은 "거대 담론"이라고 부른다:

9. *거대 담론*Big D Discourse: 두 사람이 대화를 나눌 때 서로 사회적으로 의미 있는 정체성을 정립하고 승인을 거쳐 의사소통을 한다. 정체성이란 사회적인 의미를 지니는데, 왜냐하면 다양한 사회 집단들이 세상과 역사 안에서 정체성을 만들어 내고, 해석하고, 사용하고, 협상하고, 대립하고, 변형해 가기 때문이다. 그러므로 두 사람이 상호작용한다면 그 때는 두 가지 혹은 그 이상의 거대 담론이 상호작용하는 것이다. 이것은 마치 역사 속에서 형성된 사회적으로 의미 있는 형태의 삶(정체성)들이 서로 말하고 있는 것과 같다. 긴 역사에 걸쳐 다른 시기에 다른 신체와 정신을 사용하여 행해 왔던 장시간의 대화를 계속 이어가는 것이다. John과 Jane이 말할 때, (특정한 부류의) 남자와 여자, 사회적으로 의미 있는 정체성(예: 의사/간호사, 게이/일반인, 백인/흑인, 축구팬/야구팬)이 John과 Jane을 빌어 서로 이야기하는 것이다. 그렇지만 John과

> Jane은 대화에서 소극적이지만은 않다. 거대 담론 간의 대화는 그 때 그 장소에서 John과 Jane에게 달려 있고, John과 Jane은 좋은 연극에서 연기 잘하는 배우처럼 대화를 바꾸어 나갈 수 있다.

거대 담론 이론은 사회적으로 의미 있는 정체성 간의 상호 의사소통에 관한 것이다. 화자/저자는 사회적으로 의미 있는 정체성을 수행하기 위해 현실에서 언어, 신체, 대상("맥락")을 사용한다. 청자/독자는 그러한 정체성을 승인하기 위해 혹은 승인받기 위해(성공하건 성공하지 못하건) 현실(맥락)에서 언어, 신체, 대상에게 주의를 기울인다. 청자/독자로부터 사회적으로 의미 있는 특정 정체성(혹은 정체성 집합)을 승인받기 위해 화자/저자가 입찰bidding을 한다. 입찰은 성공하거나 실패할 수도 있고, 일부분만 성공하거나 실패할 수 있다. 이러한 시도는 청자/독자로부터의 협상이나 반박을 초래할 수도 있다.

물론 문자는 구어보다 신체와 장소, 대상이 더 손쉽게 식별되는 장소에서(맥락을 크게 신경 쓰지 않고서도) 사용될 수 있다. 하지만 문자는 언어 아닌 것들로 구성된 특정 맥락 내에서 소통되어야 한다. 보통 한 권의 교과서는 정책 문건이나 신문, 일본 만화보다 좀 더 다양하게 읽혀지는데, 서로 다른 정체성을 모은 것들이다. 각각의 글 또한 일반적인 방식과는 다르게 사용될 수 있다(예: 일본 만화는 만화 수업에서 교과서로 사용될 수 있다).

독자 중 누군가는 "문화" 개념이 거대 담론 분석에 부합될 수 있는지 궁금할 수 있을 것이다. "문화"란 너무 많은 의미를 지닌 단어이고 종종 획일성 측면에서 지나치게 강한 가정을 수반한다. (특정한 유형의) "폭주족 술집에 있는 거친 남자"는 (특정한 유형의) "일본 만화 수집광" 혹은 (특정한 유형의) "특수교육을 받는 학생"만큼이나 특정 유형의 거대 담론과 관련 있다. 아마도 이 모든 문화를 지칭할 수는 없을 것이다. 어느 경우이건, 거대 담론 이론은 사회적으로 의미 있는 정체성들을 정립하고 승인해 가는 것에 관심을 둔다. 거대 담론 이론은 맥락 안에서 "여러 유형의 사람"을 승인하는 일과 관련 있다. “문화”란 수많은 내용을 포함하지만, 대체로 신체, 대상, 세계가 아닌 믿음과 가치에 집중되어 있다.

담론은 거대할 수도 있고 미시적일 수도 있다(예: 육상선수, 게이머, 법률가, 정치가, 평등주의자, 갱 조직원, 조류관찰자). 담론에는 종결점이 없으며, 역사를 넘나든다. 담론은 우리가 시간과 장소 안에서 사회적으로 의미 있는 특정한 사회-역사적인 유형의 사람들을 설정하고 승인하도록 하는 관습 내에서 뿌리내린다. 모든 담론을 명명하기란 가능하지 않을 수 있는데, 그 이유는 유형이나 유형의 하위 유형을 찾아내어 변형해 낼 수 있는 인간의 능력이 거의 무한대이기 때문이다(마치 얼굴을 인식하는 능력과 같이). 인식이란 심리적 과정인 동시에 사회적 과정이며, 어느 한 과정이나 혹은 두 과정 모두 탐구될 수 있다.

연상의 망

우리는 언어가 디자인된 양식과 맥락에 기초하여 구어나 문자언어를 해석할 때 마음 속 연상의 망webs of association을 만든다. 맥락 안에서 시간의 흐름에 따라 말이나 글을 전개하면서 이 망들을 만들어 낸다(그리고 변화시킨다). 이러한 연상의 대부분은 종종 우리가 겪었던 과거의 경험에 기초한다. 혹자는 이러한 연상의 망들을 “담론 기록discourse records” 또는 “담론의 정신 모형mental models of discourse”이라고 부른다. 이 책에서 그러한 망들이 의미를 맥락화하는 작업과(특정한 언어 사용 맥락에 기초하여 대상이 무엇을 의미하는지 결정하는) “사회 모형social models”에 의해 만들어짐을 보여 줄 것이다.

담론이 전개될 때 우리 마음 속에서 연상의 망들이 어떻게 언어와 맥락을 해석하도록 지원하는지 간단한 예 하나를 들어 보겠다. 이 예를 통해 거대 담론을 어떻게 실천하고 인식하는지 살펴보겠다.

65세 대학교수인 나는 늦은 점심을 먹기 위해 대학가 근처에 있는 멕시코 식당 안으로 들어간다. 나는 식당에 들어가 나의 담론 기록에 저장된 맥락에

대한 생각/해석들을 떠올린다:

- 멕시코의
- 식당
- 점심식사
- 대학가 마을
- 약간 고급스러운
- 젊은 대학생과 취객들에게 맞추어진

나의 담론 기록 안에 위의 내용과 연상된 내용이 있다. 나는 카운터 앞 빈 자리에 앉았는데, 대학생으로 보이는 백인 남성이 다가와서 "사장님boss, 무엇을 드릴까요?"라고 묻는다. 이제 나의 담론 기록에 다음과 같은 것들이 덧붙여지게 된다:

- 서비스 접점
- 젊은 대학생 또래의 백인 남성
- 노인과 젊은이
- 청바지를 입음
- 비형식적인 어조
- 익살스러운 어조
- "사장" = 위계, 존경, 위치
- 내가 무엇을 주문할지 알고 싶어함
- 내가 카운터 자리를 선택했기 때문에 먼저 술을 주문할 것이라 예상함
- 또한 내가 식사를 주문할 수도 있고 주문하지 않을 수도 있으리라 예상함

지금까지의 연상은 나와 같이 대학가 주변 도시에 사는 사람이라면 누구에게나 익숙할 것이다. 전부 인터뷰나 문화기술지 작업을 통해 쉽사리 발견될 수

있다. 그렇지만 나는 내가 참여하는 다른 거대 담론들과 좀 더 밀접한 연상을 할 수 있다:

- 애리조나에 위치한 멕시코 식당
- 백인(멕시코인이나 멕시코계 미국인이 아닌) 바텐더 겸 웨이터
- 주변에 멕시코인이 없음
- 아마도 이 식당은 "진짜 멕시코" 음식을 팔지 않을 것임
- 애리조나에는 히스패닉 이민과 멕시코 이민자 및 스페인어 사용자들의 처우에 관한 많은 정치적 소요가 있었음
- "사장"이라는 용어는 때로 "낮은 계층"의 사람들이 "높은 계층"의 사람들을 부를 때 사용되며, 특히 가끔은 억압적인 인종 문화에서 아프리카계 미국인들이 존경의 표시로 백인에게 역사적으로 사용해 왔음. (예를 들면, 도시 부랑자들은 내게 "사장님, 잔돈 좀 있으세요?"라고 묻곤 한다.)

나중에 떠오른 이러한 연상들은 내 소속과 관련된 거대 담론에서 비롯되었고, 나보다 훨씬 더 어린 바텐더 겸 웨이터는 이를 알아차리거나 관심을 가질 수도 있고 갖지 않을 수도 있음을 안다. 나는 맥주 한 잔을 주문하고 메뉴판을 달라고 한다. 바텐더 겸 웨이터와 나는 하나의 거대 담론 안에서 정체성을 수행하고 있다. 식당 담론은 위계와 존경을 표현하는 서비스이지만 익살스럽고 형식적이지 않은 어조로 가장된다. 이러한 식당의 거대 담론이 내가 능숙하게 참여하거나 인식할 수 있는 다른 담론과 대비될 수 있다. 예를 들어 젊은 웨이터가 자기 이름을 알려 주고 내 이름을 물은 다음 우리가 친구인 것처럼 대하는 곳에서는 "친구 가장하기pretend friend"의 담론이 가능하다. 웨이터가 떨어져 서서 정중하고 능숙하게 대하는 좀 더 전통적인 담론이 있고, 웨이트리스가 (항상 웨이트리스임) "손님 무엇을 해 드릴까요?" 묻는 좀 더 구식의 담론도 있다. 웨이터가 "형님, 무엇을 드릴까요?"라고 묻는 것처럼 다양한

담론이 있을 수도 있다. 내가 임하고 있는 현재의 거대 담론이 무엇인지는 다른 거대 담론과 어느 정도 연관되어 있다.

이와 같은 거대 담론은 어떤 형식적인 명칭이나 제목을 가지고 있지 않다. 거대 담론은 분명하게 구분되거나 명백하지 않아도 된다. 단지 아무도 "반칙"을 외치거나 거대 담론을 "중단"시키지 않고 (물론 그럴 경우도 있다) 거대 담론에 직면하면 된다. 예를 들어, 만일 내가 멕시코 식당에서 바텐더 겸 웨이터의 비형식적이고 익살스러운 존경심을 지나치게 심각하게 받아들여 실제 "사장"인 것처럼 군다면 나의 거대 담론과 웨이터의 거대 담론 간의 접점은 깨질 수 있다.

그러한 만남은 내가 미국과 애리조나에서 익숙해져 버린 방식 때문에 불편하다. 더 알고자 한다면 불편할 수 있는 삶의 온갖 단면들을 말하지 않은 채 사람들과 교류해 왔기 때문이다. 예를 든다면, 행정수도인 워싱턴 시에 위치한 식당이나 호텔에서는 모든 종업원들이 아프리카계 미국인인데 매니저나 "높은" 직책의 사람들, 손님들 대부분이 백인이다. 그러한 것들을 언급하면 다양한 거대 담론 간의 대화(접점)가 "중단"되므로 우리는 이를 당연시 여긴다.

거대 담론은 언어 및 다양한 주제들(예: 내 복장과 바텐더 겸 웨이터의 옷, 카운터 자리에 앉기, 대낮에 술 주문하기, 나의 연령, 대중문화 장식 등)을 통해 소통하고 있는 사람들을 포함한다. 또한 거대 담론은 역사 안에서 마음과 신체, 환경을 사용하는 담론 간 소통을 포함한다. 나의 거대 담론과 웨이터의 거대 담론 간의 접점은 서구와 미국의 역사에서의 권력과 위계, 지위를 제거하지 않고 "감추기" 위한 것이다. 또한 음주와 성적인 분위기를 지닌 젊은 대학생의 거대 담론 일부이기도 하다. 그리고 젊은이 문화에서 연령을 대하는 방식의 단면이기도 하다. 거대 담론은 끊임없이 "말하고 있다". 하지만 거대 담론은 신체와 정신 안에서 존재하지 않는다면 역사 속으로 사라지고 만다.

이와 같은 예는 사소한 경우라도 하나의 거대 담론을 "잘 이끌기" 위해 지속적인 노력이 필요함을 보여 준다. 뿐만 아니라 여기에서 설명한 내용은 실제 벌어지는 일의 일부에 불과하다. 그렇지만 거대 담론 분석을 위해 모든 것을 드러낼 필요는 없다는 것을 알아두자. 단지 납득할 만할 주장이나 요점을 제시하는 정도로 밝히면 된다. 거대 담론 자료는 그 자체로 중요한 것이라기보다 사회생활에 대한 가설이나 논의를 위한 것이기 때문이다.

거대 담론 분석은 사회생활을 연구하기 위한 하나의 도구이다. 거대 담론 분석은 다른 여러 도구(예: 문화기술지, 역사, 사회학, 심리학 등)와 함께 조합될 수 있다. 거대 담론 분석은 사회생활 안에서 변화하고 늘 깨지기 쉬운 질서를 발견하게 해 준다. 역사 안에서 만들어지고 재생산되는 정체성을 보여주는 것이다.

거대 담론 분석은 한 가지 특이점을 지닌다. 우리는 분석가로서 사물의 의미를 밝히기 위해 삶 안에서 행해지는 모든 (덜 명백하고 형식적인) 일들을 더욱 명백하고 형식적으로 행한다. 거대 담론은 우리가 서로에게 누구인지, (말이나 글의) 접점에서 타인과 함께 무엇을 행하는지를 어떻게 알 수 있는가에 대한 것이다. 우리 모두는 인간이면서 동시에 거대 담론 분석가이기도 하다.

이 책에서의 접근법

이 장에서 다룬 내용들은 여러 담론 분석에 대한 일반적인 개요라고 할 수 있다. 여기서 논의된 내용들이 담론 분석에서 어떻게 다루어지는지를 살펴보면서 담론 분석에 관한 다양한 접근법을 서로 비교, 대조할 수 있다.

이 책에서는 화자와 저자가 사회적 의미를 지닌 특정한 정체성을 수행한다는 측면에서 수용 디자인을 설명할 것이다. 위치 디자인은 청자와 독자로 하여금 특정한 방식으로 자신과 세상을 바라보고 특정한 방식으로 행동하도록 하기 위해 화자와 저자가 언어를 사용하는 방식이라는 점에서 기술될 것이다. 연상의 망은 "형상화된 세계" 혹은 "문화 모형"에서 그리고 특정 맥락에서 의미를 어떻게 이해할 수 있는가(언어가 사용되는 맥락 안에서 단어나 어절에 특별한 의미를 부여하는 방식) 측면에서 기술될 것이다. 그렇지만 연상의 망은 이 책에서 다루지 않는 인지와 뇌에 관한 연구들(2004년 출판 Gee의 책이나 연구 문헌을 참고)에서 더 깊게 설명될 수 있다.

반응 디자인—청자와 독자들이 화자의 말과 저자의 글에 대한 반응들을 계획하고 실행하는 방식—은 문학 비평의 주요 논쟁 주제이긴 하나 담론 분석에 관한 대다수 접근법에서 상세하게 논의되지 않는다. 그렇지만 담론 분석에서 청자나 독자가 말이나 글에 대한 반응을 언어로 어떻게 표현하는지 이해하기 위해 반응 디자인을 고려해 볼 수 있다. 시간에 따른 상호작용의 흐름을 분석하고 (다른 사람 또는 글로 쓰인 문서) 대화에서 사람들이 시간이 지남에 따라 특정한 맥락 내에서 그 의미를 함께 구성해 나가는 (함께 만들어 가는) 방식을 분석해 볼 수 있다.

추천문헌

Bourdieu, P. (1990). *In other words: Essays towards a reflexive sociology.* Stanford: Stanford University Press. [The most accessible text by Bourdieu]

Fairclough, N. (1992). *Discourse and social change.* Cambridge: Polity Press.

Gee, J. P. (2004). S*ituated language and learning: A critique of traditional schooling*. London: Routledge.

Gee, J. P. (2012). *Social linguistics and literacies: Ideology in Discourses.* Fourth Edition. New York: Routledge.

Hacking, I. (1986). Making up people, in T. C. Heller, M. Sosna, & D. E. Wellbery, with A. I. Davidson, A. Swidler, & I. Watt Eds. *Reconstructing individualism: Autonomy, individuality, and the self in Western thought.* Stanford, Calif.: Stanford University Press, pp. 222–236. [Hacking's work on identity as a whole—he has several fascinating books—is worth reading, but start here]

Jones, R. (2012). *Discourse analysis: A resource book for students.* London: Routledge.

Rogers, R. (2011). *An introduction to critical discourse analysis in education*. Second Edition. Mahwah, NJ. Lawrence Erlbaum.

Wodak, R. & Meyer, M. (2009). *Methods of critical discourse analysis.* Third Edition. London: Sage.

제3장

만들기 작업

언어를 통한 만들기

1장에서, 실제 사용되는 언어는 말하고, 행동하고, (누군가가) 되는 것임을 설명하였다. 말하고, 행동하고, (누군가가) 되면서 우리는 특정한 "게임" 또는 "실제"를 (예: 위원회 회의, Yu-Gi-Oh 게임 회기, 법정 논쟁, 갱들 간의 난투, 1학년 교실에서 읽기 수업, 이웃과의 "수다", 데이트 신청하기 등) 정하고, 이를 통해 다시 말하고, 행동하고, (누군가가) 되면서 의미를 부여한다. 이와 같은 "게임" 혹은 실제는 늘 사회적 집단(예: 거리 갱 조직원, 변호사, 만화광), 문화(예: 미국인, 아프리칸 미국인, 본토 미국인), 또는 제도(예: 대학, 학교, 정부기관)에 달려 있다. 또한 "게임"이나 실제를 수행할 때 사회적 집단, 문화, 제도도 유지된다.

다양한 문화에서 음악을 만들어 내는 방식은 서로 다른 관습을 따른다. 어떠한 문화이건 음악가는 각자 (오래된) 관습을 따르면서 본인이 가진 재능과 스타일에 맞추어 (새로운) 독특한 음악을 만들어 낸다. 언어의 경우도 마찬가지이다. 우리는 말하기와 쓰기의 방식에 대한 관습을 "문법grammar"이라 일컫는다. 우리는 언어 사용 시 ("문법적인") 관습을 지키면서 동시에 자신이 말하려는 것과 말하는 방식을 표현하기 위해 독특한 양식을 사용한다. 음악과 같이 우리가 언어를 사용하는 방식은 오래된 것 같으면서도 새롭다.

음악 만들기가 의미하는 바는 상당히 명확하다. 그러나 의미를 만들기 위해 언어를 사용하긴 하지만 "의미 만들기making meaning"가 무엇을 뜻하는지는 분명하지 않다. 넓은 의미에서 보면, 우리는 실제 맥락에서 무언가를 말하고, 어떤 것을 행하고, 누군가가 되기 위해 언어를 사용하고, 이를 통해 의미를 만들어 낸다. 우리의 일과 존재는 이와 같은 방법으로 세상 속에 나타나고, 순차적으로 다른 것들을 야기하게 된다. 세상 안에서 무언가를 만들기 위해, 세상을 만드는 데 참여하기 위해, 그리고 세상이 지속되어 가도록 하기 위해 언어를 사용한다.

여기서 단순히 단어를 말한다는 것은 건물을 짓는 것과도 같다. 단지 단어를 말한다고 해서 건물을 지을 수는 없지만, 단어만을 말함으로써 이 세상에서 만들어 낼 수 있는 것들이 있다.

간단한 예를 들어 보자. 야구게임에서 주심이 "스트라이크!"라고 외치면 한 개의 "스트라이크"가 된다. 게임의 규칙에 의한 것이다. 주심이 그렇게 말하면 스트라이크인 것이다. 이와 비슷하게, 적법한 목사나 판사가 "지금부터 신랑 신부로 선언합니다"라고 할 때 하나의 결혼이 성립된다. 주심들은 현실 속에 스트라이크를 만들어 내고, 목사들은 결혼이 실제 이루어지도록 한다. 이러한 것들은 "직접적인 언어 행위direct speech acts"라고 일컬어진다. 적합한 상황에 따라 말한 것들이 그대로 되는 것이다. (따라서 "약속promise"이란 하나의 직접적인 언어 행위가 되는데, 왜냐하면 연극 무대가 아닌 적절한 장소에서 "약속한다"고 말함으로써 약속의 효력이 발생하기 때문이다.) 언어로 일어나는 일들 중에는 실제로 언어를 필요로 하지 않을 수도 있지만 언어를 사용한다면 훨씬 용이하게 될 수도 있다. 행동이나 몸짓만으로 위협감을 확실히 줄 수는 있겠지만 언어로 한다면 훨씬 쉽듯이 말이다.

우리는 언어를 통해 현실 안에 무언가를 이루고 만들어 낸다. 스트라이크나 결혼, 위협 말고도 다른 많은 것들을 만들어 낸다. 예를 들면, 나는 언어를 통해 다른 사람과의 관계를 형성할 수도 (아니면 절교할 수도) 있다. 내가 당신에게 비형식적이고 친근한 방식으로 말을 건다면, 당신이 나를 편안히 여기는 친구로 받아들이도록 요청하는 것이다. 당신이 같은 방식으로 대꾸해 준다면, 그러한 관계는 (적어도 그 순간 그 곳에서는) "진짜"가 되고 현실에서 결과를 지니게 된다(예: 이제 당신은 내 저녁식사 초대를 거절하기 힘들게 된다).

말을 하거나 글을 쓸 때, 우리는 흔히 현실의 7가지 영역을 만든다. 앞으로 이러한 7가지를 언어의 "7가지 만들기 작업seven building tasks"이라 부르기로 하자. 언어를 이용해 이 7가지를 만들므로 담론 분석가들은 실제 사용되는 언어의 어떤 부분에 대해서도 7가지의 다양한 질문을 던질 수 있다. 다음에서 7가지 만들기 작업과 담론 분석 질문들을 제시하고자 한다:

1. 의의Significance

삶 안에는 대부분의 사람들의 기준에서 중요하게 여겨지는 것들이 있다(예를 들면, 아이의 생일이나 사망). 그렇지만 대부분의 경우 의미를 부여하기 위해 혹은 중요성을 감소시키거나 우리가 그 의의를 어떻게 보고 있는지 타인에게 알려 주기 위해서는 언어를 사용할 필요가 있다.

"유충이 얼마나 자라는가는 확실히 상당히 다양하다"는 말에서 말하는 이는 형용사 "확실히sure"를 사용함으로써 유충들이 지닌 차이를 중요하게 여기고 있음을 나타낸다. 이는 태도나 감정의 표시이다. "유충의 성장은 유의미한 정도의 다양성을 보인다"는 문장에서는 말하는 이가 유충들의 차이를 중요시함을 "유의미한 정도의 다양성"으로 표현된다. 이 때 사용된 "유의미한"이란 단어는 기술적 용어이고, 학문 분야에서 통계적 수단을 의미한다.

담론 분석 질문: 이 언어는 어떤 것을 중요하게 아니면 중요하지 않게 만들기 위해 어떤 방식으로 사용되는가?

2. 실제practices (활동들)

우리는 이미 실제에 관해 많이 이야기해 왔다. "실제"라는 말은 사회적으로 승인되고 제도적 혹은 문화적으로 지원되는 노력을 뜻하는데, 구체적인 특정 방식으로 행동을 결합하거나 순차화하는 것과 관련 있다. 학생을 격려하는 것은 행동이고, 대학원의 지도교수로서 학생을 멘토링하는 것은 실제이다. 누군가에게 언어학에 관해 말하는 것은 행동(정보 알려 주기)이고, 과목에서 언어학을 강의하는 것은 실제이다. 가끔은 "활동"이라는 용어가 실제를 대신해 사용되기도 한다.

특정 실제나 활동에 참여하면서 승인을 얻기 위해 언어를 사용한다. 예를 들어, 특정 방식으로 말하고 행동하면서 위원회 공식 회의에 참여하고 또 다른 방식으로 말하고 행동하면서 공식 회의 전 여담에 참여한다.

실제에 관해 생각해 보면, 닭이 먼저냐 달걀이 먼저냐의 심각한 질문에 부딪히게 된다. 언어를 사용하여 말하고, 행동하고, (누군가가) 되는 것은 실제를 수행하는 것이다. 동시에 말하고, 행동하고, (누군가가) 되는 것은 이러한 실제들이 이미 존재하지 않는다면 아무 의미를 지니지 않을 것이다.

그렇다면 위원회 회의와 같은 실제, 혹은 위원회 회의를 소집하기 위해 사용되는 언어, "위원회" 방식으로 말하고 상호작용하는 것 가운데 무엇이 먼저일까? 그런 방식으로 말하고 상호작용하기 *때문에* "위원회 회의"가 가능한 것인가 아니면 위원회 회의 *때문에* 그렇게 말하고 행동하는 것인가? 위원회 회의라는 실제는 회의에서 사용되는 언어에 대해 의미와 의도를 제공하고, 회의에서 쓰이는 언어들은 위원회 회의를 수행하고 존재하게끔 만든다.

이러한 닭과 달걀 질문에 대한 해답은 다음과 같다: 언어와 실제는 시간에 따라 진행되는 상호 과정 속에서 둘 다 존재하기 위해 "자동 지원boot strap"을 한다. 하나 없이는 다른 하나를 얻을 수 없다.

물론 이러한 답변은 새로운 실제가 어떻게 나타나게 되는지에 관한 질문으로 이어질 수 있다. 흔히 새로운 실제는 오래된 것의 변형물이며 새로운 목적을 위해 변화 혹은 변형된 것이다. 종종 새로운 실제는 다른 영영역이나 맥락에서 새로운 것을 창안하기 위해서 오랜 실제의 요소를 반영함으로써 시작된다.

담론 분석 질문: 언어가 어떤 실제(활동)을 수행하기 위해 사용되는가?

3. 정체성Identities

우리는 특정한 정체성이나 역할을 맡으면서 승인을 얻기 위해 언어를 사용한다. 즉 지금 당장의 정체성을 수행하기 위해 언어를 사용하는 것이다. 예를 들어, 위원회 의장으로서 말하고 행동하는 것은 특정 방식으로 말하고 행동하는 것이다. 동료로서 다른 사람에게 비형식적으로 말하고 행동하는 것은 또 다른 방식으로 말하고 행동하는 것이다. 비록 위원회 의장과 같이 공식적 직위를 가진다 해도 항상 의장처럼 행동하지는 않으며 심지어 회의 중에도 마찬가지이다. 이와 같이 일이 성사되기 위해 적절한 때와 장소에서 정체성을 수행해야 한다.

우리는 타인에게 특정 정체성을 부여하는 말하기나 글쓰기를 통해 우리 자신의 정체성을 수행한다. 타인에게 부여한 특정 정체성은 우리가 이미 지닌 정체성과 명시적 또는 함축적으로 비교되거나 대조된다. 우리는 스스로의 정체성을 수행하는 방안으로 타인의 정체성을 만들어 낸다. 예를 들어 인종주의자라는 정체성은 말이나 글 속에서 다른 인종의 사람들에 대해 열등한 정체성을 만들어 내지 않는다면 생겨나지 않을 것이다.

담론 분석 질문: 언어가 어떤 정체성을 수행하기 위해 사용되는가? 언어를 통해 어떤 정체성이 타인에게 부여되는가? 타인에게 언어로 특정 정체성을 부여하는 것은 화자와 저자가 자신의 정체성을 수행하는 데에 어떤 도움이 되는가?

4. 관계Relationships

우리는 누구와 소통하고 있는가에 관해서 청자, 독자, 그 외 사람들, 집단들, 제도들과 관계되거나 관계되려고 시도하는 것을 표현하기 위해서 언어를 사용한다. 사회적 관계를 만들기 위해 언어를 사용하는 것이다. 예를 들어, 위원회 회의에서 위원회 의장으로서 “Smith 교수님, 미안하지만 다음 안건으로 넘어가겠습니다”라고 말한다면 이는 Smith

교수와의 비교적 형식적이고 정중한 관계를 보여 준다. 반면, "Ed, 넘어갈 시간이야"라고 가정해 보자. 이 때는 같은 사람이지만 비교적 비형식적이고 덜 정중한 관계를 나타낸다.

담론 분석 질문: 언어로 타인과 어떤 관계를 수행하고자 하는가?

5. 정치학 Politics **(사회적 재화의 분배)**

우리는 사회적 재화의 분배를 위해 언어를 사용한다. 예를 들어, "마이크로소프트는 운영시스템에 버그를 탑재했다"라고 말한다면 마이크로소프트 회사가 이에 책임이 있으며, 심지어 과실이 있다는 것이다. 적어도 이 경우에는 마이크로소프트가 책임 있고 좋은 회사라는 사회적 기여를 부인하는 것이다. 이에 반해 "마이크로소프트의 운영시스템에는 버그가 탑재되어 있다"라고 한다면 마이크로소프트의 책임이 덜고 과실이 적은 것으로 보이게 된다. 여전히 회사의 사회적 기여를 부인하고 있지만, 이러한 부인은 완화된다. "모든 혁신적 소프트웨어가 그러하듯 마이크로소프트의 운영시스템에는 버그가 탑재되어 있다"라고 한다면 마이크로소프트의 사회적 기여(혁신적인 것)를 부여하고, 심지어 버그마저 문젯거리가 아닌 이익의 신호로 여긴다. 문제를 말로 표현하는 방식은 죄책감과 비난, 법적 책임감 혹은 회피, 마이크로소프트의 좋거나 나쁜 동기와 같은 사회적 재화에 대한 함축된 의미를 지닌다.

사람이나 대상이 "적합한", "정상적인", "좋은", "받아들일 만한"가를 사회 특정 집단에게 중요한 방식으로 말하거나 글을 쓸 때마다 사회적 재화가 잠재적으로 걸려 있다. 1장에서 사회적 재화의 분배에 관한 관점을 "정치학politics"으로 정의하였다.

담론 분석 질문: 이 언어는 어떤 사회적 재화를 표현하는가? (예: "정상

적인" "옳은" "좋은" "맞은" "적합한" "적절한" "가치 있는" "원래 그런" "원래 그래야 하는" "상류층 또는 하류층" "나 같은 혹은 나와 같지 않은" 등으로 표현되는 것)

6. 연관성Connections

우리는 특정한 것들을 다른 것들과 연관짓거나 관련짓기(혹은 관련짓지 않게 하기) 위해, 즉 연관성이나 관련성을 만들어 내기 위해 언어를 사용한다. 예를 들면, 미국의 기독교 근본주의를 중동의 이슬람 근본주의와 연관짓기 위해서 말하거나 글을 쓸 수 있다. 아니면 두 가지가 연관되지 않고 전혀 다른 종류의 것으로 말하거나 쓸 수 있다. 물론, "근본주의" 용어를 사용하는 것 자체가 이미 둘을 연관시키는 방안이다. 대상들이 항상 내재적으로 연관되어 있거나 관련되어 있는 것은 아니다. 종종 그런 연관성을 만들어 내야 한다. 대상들이 원래부터 서로 연관되어 있을 때에도 언어를 사용하여 그런 연관성을 없애거나 약하게 만들 수 있다.

담론 분석 질문: 이 언어가 어떻게 대상들을 연관하거나 분리하는가? 어떻게 관련짓거나 관련 없도록 만드는가?

7. 기호 체계Sign Systems와 지식Knowledge

세상에는 다양한 언어가 있다(예: 스페인어, 러시아어, 영어). 어떤 언어든지 많은 차이가 있다(예: 법률가의 언어, 생물학자의 언어, 힙합예술가의 언어). 또한 언어가 아닌 의사소통 체계들도 있다(예: 공식, 그래프, 그림). 이들은 모두 기호 체계들이다.

나아가 사람들은 항상 이러한 체계 내에서 지식과 신념을 만들어 낸다. 우리는 특정한 기호 체계를 만들고, 주어진 상황에서 특정 지식이나 신념을 적절하게 만들고, 특권을 부여하거나 없애기 위해 언어를 사용한다. 다시 말해, 우리는 한 가지 기호 체계 혹은 지식을 다른 기호 체계나 지식에 우선하여 특권이나 명성을 지니도록 하기 위해 언어를 사용한다. 예를 들면, 나는 소수집단 학생들의 입학을 지원하는 위원회 회의에서 일상 언어나 비-법률적인 학문 언어보다 법률가의 지식과 언어를 우선하여 사용한다. 또한 우리는 언어, 기호 체계, 현실에 대한 지식 구성의 방식을 창조하고, 변화하고, 유지하고, 수정하기 위해서 언어를 사용한다. 이러한 것들은 중요한 기능이지만 이 책에서는 다루지 않을 것이다.

담론 분석 질문: 이 언어가 어떻게 특정한 기호 체계(예: 스페인어 대 영어, 기술용어 대 일상언어, 단어 대 그림, 단어 대 공식 등), 여러 가지 지식과 신념(예: 과학 대 인문학, 과학 대 "상식", 생물학 대 "창조 과학")을 특권화하거나 비특권화하는가?

예시

이제 우리는 앞서 제시된 7가지 만들기 작업을 위한 질문을 이용하여 담론 분석의 사례를 살펴보고자 한다. 그렇지만 먼저 염두에 두어야 점들이 있다. 첫째, 여기서는 대량의 언어자료에서 추출된 소규모 자료만을 다루고 있으므로 자료에 관해 가설을 만들 것이다. 가설은 더 많은 자료들과 추가적인 보완 수집을 통해 추후 확인되어야 한다.

대다수 과학이 그러하듯 대부분의 담론 분석은 가설 수립과 신뢰 획득에 관한 것이며, 완전한 증거를 확보할 때까지 추가 조사가 이루어져야 한다. 아무리 가설이 신뢰할 만하다고 해도 선호하는 견해에 반대되는 증거를 찾아내기 위해서는 늘 개방되어 있어야 한다.

둘째, 담론 분석에서 항상 맥락으로부터 언어로, 그리고 언어로부터 맥락으로 이동이 있다. 담론 분석에서 가장 중요한 개념인 "맥락context"에 관해 아직은 다루지 않았다. 지금은 단지 언어가 사용되고 있는 실제 장소setting를 일컫는 비형식적인 방식으로 이 용어를 사용할 것이다. 담론 분석을 수행하면서 언어가 사용되어 왔던 맥락에 관한 정보를 얻을 수 있으며, 이러한 맥락 정보는 언어가 뜻하는 것과 언어의 역할이 무엇인지에 대한 가설을 만드는 데 사용된다. 거꾸로, 언어를 연구함으로써 언어가 사용된 맥락을 이해할 수 있고 화자와 저자, 청자와 독자에 의해 해석된(혹은 구성된) 맥락을 배울 수 있다. 이러한 양방향 과정의 극히 일부를 여기에 제시된 예시에서 볼 수 있다.

이 자료들은 대학의 역사학 교수(Sara, 가명)가 구술 역사에 참여한 중학생의 담임교사들과의 공동 프로젝트로부터 발췌되었다. 교수는 학생들이 그들의 거주 동네 역사에 관한 정보를 얻기 위해서 친척들 및 이웃주민들과 면담하도록 했다. 이러한 구술 역사는 최종적으로 역사박물관에 전시되도록 계획되었다.

교수가 재직하고 있는 “Woodson” 대학은 우수학생들이 다니는 백년 이상된 소규모 사립대학이었다. 대학이 위치한 “Middleview” 도시는 노동자계층이 주로 살고 있는 산업도시였다. 교수와 작업한 교사들은 주로 노동자계층 출신의 공립학교 교사들이었다. 이 곳은 역사적으로 대학과 도시 간의 “대학관계자 대 일반 시민”의 긴장이 있었는데, 특히 대학에서 가르치는 사람들과 공립학교에서 가르치는 사람들 사이에 신분 및 지역 헌신을 두고 갈등이 있었다. 대부분의 대학 교직원들은 이 곳 출신이 아니었고 직장을 위해 이주해 온 사람들이다. 예외 없이 공립학교 교사들은 그 도시 출신이었고 대부분 이 곳에 머무르려고 하였다.

아래 제시된 자료들은 두 학교에서 수행된 구술 역사 프로젝트를 위해 소집된 첫 번째 회의 내용이다. 프로젝트에 참가한 두 학교 가운데 한 곳에서 개최된 회의에는 두 학교의 교사 4인, 대학교수 1인과 연구조교 2인, 교수와 교사들 간 공동연구의 비용을 지원하는 지원기관 대리인 1인이 참석하였다. 이외에 몇 명의 다른 이들도 있었다. Karen은 교사 중 한 명이었다. 회의 의장(지원기관 대리인)은 그녀에게 회의 참석자들을 위해 첫 공식회의 이전에 어떤 일들이 있었는지 그 배경을 설명해 달라고 요청하였다.

역사학 교수는 Karen의 학교에 재직하고 있는 교육과정 코디네이터인 Mary Washington에게 프로젝트에 대한 도움과 학교로부터의 승인협조를 요청하였다. Karen이 말한 "여름 협회Summer Institute"는 대학 교육학 프로그램에서 후원하는 대학 교육자들과 지역 학교 선생님들 간의 연구협력 워크숍을 일컫는다. 구술 역사 프로젝트의 지원기관 대리인은 여름 협회를 지원하고 있었는데, 교수와 함께 일할 교사들이 협회에 참석할 것을 희망하고 있었다.

자, 드디어 자료를 보겠다. 내용을 명확하게 하기 위해 멈춤과 주저함 등의 많은 세부사안들을 전사본에서 생략했다. 물론 이러한 세부사안들은 그 자체로 의미 있으며, 완전한 분석에서는 포함될 것이다. 강한 어조로 강조된 단어들은 진하게 표시되었다:

1. 작년에, Mary Washington, 여기 교육과정 코디네이터가 Woodson 대학의 Sara로부터 한 통의 전화를 받았습니다.
2. 그리고 내게 전화해서 말했습니다.
3. "Woodson에서 온 어떤 사람이 있는데 역사학과에 소속되어 있습니다.
4. 그리고 그 사람은 Middleview의 흑인 역사에 관한 연구에 흥미를 가지고 있습니다.
5. 또 그 사람은 학교가 참여하기를 원하고 있어요.
6. 여기 그녀의 전화번호가 있습니다.
7. 전화해 주세요"
8. 그래서 나는 그녀에게 전화를 **정말 했습니다**.
9. 그리고 우리 **둘 다** Woodson에서 열리는 여름 협회에 온다고 기대했습니다.
10. 나는 거기에 참석을 **했습니다**.
11. 그러나 **Sara는 그렇게** 할 수 없었습니다.

[자료에 대한 세부 전사본은 Gee(2014)를 참조할 것]

만들기 과제에서 모든 정보가 쉽게 드러나지 않겠지만 각 만들기 과제로부터 어떤 정보를 얻을 수 있을지 항상 질문을 할 수 있다. 정보를 찾는 방법은 다른 만들기 방법이 사용될 수 있을지 살펴보는 것이다. 여러 방법이 있다면 화자나 저자가 다른 여러 방법을 두고 왜 특정 방법으로 말하고 썼는지 살펴볼 수 있다. 각 만들기 과제를 살펴보면 다음과 같다:

1. 의의

Karen은 Sara가 여름 협회에 참석하지 않았다는 사실로부터 어떤 의의를 찾을 수 있는가? 이 사건은 별다른 의미 없이 중요시되지 않을 수도 있었다. 그러나 Karen은 이것을 중요한 하나의 사건으로 여기고 있다.

Karen은 자신과 Sara 사이에서 분명한 대조가 나타나는 단어를 사용한다. Sara가 여름 협회에 참석할 수 없었던 것은 이 대조를 통해 의의를 가진다. Karen은 스스로를 책임감 있고 지시를 수행하는 사람으로 묘사한다. Karen은 단지 "나는 전화했습니다"라고 하는 대신 "나는 전화를 정말 했습니다"라고 말하면서 강조한다. 그녀는 자신과 Sara 둘 다("둘 다"를 강조함) "여름 협회에 온다" 하고 "기대했습니다"(의도했음)라고 말하는데, 아마도 이것은 Sara가 "올 수" 있지만 오지 않았음을 암시한다. 그 다음 Karen은 자신이 참석했음을 강조한다. ("나는 참석했습니다" 또는 "나는 갔습니다"라고 말하는 대신 "나는 거기에 참석을 했습니다"라고 한 점에 주목)

Karen은 "그러나 Sara는 그렇게 할 수 없었습니다"라고 결론을 맺는다. 여기서 그녀는 자신의 행동과 Sara의 행동 사이에 대조를 만들기 위해 "그러나"를 사용한다. "Sara"와 "그렇게" 둘 다를 강조하면서 자신과 Sara 사이의 차이를 강조했다. 그리고 Karen은 단순히 "그러나 Sara는 오지 않았습니다"라고 말하는 대신에 Sara의 "능력"("할 수 없었습니다")을 강조했다.

이 모든 자세한 내용들은 Sara가 협회에 불참한 것이 Karen에게 중요하고 의미 있는 사실로 취급되고 있음을 나타낸다. 이를 명시적으로 밝히지는 않지만 청자로 하여금 그렇게 추론할 수 있는 여지를 남겨 둔다.

2. 실제 (활동)

Karen은 언어로 어떤 실제를 수행하고 있는가? Karen은 "공식적인" 회의에 참석해 있고, 회의 전에는 무슨 일들이 있었는지 "사람들이 파악하도록" 해 달라는 요청을 받았다. Karen은 프로젝트의 "역사"를 전달하고 있는데, 과거에 무슨 일이 벌어졌고 그 일에 대해 어떻게 해석하고 있는지는 미래에 일어날 일을 시사한다는 점에서 중요하다. 그러므로 Karen의 활동(혹은 실제)은 프로젝트에 대한 "역사 전하기" 또는 "유래" 말하기라고 할 수 있다.

Karen은 이러한 역사를 위계의 측면에서 접근하는데 이후 위계를 없애려고 한다. Sara는 Karen의 학교 관리자 한 명에게 갔다. 그 후 그 관리자는 Karen에게 Sara와 전화하라고 명령했다. 학교 조직의 위계에서 Karen은 가장 아래에 위치해 있다. 그러나 Karen은 자신과 Sara를 계속해서 대조하고 있는데, 자신은 참여하겠다고 요청받지 않은 프로젝트에서 적극적이고 책임 있는 행동을 하였지만 Sara는 본인이 요청하고 실행에 옮기게 된 프로젝트에서 적극적이고 책임 있는 행동을 덜 하였음을 대조했다.

이번은 첫 번째 프로젝트 회의이고, Karen은 프로젝트에서 과거에는 어떻게 하였으며 앞으로는 어떻게 할 것이라는 측면에서 자신과 다른 사람을 위치시키려고 시도했다. 형태에 주목해 보자: 나는 …을 했습니다, 우리 둘 다 …을 기대했습니다, 나는 …을 했습니다, 그러나 Sara는 그렇게 할 수 없었습니다 … Karen은 자신이 "하는 사람"이고 Sara는 "하는 사람"이 아닌 것처럼 규정한다.

물론, 만약 Karen이 원했다면 상당히 다른 방식의 언어를 만들어 낼 수 있었을 것이다. 예를 들면 다음처럼 말할 수 있다: “나는 Sara에게 전화했고, 우리 둘 다 여름 협회에 오기로 되어 있었습니다. 그러나 나는 참석할 수 있었지만 Sara는 그러지 못했습니다” 이러한 말들은 “했다”를 사용하여 Karen의 입장에서 행동을 강조하지 않은 채 Sara의 참석 부재를 무능력이 아닌 통제할 수 없는 (“그러지 못하였다”) 무슨 일이 생겼던 것처럼 들리도록 만든다. 이와 같은 표현은 대조를 하더라도 부드럽게 한다.

여기서 요점은 “파악하도록 하기” “역사” 전하기, “유래” 말하기와 같은 실제가 사회적 작업에 참여할 기회라는 점이다. Karen은 자신이 일을 하라는 명령은 받았지만 (그러므로 위계에서 더 낮은), 사실상 프로젝트에서 행동하는 사람이며 지도자였음을 (그러므로 위계에서 더 높은) “이야기”한다. 또한 그녀는 프로젝트에서의 위계와 권력관계를 변화시키기 위해 “입찰bidding”을 하고 있다. 프로젝트가 진행되면서 Karen과 다른 교사들이 프로젝트에 대해 “동등하고” (관리자나 교수가 아니라) 바로 자신들이 교실에 관해서는 “상급자”임을 보여 주고 싶어 했다.

3. 정체성

Karen이 수행하려던 정체성은 어떤 정체성인가? 앞서 Karen은 스스로 요청하지 않았고 참여하라는 “명령을 받은” 프로젝트에 대해 적극적이며 책임감 있게 행동하는 사람으로서의 정체성을 언어로 정립하는 것을 살펴보았다. 또한 Karen이 타인에게 부여한 정체성을 (이 경우에는 덜 주도적이고 책임감이 낮은 Sara) 자신의 정체성과 비교하는 것을 살펴보았다. 또한 프로젝트 전체 자료를 살펴보면, Karen은 후기 산업화된 미국 도시 교사들의 전형적인 말투와 가치관을 사용하면서 특정한 유형의 교사로서 이야기하고 있음을 알 수 있다. 뿐만 아니라 Karen의 마을에서 학교 교사로서의 정체성과 대학교수로서의 정체성(Sara의 정체성 중 하나인) 사이의 가치평가를 수반한 대조를 위해 말의 내용과 방식을 구성하고 있음을 볼 수 있다.

4. 관계

Karen이 Sara와 프로젝트 전반에 대해 어떤 관계를 형성하고자 했는가? 지금까지 살펴본 것에 비추어 보면, Karen은 Sara에 대해 거리가 있기는 하지만 특별히 공손하지는 않은 관계를 정립하고 있다. Karen은 스스로를 "행동하는 사람"으로, Sara를 "행동하는 사람"이 아닌 것으로 대조하고 있지만, 교육과정 코디네이터와의 대화를 소개하거나 "Sara는 그렇게 할 수 없었습니다" 결론지을 때에는 Sara의 이름을 사용했다.

또한 교육과정 코디네이터와의 대화를 묘사하면서 Karen이 "Woodson 역사학 교수" 혹은 "Woodson 역사학과에 있는 한 교수" 대신에 "Woodson에서 온 어떤 사람이 있는데 역사학과에 소속되어 있습니다"라는 구절을 사용한 것에 주목해 보자. 역사학자에 대한 이런 언급들은 바로 그 역사학자 본인이 말할 순서를 기다리며 나머지 참석자들과 더불어 작은 탁자에 앉아 있는 동안에 이루어졌음에 주의해야 한다. 마찬가지로, Karen이 프로젝트에 관해 어떤 형태의 관계를 형성하려고 시도하고 있는지 질문해 볼 수 있다.

5. 정치학

Karen의 언어는 사회적 재화의 분배 측면에서 어떠한 시사점을 제공하는가? 물론, 여기서 성패가 달린 한 가지 사회적 재화는 Karen과 Sara가 책임감 있고 신뢰할 수 있는 사람이라는 평판이다. 다른 하나는 "행동하는 사람"이거나 필요한 업무에 실패한 사람이라는 평판이다.

그러나 성패가 걸린 또 다른—그 상황을 자세히 알지 못하는 사람이라면 쉽게 알 수 없는—사회적 재화는 누가 학교 학생들에 대해 "권리"를 가졌는가 하는 점이다. 나중에 이루어진 프로젝트 회의에서,

Karen의 학교에서 온 (Karen의 친구이기도 한) 다른 한 교사는 이러한 점을 분명히 표현하였다. 즉, 교사들은 자신들이 학생들을 담임 맡고 있으므로, Sara와 같은 연구자들은 학생들에게 접근 승인을 얻기 위해서 교육과정 코디네이터 같이 힘을 가진 사람을 거치지 말고 교사들을 통해야 한다는(교사들에게 직접 연락함) 것이다.

이러한 내용들은 추후 회의에서야 분명하게 드러났지만, 여기서 우리가 살펴볼 수 있는 간략한 인용문 속에서는 Karen의 언어가 어떻게 디자인되었는지를 설명하는 데 도움이 된다. 회의 장소에 있던 다른 교사들은 (비록 의도하지 않았지만) Sara가 Karen의 교실에 대한 접근 승인을 얻기 위해 교육과정 코디네이터로 하여금 Karen에게 Sara와 전화 통화하기를 "명령"하도록 이야기한 방식이 의례를 위반했음을 Karen의 언어로부터 분명하게 들을 수 있다.

여기에서 Karen이 언어를 사용한 방식은 학교와 대학 간의 "정치학"을 완벽히 따르고 있다. 사회적 재화와 지위 및 권력의 위계(그 또한 사회적 재화임)가 관련된 것이다.

6. 연관성

Karen은 어떻게 대상들을 연관시키고 서로 관련짓고 있는가? 어떻게 대상들을 분리시키고 서로 연관되지 않도록 만들고 있는가? 이제는 Karen이 협회에 참석한 자신과 참석하지 않은 Sara를 어떻게 연관짓고 서로 관련짓는지 분명하다("나는 했습니다 …, 우리 둘 다 기대했습니다, 나는 했습니다. 그러나 Sara는 그렇게 할 수 없었습니다").

더욱이, Karen은 Sara가 프로젝트를 착수하기 위해 학교에 전화한 것과, Sara가 프로젝트와 Karen의 참여를 독려하기 위한 첫 회의에 참석하지 못한 것을 대조하였다. Sara는 자신이 해야 할 (프로젝트 일의) 연관짓기를 실패하였다.

7. 기호 체계와 지식

Karen이 어떻게 특정한 기호 체계(언어, 언어 양식, 비언어적 기호 체계) 또는 알거나 믿어야 할 특정 방식이나 주장들을 특권화하거나 비특권화하고 있는가? 여기서 발췌된 짧은 글은 정말로 긴 분쟁의 일부인데, 이러한 분쟁에서 역사, 가르침의 역사, 교실, 아동, 지역사회와 관련하여 교사 지식과 대학교수 지식 중 어느 것을 우선해야 하는지 그리고 언제, 어디서 왜 그래야 하는지가 언어로 표현되어 왔다. 이는 교육과정 코디네이터의 성과 이름(Mary Washington)을 사용한 것과 교수의 이름만 사용한 것 사이의 대조에서 이미 시작된다. 또한 이는 교육과정 코디네이터가 "Woodson에서 온 어떤 사람"과 "Middleview의 흑인 역사에 관한 연구에 흥미를 가지고 있습니다"라고 표현한 방식에서 넌지시 드러난다. 두 서술 모두 분명하지는 않다.

"Woodson에서 온 어떤 사람"이라는 말은 교육과정 코디네이터가 그 교수를 잘 모르고 교수가 가진 계급과 직책에 권위를 부여하지 않는 것처럼 들린다. "Middleveiw의 흑인 역사에 관한 연구"란 말에서는 교수 자신이 무슨 연구를 하고 싶은지 막연하거나 ("흑인 역사에 관한 연구") 아니면 코디네이터가 정확히 그것이 무엇인지 모르거나 관심이 없는 것으로 (그리고 교육과정 코디네이터가 흑인 미국인이라서 연락된 것으로) 들리게끔 한다.

사실상, 누구나 처음부터 교수가 아동들과 함께 마을과 가족들의 구술 역사를 연구하고 싶어한다는 것을 알고 있다. 다시 말해, Karen은 자신의 교실에서 학생들과 구술 역사를 이미 수행했기 때문에 참여하게 되었음을 알고 있다. Karen의 이야기 속에서 교육과정 코디네이터가 말한 내용은 반드시 실제로 말해진 것이 아니라 (Sara가 함께 있는 상황에서) Karen이 이미 언급된 것을 자신의 방식으로 표현하는 것임을 염두에 두어야 한다.

모든 만들기 과제들이 서로 간에 완전히 연계되어 있고 동일한 단어나 어절에 의해서 자주 동시에 상호 지원된다는 점은 명백하다. 이제까지 맥락과 사용 중인 언어를 상호 참조하여 짧은 자료 부분으로부터 몇 가지 가설들을 수립하였다. 다음에서는 이러한 가설이 추가 자료를 통해 탐색되도록 안내할 것이다. 이번과 연이은 회의에 참석한 동일한 구성원들로부터 얻어진 더 많은 이야기들을 검토한다면 가설에 대한 확신이 생길 것이고, 가설에 관해 더 많은 증거들, 곧 가설을 매우 잘 설명하는 것으로 보이는 더 많은 예시들을 얻을 수 있을 것이다.

가설이 다른 유형의 자료로부터 폭넓게 입증된다면—예로, 이 도시 및 여러 도시들의 대학 교수들과 교사들 사이의 관계—확신이 들 것이다. 결국 더 이상 상응하는 가설이 없다면, 그 때는 확인되지 않은 다른 증거들이 드러나기 전까지 가설을 수용한다. 모든 경험적 연구들이 이루어지는 방식은 이와 같다. 수학과 달리, 어떤 강력한 "증거"는 존재하지 않는다.

가설들은 추후 자료나 좀 더 면밀한 원본 검토를 통해 밝혀질 것으로 예상된다. 예를 들어, Sara가 발췌 마지막 부분인 11행을 자신에 대한 비판으로 들을 수 있었다는 증거는 확실하다. 교수는 11행을 자신이 여름 협회에 충분한 이유 없이 불참했다는 뜻으로 받아들일 수 있었을 것이다. 분명 이 부분에서 Sara의 반응, 언어적인 것과 비언어적인 반응 모두를 자세히 살펴보고 싶을 것이다(이 점이 녹화테이프 자료가 녹음보다 더 나은 이유이다).

다시 녹음기록을 좀 더 살펴보면, 언어적 그리고 비언어적 단서로부터 Sara가 11행 마지막에 Karen이 "그렇게"라고 말하며 강조하는 지점에서 끼어들려고 시도했음을 살펴볼 수 있다. Sara는 살짝 웃으면서 낮은 소리로 말한다: "나는 들었어요 … 어떻게 당신이 이해하게" Karen은 끼어들려는 말을 계속 자르면서 말한다. "글쎄요, 그래서 Sara와 나는 그녀의 계획이 무엇인지, 우리가 기대하는 것은 어떤 것들인지 조금 이야기했어요" 물론 우리는 Sara가 무엇을 말하려고 했는지는 알지 못한다. 그러나 Sara가 11행의 마지막 부분에서 Karen을 멈추고 무언가 다른 이야기를 꺼내고 싶었던 것은 분명하다.

결국, 이 자료의 출처인 연구에서 우리가 세우기 시작했던 가설은 프로젝트가 진행되는 동안 점점 더 많은 자료에 의해 지지되었다. 이러한 가설은 담론 연구자들이 프로젝트가 어떻게 왜 실패했는지 다양한 면에서 이해하도록 돕고, 일이 개선되도록 해 준다. 연구자들은 프로젝트를 "완벽하게" 만들 수 있는 것일까? 물론 그렇지 않다. 가설이 제기하고 있는 논란의 일부는 (대부분 지위, 권한, 제도적 갈등과 관련되는) 현실 세계에 뿌리박힌 문제이며, 이를 제거하려면 상당한 사회적, 제도적인 변화를 요구할 것이다. 그러나 그렇다고 해서 우리가 아무것도 할 수 없다는 뜻은 아니며, 제도 변화의 과정을 시작할 수 없다는 의미도 아니다.

8장에서 여기 소개된 7가지 "만들기 과제" 및 담론 분석과의 적절성에 관해 자세히 설명할 것이다. 다음 세 개의 장에서는 몇 가지 "조사 도구tools of inquiry"를 제시하고 싶다. 조사도구는 실제 언어를 어떻게 검토하며 만들기 과제를 어떻게 수행하고 어떠한 사회적, 정치적 결과를 가져오는지 연구하는 데 도움이 될 것이다.

추천문헌

Austin, J. L. (1975). *How to do things with words.* Second Edition. Cambridge, MA: Harvard University Press. [A classic philosophical work on how language is as much about doing as saying and that, in fact, saying is a form of doing]

Gee, J. P. (2014). *How to do discourse analysis: A toolkit.* Second Edition. London: Routledge. [This book allows readers to engage more actively with the data at the end of this chapter]

Hanks, W. F. (1995). *Language and communicative practices.* New York: Westview. [A wonderful and deep book on language as practice – we will discuss this book in a later chapter]

Searle, J. (1979). *Expression and meaning: Studies in the theory of speech acts.* Cambridge: Cambridge University Press. [The classic book on "speech acts"]

제4장

조사 도구와 담론

도구

앞 장에서 우리는 7가지의 만들기 작업building tasks을 살펴보았다. 이것은 우리가 언어를 사용하여 현실 속에서 규정하거나 만들어 온 7가지 종류의 것들이었다. 이제부터는 이 만들기 과제에서 사용되는 언어를 분석하는 데 필요한 몇 가지 도구를 살펴보겠다. 이 장에서 소개하고자 하는 조사 도구는 기본적으로 사람들이 정체성과 실제를 어떻게 수행하고 타인의 정체성과 실제를 어떻게 인식하는지와 관련된다. 그러나 여기에 소개된 조사 도구는 만들기 과제와 일맥상통할 수 있다.

여기에서 논의된 조사 도구는 다음과 같다:

a. **사회 언어**Social Languages: 사람들은 여러 가지 목적을 위해 언어를 다양하게 사용하거나 변용한다. 다양하게 변용된 언어는 여러 장소에서 다양한 정체성을 규정하고 승인하기 위해 활용된다. 사람들은 앞 장에서 만들기 과제에 참여하기 위해 다양하게 언어를 변용하는 사례를 살펴보았다. 이 때 나타나는 각각의 차이를 "사회 언어"라고 부를 수 있다.

   예를 들어, 유충을 연구하는 학생은 "유충이 얼마나 크는지 진짜 많이 달라"처럼 흔히 "일상 언어vernacular language"를 사용한다. 반면, 같은 학생이라도 "유충의 성장은 유의미한 정도의 다양성을 보인다"와 같이 말이나 글에서 좀 더 전문적인 언어를 사용할 수도 있다. 일상 언어는 하나의 사회 언어이며 전문적인 언어는 또 다른 사회 언어라고 할 수 있다. 다양한 사회 언어들이 어떻게 사용되고 혼합되는지 살펴보는 것은 담론 분석을 위한 조사 도구가 된다. 사회 언어(정체성과 실제를 위해 사용되는 다양한 언어 변용)는 언어를 사용하는 사람들이 만들기 과제를 수행하는 데 필요한 하나의 도구가 된다.

b. **거대 담론**Discourses: 사람들은 언어뿐 아니라 언어가 아닌 다른 "재료

stuff"를 언어와 함께 사용하면서 정체성과 활동을 구성한다. 당신이 갱 조직원으로 인정받기 원한다면 "적합한" 방식으로 말해야 하지만, "적합한" 방식의 복장도 갖추어 행동해야 한다. 생각, 행동, 상호작용, 가치판단, 감정, 신념 등을 포함하여 갱 조직원의 특성을 잘 드러내며 참여해야 한다(아니면 적어도 참여하는 것처럼 행동해야 한다). 또한 다양한 종류의 상징(예: 그래프티), 도구(예: 무기), 대상(예: 골목)을 "적합한" 장소에서 "적합한" 때에 사용할 수 있어야 한다. 단지 "말하기"만 해서는 안 되며 "행동으로 보여 주기"까지 해야 한다.

기업의 변호사, 해군 하사관, 급진주의 여성주의자, 동네주점의 단골이 되는 것/하는 것에서도 같은 방식이다. 한 명의 동일한 사람이 어떤 맥락에서는 "갱 조직원"으로 인정받는 방식으로 말하고, 행동하고, 상호작용할 것이며, 다른 맥락에서는 "영재학생"으로 인정받는 방식으로 말하고, 행동하고, 상호작용할 것이다. 그리고 사실 이 두 가지 정체성과 관련된 부수적인 말하기, 행동하기, 상호작용하기의 방식은 본인 자신의 마음 안에서만이 아니라 타인이 자신에게 특정 정체성을 기대하는 상황에서 상반될 수 있다.

특별한 종류의 정체성을 사회적으로 인정받기 위해 언어, 행동, 상호작용, 사고양식, 신념, 가치판단, 다양한 상징과 도구, 대상을 사용하는 방식을 대문자 D를 포함한 "거대 담론Discourse" 용어로 표현할 수 있다. 하나의 언어가 속해 있는 다양한 거대 담론에 관해 생각하는 것은 담론 분석의 또 다른 도구인 것이다. 우리는 언어 그 자체로만이 아니라 대상, 도구, 행동, 상호작용 방식과 신념 가치를 드러내는 방식에 따라 사용한 언어로 현실을 구성한다.

c. **상호텍스트성**Intertextuality: 우리가 말하거나 글을 쓸 때 종종 다른 "텍스트"를 암시하거나 연관시키고 심지어 인용도 한다. 여기서 말하는 "텍스트"란 다른 사람들이 한 말이나 쓴 글을 의미한다. 예를 들어, 한 번은 Wired 잡지에서 다음과 같은 제목의 기사를 실었다. "실리콘 시대

의 새로운 국면: 빠른 속도로 정보기술 직업이 인도로 유입되고 있다. 그것이 문제인가?"(2004년 2월). "그것이 문제인가?"라는 문장은 영화나 책에서 읽고 들었던 "무법자"의 말투를 떠올리게 한다. 이러한 어조가 기술 분야 잡지에서 사용되었다는 사실은 흥미롭다. 이와 같이 다른 텍스트 또는 다른 텍스트 유형에 대한 상호 참조를 "상호텍스트성"이라 한다. 상호텍스트성의 사례에서 텍스트는 또 다른 텍스트를 암시하고, 인용하거나 혹은 연관 있다.

d. 거대 담화 Conversations: 말하거나 글을 쓸 때, 가끔 우리의 말은 단순히 다른 사람들의 말을 (상호텍스트의 사례에서처럼) 암시하거나 연관하는 것이 아니라 우리가 잘 알고 있는 사회 집단이나 사회 전반에 걸쳐 많이 회자되는 대화, 글, 토의, 논의의 중심인 주제 및 토론, 혹은 동기 등을 암시하거나 연관시킨다. 이러한 주제, 토론, 동기들은 언어가 어떻게 해석되는지를 살펴볼 때 중요한 역할을 담당한다. 예를 들면, "흡연은 건강 문제와 연관이 있습니다"라는 말을 들었을 때, 흡연이 건강 문제로 이어진다는 것을 어떻게 아는가? 말하자면 건강상의 문제로 인해 초조해진 마음을 진정시키려고 담배를 피우게 되므로 ("유언장 작성은 건강 문제와 관련된다" 같은 문장에 대한 가장 그럴듯한 의미) 건강 문제가 흡연을 야기한다는 의미가 아니라는 것을 어떻게 아는가? 당신은 흡연이 가져오는 나쁜 영향에 대한 장기간의 사회적 논의들을 잘 알고 있으므로 이러한 의미를 이해할 수 있다.

특정한 사회 집단이 중요시 여기는 주제, 토론, 동기를 두고 사용된 모든 말이나 글을 대문자 "C"를 가진 "거대 담화Conversation"로 표현할 수 있다. 오늘날 대부분의 사람들은 낙태, 창조론, 기후 변화, 테러리즘 등과 같은 사회적 거대 담화에 관해 이미 알고 있다. 이와 같은 거대 담화를 알고 있다는 것은 이러한 이슈에 대한 토론에서 취할 수 있는 여러 관점은 물론, 사람들이 어떤 견해를 지지하는지도 알고 있다는 의미이다. 다양한 사회 집단과 사회 전체의 구성원으로서 우리는 이러한 거대 담화를 많이 알고 있다(무언가 알고 있다). 사람들은 지식을 통해서 우리의 언어를 해석하고, 우리도 상대방의 언어를 해석한다. 언어와 관련된 다양한 거대 담화를 살펴보는 것은 담론 분석의 도구이다. 이는 화자와 저자가 만들기 과제를 하면서 말하고, 되고, 행하는 것을 우리가 이해할 수 있는 하나의 방식이다.

거대 담론: 누구와 무엇

먼저 거대 담론의 개념을 살펴보는 것부터 시작하자. 거대 담론이란 말하고 행동하고 존재하는 특정한 방식이다. 말하거나 글을 쓸 때 당신은 특정 유형의 사람으로서 그리고 다른 상황에서는 또 다른 유형의 사람으로서 자신을 투영하기 위해 언어를 이용한다. 뿐만 아니라 당신은 특정한 실제나 활동에 참여하면서 스스로를 드러낸다. 만약 당신이 누구이고 무엇을 하고 있는지 알지 못한다면 당신이 말을 하고, 글을 쓰고, 행동한 것을 아무도 알 수 없다.

당신은 가족들과 먹는 저녁식사가 아닌 공식적인 저녁 파티에서 서로 다른 정체성을 드러낸다. 두 경우 모두 저녁식사를 하는 것이겠지만 서로 다른 실제 또는 활동("게임")인 것이다. 사람들이 지위나 사회적 재화와 관련된 정체성이나 실제에 차별적으로 접근할 수 있다는 사실은 사회 불평등의 근원이 되기도 한다. 이러한 문제에 대한 개입 자체가 사회 정의에 기여할 수 있다. 서로 다른 정체성과 활동이 언어를 통해 수행되므로 언어를 연구하는 것은 본질적으로 공평equity과 정의justice의 문제와 직결된다.

어쩌면 구술되거나 문자화된 "발화utterance"는 누가 무엇을 하는지 소통할 때에만 의미를 지닌다(Wieder & Pratt, 1990 참고). 여기서 "누가"란 말은 사회적으로 맥락화된 정체성, 즉, 개인이 지금-여기에서 수행하는 "어떤 부류의 사람"을 뜻한다. "무엇"이란 말은 그 발화를 통해 구성되거나 수행되는 사회적으로 맥락화된 실제 또는 활동을 의미한다. 그러한 정체성과 실제는 3장에서의 만들기 과제이다.

언어를 통해 수행되는 정체성에 관해 생각해 볼 때, 많은 흥미로운 복잡성을 발견할 수 있다. "누구"는 수없이 많을 수 있으며 항상 사람일 필요도 없다. 대통령 공보관은 연설문 작가가 작성하고 대통령이 인가한 (심지어 요구한) 발언을 발표할 수 있다. 여기서 발언은 일종의 중복되고 혼합된 "누구"를 전달한다. 연설문 작가를 직접 인용한다 할지라도 공보관은 자신의 목소리로 말의 억양을 부여해야 한다. 즉, 연설문 작성자는 대통령의 "목소리"를 "모방"하기도 하고 대통령을 위한 정체성을 만들어 내기도 한다.

개인뿐 아니라 기관도 "익명"의 텍스트와 생산물의 유포를 통해 "발화"를 작성하거나 발표할 수 있다. 예를 들어, 아스피린 용기에 적힌 경고 문구는 사실상 다수의 누군가에게 의사를 전달하고 있다. 집단이나 개인은 발언을 작성하고, 승인하고, 발표할 수 있다.

마지막으로 "누구"와 "무엇"은 실제로 분리되거나 별개의 것이 아니다. 당신은 당신이 하고 있는 일로 인해 누군가가 되기도 하고, 당신이 하고 있는 일들은 누가 그것을 하고 있는가에 따라서 승인되기도 한다. 발화는 "다중의 언어heteroglossic"인 경우가 많지만, 사실상 *누가-무엇을-하는가*who-doing-what를 통합적으로 표현하는 것으로 보아야 한다.

"진짜 인디언"

비록 언어에 초점을 맞추었지만, 우리가 누구이며(정체성) 무엇을 하는지(실제) 가시화하고 승인받는 것에는 언제나 언어 이상의 것이 요구됨을 알아야 한다. 언어와 더불어 우리가 누구이고 무엇을 하는지 타인에게 (그리고 우리 자신에게) 승인받을 수 있도록 행동하고, 생각하고, 평가하고, 상호작용하는 것이 필요하다. 실제 누군가가 되고 무언가를 해낸다는 것은 적절한 때와 장소에서 다른 사람 및 다양한 사물("소품")과 제휴하거나 이에 맞추어 행동하고, 평가하고, 상호작용하고, 언어를 사용하는 것이다.

언어를 "다른 재료"(다른 사람, 사물, 가치관, 시간과 장소)와 통합되는 좀 더 넓은 개념으로 살펴보겠다. 아메리칸 원주민들이 "진정한 인디언Real Indians"으로 서로를 인정하는 방식을 다룬 Wielder와 Pratt의 흥미로운 연구가 있다(아메리칸 원주민 집단이 모두 해당된다고 하지는 않았지만 이들의 연구는 다양한 집단에 기초하고 있다). Wielder와 Pratt는 진짜 인디언들이란 "규칙과 표준의 언어로 '진짜 인디언'임을 표현하는 사람이다"고 말한다(Wielder & Pratt, 1990, p. 48). Wielder와 Pratt의 연구는 우리가 취하는 정체성(whos)이 실제의 맥락에서 어떻게 유연하게 협상될 수 있는지 명확히 보여 준다.

물론 "진짜 인디언"이라는 용어는 "내부인"들의 용어이다. 아메리칸 원주민이 자신의 정체성을 수행하기 위해 "진짜 인디언"이란 용어를 사용했다는 것은, 외부자들에게 이 용어의 사용 권한이 없음을 의미한다. 아메리칸 원주민의 사례는 우리 모두가 늘 행하고 있는 것을 명확하고 극적으로 드러내는 예시이기 때문에 여기에서 소개하고자 한다.

아메리칸 원주민들에게 "승인함과 승인받음"의 문제는 매우 중대한 문제이다. 한 사람을 "진짜 인디언"으로 간주하기 위해 "진짜 인디언"이라고 인정할 수 있는 사람들과 동족이라는 것을 주장할 수 있겠지만, 이러한 주장이 문제를 해결할 수 없다. (생물학적인) 관계를 지닌 사람들을 "진짜 인디언"으로 승인할 수 없을 수도 있고, 혼혈부족인 사람들을 "진짜 인디언"으로 승인할 수도 있다.

"진짜 인디언"이라는 것은 한 개인이 단순히 어떤 존재인지를 의미하는 것이 아니다. 오히려 무언가가 되는 혹은 어떤 것을 행하는, 즉 실행performance과 관련있다. "게임"에 포함되기 위해서는 일정한 친족 관계가 필요하지만 이 가입 조건을 넘어 (한 번만으로) "진짜 인디언"일 수는 없으며, "진짜 인디언"이 되기 위해 행동하는 일뿐이다. 어떤 사람이 "진짜 인디언"인데도 "실제" 행위를 지속하지 않는다면 더 이상 진짜 인디언이 아니다.

마지막으로, "진짜 인디언"이기를 실행하는 것은 단지 혼자의 힘으로는 할 수 없으며 다른 사람들의 참여가 필요하다. "진짜 인디언"이기를 실행할 때 적절하게 다른 "진짜 인디언"들을 승인하고, 타인에 의해 "진짜 인디언"으로 승인받지 않는다면 "진짜 인디언"일 수는 없다. "진짜 인디언"이라는 것은 적절하게 함께 수반되는 대상(소품), 시간, 장소를 필요로 한다.

한 개인이 "진짜 인디언"으로 존재하고, 그렇게 되어 갈 수 있는 다양한 방법들이 있다. Wieder와 Pratt에 의하면, 다양한 방법 중 일부는 다음과 같다: "진짜 인디언"은 아메리칸 원주민이건 다른 사람들이건 낯선 이들과의 대화를 회피하곤 한다. "단지 아는 사람"이라는 사실만으로 서로의 관계를 맺기 어렵다. 그래서 "진짜 인디언"으로 밝혀질 만한 낯선 사람들과의 대화에서 "진짜 인디언"은 타인이 지닌 "진짜 인디언의 특질"을 발견해 나간다. 그러면서 그들이 "진짜 인디언"이고 더 이상 서로에게 낯선 이가 아닌 대화 상대라는 것을 상호 승인하게 된다.

타인이 지닌 "진짜 인디언의 특질"을 탐색하고, 본인이 스스로 "진짜 인디언의 특질"을 드러내면서, "진짜 인디언"은 독특한 양식의 언어적 말다툼에도 참여한다."진짜 인디언"은 "조롱하기razzing"라고 부르는 말다툼에 적합하게 대응하고 참여하면서 타인 앞에서 문화적 유능성competency을 보인다.

"진짜 인디언"은 상대에게 동의하는 방식으로 다른 이들과의 면대면 관계를 유지한다(적어도 겉으로 드러나게 반대하지는 않는다); 그들은 겸손하고 "어울린다". 조화와 일치를 드러내며 본인 스스로의 이익, 기술, 업적, 위상에 관해서는 조심스러워한다. "진짜 인디언"은 다른 "진짜 인디언"보다 자신을 높여서는 안 된다는 사실을 이해하고 있다. 또한 친족이나 다른 "진짜 인디언"과 맺은 복잡한 의무 체계들을 "인디언이 아닌 사람들"이 중시하는 계약 규정이나 이득 추구보다도 더 우선시해야 한다는 것을 이해하고 있다.

"진짜 인디언"은 참여자들과 환영 인사 및 예의 바른 말을 서두에 나눈 다음, 오랜 시간 동안 침묵을 지키는 대화에 참여하면서 "본인의 역할을 완수하는 데" 유능해야만 한다. 그들은 자신이나 다른 사람 모두가 말을 해야 할 의무가 없음을 알아야 한다—모든 친교에서 이러한 방식의 침묵이 허용된다.

"인디언"과 함께 있을 때, "진짜 인디언"은 "학생"과 "스승"의 역할도 수행할 수 있어야 하며, 이러한 역할에 적합한 행동을 할 수 있어야 한다. 이 역할은 문화적 지식(예: "진짜 인디언"임에 적절한 것들)을 전수할 수 있는 적절한 기회들이 생겼을 때 발휘되어야 한다. "인디언이 아닌 사람들"이 가르침을 주는 사람에게 질문하는 것을 적절하다고 여기지만 "진짜 인디언"은 그러한 상황을 부주의, 무례, 건방진 것이라 여긴다. "학생"의 역할을 맡은 사람은 시선 맞춤을 피하고 조용히 있음으로써 주의를 기울이고 있다는 것을 나타낸다. 그렇기 때문에 가르침의 상황은 일종의 지켜보는 독백과 같으며 서구 교수법의 특징 중 하나인 대화적인 특성을 드러내지 않는다.

전술된 정보들은 개인이 "진짜 인디언"으로 승인받기 위해 어떤 것들을 말하고 행하는지 향취를 전해 주지만 자칫 그릇된 오해를 낳을 수 있다. 앞서 제시된 특징들은 "진짜 인디언"으로 수행하기 위해 필요하고 충분한 범주로 여겨질 수 있다. 그러나 사실이 아니다.

이와 같은 특징들은 누가 "진짜 인디언"이고 누가 아닌지 결정하기 위해 한 번에 실시될 수 있는 시험이 아니다. 그보다, "인디언"이 이러한 특징들을 사용하는 환경은 집단의 역사 발달 과정에서 있어 왔다. 실제 상황에서 그리고 집단 역사의 다양한 경우에 이 특징을 "진짜 인디언"인지 판단하기 위해 사용해 왔다. "그는 (그녀는) '진짜 인디언'이다(혹은 아니다)"라는 판단은 주어진 상황에 근거하고, 때문에 판단은 본질적으로 잠정적이다. 현재 승인받는 것들이 수용되지 않을 수 있고, 오히려 승인받지 못했던 것들이 원하지 않더라도 또 다른 기회를 얻을 수 있다.

"진짜 인디언"뿐만 아니라 많은 다른 사회적 정체성도 마찬가지이다. 누가 "진정한" 여성주의자, 갱 조직원, 애국자, 인본주의자, 선도과학자, 동네 술집의 "단골"인지 한 번에 즉시 알아볼 수 있는 경우는 없다. 사회 정체성에 관한 문제는, 집단의 역사와 (진행 중인) 활동의 일부이며, 실제 내에서 잠정적이면서도 지속적으로 결정된다.

다양한 사회적 정체성들은 서로 심각한 갈등을 겪을 수 있다. 예를 들어, Scollon과 Scollon(1981)은 아메리칸 원주민들(캐나다와 미국의 Athabaskans)에게 논문 작성이 정체성의 위기일 수 있음을 지적했다. Athabaskan에게 논문 작성하기는 상당한 자기-드러내기self-display를 요구하는데, 그들은 자기-드러내기를 청중들에 대해 우월한 위치에 있는 경우에만 적합한 것으로 여긴다(학교의 경우 학생이 아닌 교사).

더욱이, 논문체 산문에서의 독자와 저자는 (진짜 나와 네가 아닌, 탈맥락화되고 다소 일반적인 "유형"의 독자와 저자로서) "가상화되고" 텍스트는 특정한 사회적 네트워크와 관계로부터 탈맥락화된다. 전달자와의 관계가 탈맥락화되거나 알 수 없게 되면 Athabaskan들은 침묵을 선호하는 편이다.

Scollon 등에 의하면, 글이 서로 알고 있는 저자와 독자 사이의 소통일 경우 맥락화되므로 Athabaskan들의 가치관에 부합되지만 그런 글은 우수한 논문체가 아니라는 모순이 발생한다. 그러므로 우수한 논문은 Athabaskan들의 특징이 아니다. Athabaskan족으로 행동하고 존재하기 위해 요구되는 것은 대부분 학교기반 논문의 저자가 되고 행동하는 데 요구되는 것으로부터 상호 배제된다. 이는 Athabaskan들이 양쪽 모두를 할 수 없다는 뜻이 아니며(우리 모두는 다양하다는 것을 기억하자), 가치관과 정체성의 측면에서 매우 심각한 갈등에 직면할 수 있음을 의미한다. Scollon 등에 의하면, 다른 집단의 사람들도 논문체 문헌에 대해 유사한 "정체성 이슈"가 있다.

거대 담론(대문자 D를 가진)

그렇다면 어떤 사람이 "진짜 인디언들"의 언어적 말다툼에 참여하는 "진짜 인디언"으로 어떻게 승인되는가? 그러한 문제들은 결과를 따른다. 진짜 인디언들은 말다툼에 올바르게 참여하면서 ("인디언들"이 "조롱하기"라고 부르는) 서로에게 문화적 유능성을 보인다. 이는 "승인함과 승인받음"의 문제이다.

"승인함과 승인받음"의 문제는 아메리칸 원주민뿐 아니라 우리 모두에게 언제나 결과적이다. 이와 같이 우리가 *누구*이고 *무엇*을 하는지 가시화하고 승인받도록 하는 것은 항상 "언어" 이상의 많은 것들을 포함한다. 누군가가 어떻게 "우수한 학생" "우수한 요리사" "갱 조직원" "유능한 법률가" "게임가" "진정한 농구팬" 또는 "진정한 천주교인"으로 승인받는가를 생각해 보자. 이들 모두는 "적합한" 장소에서 "적합한" 때에 "적합한" 소품을 가지고 "적합한 방식"으로 행동하기-상호작용하기-사고하기-가치판단하기-말하기-(때로는 쓰기-읽기)를 한다.

"우수한 요리사"의 요리는 단순하지 않다. 그들은 모든 것이 어우러지는 일종의 "춤dance"을 추듯이 요리법, 요리도구, 조미료들을 사용할 (그리고 변용할) 수 있어야 한다. 또한 그들은 특정한 방식으로 특별한 것(예: 음식의 차림, 맛의 조화, 음식과 와인의 결합)을 중시해야 한다.

우리는 어린 아이가 문해 담론의 일부가 되어 감을(특정한 유형으로 읽고 쓰며 할 수 있는 것을) 어떻게 아는가? 그 아이가 책을 바르게 펼치는지, 무슨 책인지 아는지, 부모가 책을 읽어 주는 동안 적절하게 상호작용할 수 있는지, 책을 읽는 척하는 행동을 하는지(예: "책처럼 말하기"), 책을 찢지 않고 소중히 여기는지 시험해 볼 수 있다. 이 모두는 아동이 실제로 인쇄물을 해석할 수 있기 전에 알아볼 수 있다(이는 "발생적 문식성emergent literacy"이라고 명명되는데, 아동이 "문해능력을 지닌" 사람으로 발현되고 있음을 의미한다).

1장에서 언급되었듯이, "적합한" 장소에서 "적합한" 때에 "적합한" 도구를 활용하면서 언어를 사용하고, 사고하고, 가치판단하고, 행동하고, 상호작용하는 방식들 간의 사회적으로 수용되는 연상association(개인을 사회 의미를 지닌 집단 또는 "사회적 네트워크" 구성원으로 확인하는 데 사용될 수 있는 연상)을 대문자 "D"를 가진 "거대 담론Discourses"이라 부른다. 소문자 "d"를 가진 "담론"이란 단어는 사용 중인 언어 또는 언어의 여러 종류(대화나 이야기 같은)에 국한할 것이다. "거대(Big D) 담론"은 항상 언어에 부과되는 "언어 이외의 재료"에 해당한다.

현대화된 기술집약적 도시기반의 어느 사회이건 무수한 거대 담론들이 존재한다: 예를 들어, 미국 흑인이나 호주 백인의 일반적인 유형도 있고, 현대 영국의 젊은 제2세대 부유한 시크 교도 여성이라는 특별한 유형도 (규정될 수) 있다. 중산층 미국인, 공장 노동자, 경영자, 물리학도, 문학도, 클럽이나 갱 조직원, 동네술집 단골, 또는 앞서 보았던 "진짜 인디언"의 특정 유형으로 존재함은 모두 거대 담론들이다. 거대 담론들은 특정 "부류의 사람"으로 존재함에 관한 것이다.

거대 담론에서의 핵심은 바로 "승인recognition"이다. 당신의 언어, 행동, 상호작용, 가치판단, 신념, 상징, 대상, 도구, 장소들을 현재 여기에서 특별한 유형의 *무엇*(활동)에 참여하고 있는 특별한 유형의 *누구*(정체성)라고 다른 이들이 승인할 수 있는 방식으로 합쳐 놓는다면, 그 때 당신은 하나의 거대 담론을 행하고 있는 것이다(그리고 얼마간 오래된다면 역사에 걸쳐 계속하는 것이다). 당신이 무엇을 하건 승인받는 다른 행위들과 충분히 유사해야만 한다. 그러나 이전에 행해진 것들과 다르더라도 여전히 승인받을 만하다면 거대 담론을 변화시키고 변형시킬 수 있다. 그러나 승인받지 못한다면 거대 담론 "안"에 있지 않을 것이다.

거대 담론은 항상 사회 제도 가운데 내재되어 있고, 다양한 종류의 도서와 잡지, 실험실, 교실, 다양한 건물, 다양한 기술, (재봉을 위한) 바느질 바늘부터 (조류관찰자를 위한) 새들, (농구선수를 위한) 농구장과 농구공들에 이르기까지 수만 가지 사물들과 같은 여러 "소품"을 포함한다. 당신이 선도적 분자 물리학자, 로스앤젤레스 남미 갱 조직원, (나이 든) 예민한 상류문화 인본주의자로 "행하도록pull off" (또는 누군가를 그렇게 승인하도록) 적합한 때와 장소에서 적합한 방식으로 조율하는 데 필요한 모든 단어, 상징, 행위, 사물, 의복, 도구를 떠올려 보라.

대화하고 상호작용한 주체가 우리 인간이 아니라 우리가 실행해 온 거대 담론이며, 우리는 거대 담론의 "운반자carrier"일 뿐이라고 가정하고 사회적, 정치적 이슈를 생각해 보는 것도 도움이 된다. 우리가 규정하는 거대 담론들은 개개인이 장면에 등장하기에 앞서 존재하였고, 장면을 떠난 이후에도 대부분 오랫동안 존재할 것이다. 우리의 말과 행동을 통해, 거대 담론들은 역사를 거쳐 영향을 주고받아 왔고, 그렇게 하면서 인간의 역사를 형성한다.

예로, 미국과 캐나다의 "인디언이기"와 "백인이기" 담론들 사이의 오래되고 변화되어 온 역사적 교류에 관해 생각해 보자. 또는 조금은 다르지만 똑같이 오래된, 뉴질랜드의 "마오리족이기와 "백인이기" 간의 역사적 교류에 대해서 생각해 보자. (또는 말한 김에 "영국계 백인이기"와 "미국계 백인이기" 사이의 오래된 교류에 대해서도 생각해 보자.) 창조론자와 생물학자 간의 오래되고 변화되어 온 교류에 관해서 생각해 보자. 로스앤젤레스에서 흑인 십대 갱 조직원과 L.A. 경찰 간의 오래되고 변화되어 온 교류에 관해 생각해 보자(예를 들어, 그들 중 일부는 학문적으로 갱 그래프티 문법 측면에서 뛰어난 전문가인데, 갱 그래프티 문법은 흑인계 갱들과 남미계 갱들 사이에 상당히 차이가 있다). 흥미롭게도, 우리 인간들은 이러한 교류의 역사를 인식하지 못하고, 그렇기 때문에 심층적 의미에서 행동하고 말할 때 우리가 의미하는 것들을 완전히 깨닫지 못한다.

"진짜 인디언"이 되는 "방법을 아는 것knowing how"은 다른 "진짜 인디언들" 및 사물들(예: 그 문화의 물질 품목)과 적당한 때와 장소에서 조화를 이룰 수 있음을 의미한다. 최근의 과학 연구들은 과학자들도 동일하게 맞음을 제시한다.

예를 들어, 실험 물리학자들이 "알고 있는" 물리학은 대부분 머리 속에 들어 있지 않다. 물리학은 과학 장비와 상징체계, 도서, 논문, 학술지, 기관들, 신체 습관, 실제의 반복, 타인을 통해 분배되어 있고 기록되어 있다. 개개의 과학 거대 담론은—예를 들어, 물리학이나 생물학 특정 분야의—서로와 연관되어 있고 도구, 기술, 상징, 문서, …, 사물로 실현되도록 행동, 표현, 대상, 사람들에게 맞추어진다. 개개의 거대 담론 간에 상호 조율된다.

"진짜 인디언"이기 위한 언어적, 비언어적 방식이 있는 것처럼, "진짜 실험 물리학자"이기 위한 언어적, 비언어적 방식도 존재한다. 실험 물리학자 또는 "진짜 인디언"이라는 것은 항상 말, 느낌, 가치관, 믿음, 정서, 사람, 행동, 사물, 도구, 장소를 수반한 방식이고, 이는 특정의 *무엇*whats을 하는 특정의 *누구*whos인지를 승인받도록 해 준다. 따라서 양쪽 모두는 거대 담론이다.

과학자들의 "수완know how"은 표현, 행동, 사물, 사람들의 집합체에 의해 조율되는 능력이다. 어떤 면으로 보면 과학자는 (다른 사람들과 다양한 사물, 도구, 기술, 상징체계들을 조율하는) *대행인*agent이면서 (다른 사람들과 다양한 사물, 도구, 기술, 상징체계에 의해 조율되는) *희생자*patient이다. 과학자는 특별한 형태의 언어, 타인들, 사물들(예: 과학 장비, 원자, 분자, 또는 새들), 장소들(예: 실험실이나 현장), 그리고 비언어적 실제들과 같은 다른 "행위자들actants"(Latour, 2005에서 적용된 용어)에 "동조하는" "연계하는" "연합하는" "조율하는"—혹은 무어라 붙이건—대행인과 희생자가 된다.

거대 담론은, 언어, 행동, 가치관, 신념, 상징, 도구, 사물, 시간, 장소의 조화된 형태로 이론상 존재하면서도 (구성원들에 의해) 승인받아 지금—여기에서 수행되는 일종의 "춤dance"과 같다. 춤과 같이 지금—여기에서 이루어지는 행위는 결코 똑같을 수 없다. "춤의 대가들masters of the dance"(특정 거대 담론으로 살아가는 사람들)이 승인받도록 허용하거나 인정 가능한 춤의 범위를 결정하는 데에 영향력을 행사하는 것과 같다.

거대 담론은 분명한 경계를 지닌 "단위"가 아니다

이 책에서 거대 담론이라는 개념은 매우 중요하게 다루어질 것이다. 따라서 흔히 발생할 수 있는 오해를 막기 위해 몇 가지 점을 분명히 밝힐 필요가 있다. 프로젝터가 영화의 한 장면을 멈추게 할 수 있듯이 생각, 말, 행동, 상호작용의 순간이 얼음과 같이 얼려졌다고 가정해 보자. 포착된 순간을 이해하기 위해 당신은 그 안에 포함된 정체성과 실제(활동)를 인식해야만 한다. 얼어붙은 순간에는 그렇게 할 수 없을 것이고, 그래서 당신은 충분하게 판단을 할 수 있을 때까지 앞뒤로 영화를 돌릴 것이다.

"오, 이제야 알겠네" 당신은 말할 것이다. "이건 '진짜 인디언'이 다른 '진짜 인디언'을 조롱하는 거야" 혹은 "이건 급진주의 여성주의자가 지독한 가부장적 말을 두고 한 남성을 꾸짖는 순간이네" 아니면 "실험실 물리학자가 동료에게 그래프에 대해 설명하는 거야" "X선생님의 교실에서 이야기 나누기를 시작하려는 1학년 아이야" 영화를 조금 더 앞뒤로 돌린다면, 당신은 판단을 바꾸거나 전혀 바꾸지 않을 수도 있다.

아마도 당신은 확실하지가 않아서 사람들과 논쟁할 수도 있다. 당신은 "이건 불량배가 거리에서 지나가는 사람을 쏘아보는 거야"라고 말하고, 나는 "아니야, 이건 그냥 거칠게 보이고 싶어서 그런 거야"라고 말할 수 있다. 당신은 "현대 교실에서 교사가 토론을 이끌고 있는 거야"라고 말하고, 나는 "아니야, 전통적 교실에서 교사가 강의를 하고 있는 거야. 학생들에게 다 알고 있는 답들을 질문하는 것처럼 가장하면서"라고 말할 수 있다.

이러한 것을 바로 "승인 작업recognition work"이라 명명할 수 있다. 사람들은 자신이 *누구*이고 *무엇*을 하고 있는지 타인에게 (또한 스스로에게) 가시화하려고 시도할 때 승인 작업에 참여하게 된다. 다른 사람들이 *누구*이고 *무엇*을 하고 있는지 인식하려고 시도할 때 승인 작업에 참여한다. 상호작용 안에서 순간순간 그러한 작업에 참여한다. 이후에 상호작용을 반성해 보면서 승인 작업에 참여한다. 또한 다양한 유형의 연구자, 실천가, 이론가, 개입자로서 사람들 간의 상호작용을 이해하려고 시도할 때 승인 작업에 참여한다.

이러한 승인 작업은 때로는 의식적이지만, 때로는 그렇지 않다. 어떤 때에도 사람들은 그들이 승인한 *누구*와 *무엇*에 대해 명료하게 말할 수 있는 칭호가 있지만, 어떤 때에는 없기도 하다. 칭호를 두고 다투기도 하지만 그렇지 않기도 한다. 그리고 칭호들은 시간이 지나면서 변한다.

우리가 승인 작업에 참여하고 거대 담론들이 세상에 존재하고 있다는 사실에 고마워하자. 예를 들어, 활동과 말, 행동, 사물에 대한 특정 방식들을 지닌 X교사의 학급에서 한 명의 유치원생으로 지내는 방식이 있다. 사물과 인공물, 특징적 실제들(활동들)을 지닌 X교사와 학생들, 교실은 교사와 학생들이 창조한 거대 담론 안에 놓여 있다. 물론 동일한 인물과 사물들이 또 다른 거대 담론 안에 있을 수 있다.

승인 작업과 거대 담론은 서로 맞닿아 있다. 예를 들어, X교사의 교실에서 어떤 종류의 이야기 나누기("사물을 보여 주고 말하기")는 "수용할 만한" 것으로 승인되지 않고, 다른 것은 승인된다고 할 때 X교사와 학생들은 승인 작업에 참여한다. 그러한 승인 작업은 하나의 거대 담론, 즉 "X교사의 교실에 속한 학생이 되기와 행동하기"와 관련된 말, 행동, 신념, 정서, 가치관, 상호작용, 인물, 사물, 도구, 기술의 방식을 창조한다. 반대로, 이러한 거대 담론은 승인 작업을 가능하고 의미 있게 만든다. 그래서 이는 또 다른 "닭과 달걀" 같은 질문이다: 승인 작업과 거대 담론 중 어느 것이 먼저인가? 그런데 둘 다 아니다. 서로가 서로를 창조하듯 그 둘은 투영되어 서로 관계되어 있다.

거대 담론들은 명확한 경계를 가지고 있지 않다. 왜냐하면 사람들은 항상 역사 속에서 새로운 거대 담론을 만들어 내기도 하고, 낡은 거대 담론을 바꾸고, 거대 담론들 간 경계에 도전하기 때문이다. 만약 당신이 미국 흑인 남성이며 "프로젝트 팀을 지도하는 사업 관리자"로서 승인받기를 시도하며 말하고 행동함으로써 승인받는다면, 당신의 행위는 사업 관리자의 거대 담론 안에 있게 된다. 승인되지 않으면, 그렇지 않을 것이다.

미국 흑인 남성인 당신의 행위가 의도적이건 아니건 거대 담론의 영향을 받으며(재즈 팬이 되는 거대 담론이나 미국 흑인문화의 거대 담론이라 치자) 그 행위가 사업 관리자 거대 담론 안에서 승인된다면, 당신은 적어도 현재 여기서는, 하나의 거대 담론을 다른 거대 담론으로 "오염시켰고infected" 자본주의 관리자 거대 담론을 확장시킨 셈이다.

당신은 한 번에 몇 개의 승인된 거대 담론을 가질 수 있다. 예를 들면, 당신은 현재 여기 교실 혹은 회의에서 당신이 소지한 다양한 거대 담론의 요소들을 함께 엮어서 "영국인, 두 번 이주한, 국제화된 전통적이고 현대적인, 잘 꾸민, 여성, 시크교도, 문화 연구 및 여성주의 포스트모던 인류학 미국 교수" 역할을 "해낼 수pull off" 있다. 여러 개가 엮인 거대 담론이 많은 사람들에 의해 규정되고 승인된다면, 궁극적으로는 그 혼종성이 망각되고 또 다른 하나의 단독 거대 담론이 될 것이다. 핵심은 우리가 어떻게 거대 담론들을 "설명하는가count"에 있지 않다; 핵심은 거대 담론들을 창조하고, 유지하고, 변형하도록 만드는 행위와 협상, 승인 작업과 이러한 과정에서의 (항상 수반되는) 언어의 역할이라 할 수 있다.

거대 담론에 관한 기타 몇 가지 중요한 점에 대해 간략히 설명하면 다음과 같다:

1. 거대 담론들은 두 가지 혹은 그 이상의 거대 담론들로 나뉠 수 있다. 예를 들자면, 중세시대 "자연 철학"은 점차 철학, 물리학, 기타 과학으로 분리되었다.
2. 두 가지 혹은 그 이상의 거대 담론들은 함께 병합될 수 있다. 예를 들어, 오래전 "Colors"란 영화가 상영된 이후, 최근 들어 인종이 혼합된 남미, 흑인, 백인 갱이 출현하였다. 그 이전에는 남미, 흑인, 백인들은 갱으로서 상당히 다른 방식을 지니고 있었고, 고립된 갱 집단의 경우 지금도 그러하다.

3. 현재 존재하는 하나의 거대 담론이 과거에 있었던 거대 담론과 동일한가, 아니면 동일하지 않은가는 문제시될 수 있다. 예로, 현대 Medicine Bears는 19세기 이전 Medicine과 유사점이 거의 없지만 목적에 따라 주요 유사점을 충분하게 찾을 수도 있고 그렇지 않을 수도 있다.
4. 항상 새로운 거대 담론이 생겨나고 오래된 거대 담론들은 소멸한다. 예를 들어, 몇 년 전에 캘리포니아 팜데일(로스앤젤레스 외곽의 사막 도시)에서, 아니면 또 다른 도시를 떠올릴 수도 있는데, 반인종차별주의 불량배 거대 담론이 거의 사라졌다. 왜냐하면 경찰을 포함하여 사람들이 반인종차별주의 불량배 거대 담론을 인종차별주의 신-나치 불량배 거대 담론과 혼동하는 경향이 있었기 때문이다.
5. 거대 담론은 항상 다른 거대 담론과의 공모complicity와 논쟁contestation 관계 속에서 정의되며, 따라서 한 사회 속의 거대 담론이 생성되거나 소멸될 때 거대 담론들이 변화하기도 한다. 예를 들어, 1970년대에 출현한 "신남성new male" 담론("새로운 남성"으로서의 존재와 행위 방식)은 다양한 종류의 성gender중심 담론과(예: 다양한 유형의 여성주의) 계층중심 담론(베이비부머 중산층은 모든 젊은 남성들이 속하기에는 지나치게 크므로 "성공한" 사람들과 그렇지 않은 사람들을 차이 둘 필요가 있다)에 대응하여 발생했으며, 이 거대 담론의 발생은 다른 담론들의 의미와 행동을 변화시켰다.
6. 거대 담론은 결코 "웅장"하거나 대규모일 필요가 없다. 나는 항상 긴 바bar가 있는 식당에서 식사를 하곤 했다. 바의 양 끝에는 두 가지 다른 거대 담론들이 있었다. 한쪽에는 젊은 남성과 여성이 있고 남성우위 성적 농담이 오갔다; 다른 쪽에서는 나이가 많은 사람들이고 주로 운이 없었던 이야기들을 나누었다. 그 식당은 양쪽에 다른 바텐더를 할당하고(항상 젊은이들 쪽에는 젊은 여성), 많은 바텐더들은 바의 양편에서 오가는 거대 담론과 그 속에서 자신의 역할을 잘 알고 있다.
7. 거대 담론은 다른 거대 담론의 혼종물hybrids일 수 있다. 예를 들면, 도

심지역 중·고등학교의 운동장은 경계가 불명확한 거대 담론borderland Discourse의 장소이며, 도심지역 십대 학생들이 이웃에 안전하게 접근할 수 없을 때 학생 또래의 거대 담론을 갖고 참여할 수 있는 장소이다. 경계가 불명확한 거대 담론은 (학생이 이로써 자신의 특징을 드러내지만) 다양한 또래들의 담론이 혼합된 것이다.

8. 수많은 거대 담론들이 있으며 모두 헤아릴 수는 없는데, 왜냐하면 아주 미미하더라도 새로운 거대 담론들이 항상 출현하고 경계들은 늘 논란이 되기 때문이다.
9. 거대 담론은 인물, 장소, 시간, 행위, 상호작용, 언어 및 비언어적 표현, 상징, 사물, 도구, 기술의 공동작용(“일종의 춤”)으로 세상과 역사 속에서 출현한다. 따라서 거대 담론은 물질적 현실realities이라 할 수 있다. 그러나 거대 담론은 특정한 방식으로 스스로와 사물이 승인받도록 하려는 인간의 작업으로서도 존재한다. 사회를 이해하게 해 주는 머리 속 “지도”이기도 하다. 따라서 거대 담론이란 물질적 현실인 동시에 사회적 실제이며 정신적 실체entities이다.

“세트”로서의 거대 담론

당신이 거대 담론의 개념을 이해하기 어렵다면, 아마도 다음과 같은 내용이 도움이 될 것이다. 잠시 바비 인형과 부속된 장비들에 집중하면서 “바비 인형” 거대 담론 안에 포함할 수 있는 모든 것들을 떠올려 보라. 바비 상표가 붙여져 있지 않았는데도 무엇이 “바비 인형”의 세계 혹은 거대 담론에 속하는 것으로 보이는가? 여자와 남자(예: Ken) 바비 인형은 어떤 일정한 외양의 모습을 갖고 있다(예: 신체는 일정한 모양을 지니고 있다). 인형은 특정한 유형의 옷과 장신구를 가지고 있다. 인형은 도서나 게임, 텔레비전 쇼에서 특정한 방식으로 말하고 행동한다. 특정한 유형의 가치관과 태도를 나타낸다. 말과 사물의 이러한 형상이 바비 인형의 거대 담론이다. 당신은 이러한 구조 안에서 모든 것을 바비라고 해석한다. 바비 인형의 거대 담론은 말과 사물, 의복, 가치관, 태도 등으로 이루어진 일종의 세트Kits이며, 이로부터 개인은 바비 인형의 의미들을 만들어 낼 수 있다. 심지어 바비 인형의 패러디물을 만들어서(예: 호주의 "말괄량이 Cheryl") 바비 인형의 거대 담론을 흠집 내고 싶더라도 우선은 그 거대 담론을 인정해야만 한다.

이제 바비 인형의 거대 담론을 규정하길 원하는 진짜 사람들을 상상해 보자. 우리는 그 사람들이 어떤 식으로 보이고, 행동하고, 상호작용하고, 말할지 알고 있다. 그들이 어떠한 가치관과 태도를 나타내고 싶어하는지 알고 있다. 어떤 유형의 사물, 장신구, 장소들을 본인과 연관시키는지 알고 있다. 이것들은 현실 세계의 바비 세트로부터 모두 파생된다. 실제 젊은이들은 바비 인형과 같은 사람이 되고자 (인형이 말하는 방식으로) 이야기하기도 한다.

사회 · 역사적으로 서로 다른 다양한 유형의 사람으로서 다양한 때와 장소에서 다른 사회적 삶을 살아갈 수 있도록 무수한 세트가 만들어졌다 — 남자, 여자, 근로자, 학생, 게이머, 연인, 조류관찰자, 환경운동가, 급진주의자, 보수주의자, 여성주의자, 흑인 미국인, 과학자, 다른 유형의 술집 손님(법률가 혹은 음주가) 등의 끝없이 변화하는 목록을 통해서 말이다.

주석

"거대 담론"이라는 개념은 다른 학자들이 언급한 주요한 면들을 포함하는 의미이다: 담론들(Foucault, 1966), 실행 공동체(Lave & Wenger, 1991), 문화 공동체(Clark, 1996), 담론 공동체(Bizzell, 1992), 분배된 지식 혹은 분배된 체계(Hutchins, 1995), 사고 집합체(Fleck, 1979), 실제(Bourdieu, 1990), 문화(Geertz, 1973), 활동 체계(Engeström, Miettinen, & Punamäki, 1999), 연기자-연기행동 네트워크(Latour, 2005), 집합체(Latour, 2004), (하나의 해석된) "삶의 형태"(Wittgenstein, 1958).

나에게 있어 거대 담론은 다음의 필연적인 것들을 포함한다: a) 맥락화된 정체성; b) 특징적인 정체성과 활동들을 수행하고 승인하는 방식; c) 타인, 사물, 도구, 기술, 상징체계, 장소, 시간에 의해 협력받고 협력하는 방식; d) 행동하기-상호작용하기-느끼기-정서 지니기-가치부여하기-몸짓하기-자세 취하기-옷 입기-사고하기-믿기-알기-말하기-듣기의 특정 방식(덧붙여 어떤 담론에서는 읽기와 쓰기).

하나의 거대 담론에 다양한 정체성이 관련될 수 있다. 예를 들어, X교사와 그녀의 유치원 교실 학생들은 "X교사와 학생들의 교실" 담론에서 다양한 맥락화된 정체성을 가질 수 있다. 한 예로, 내가 방문했던 2학년 교실의 흑인 남자아이는 "위험에 처한" (학업 실패의), "우수한 읽기 학생 중 한 명" (읽기 우수 집단에 속하지만 읽기 영재 프로그램에 따로 들어갈 만큼은 아닌, 두 집단 모두 동일 학년 수준의 읽기를 하지만), "행동이 바른" "교사와의 관계가 소원한" 것으로 표현될 수 있다. 이들은 모두 한 교사의 학급 거대 담론이 그 학생에게 부여한 정체성이라 할 수 있다. 물론, 우리는 이러한 정체성 하나하나와 학급 거대 담론에서 아동이 가질 수 있는 다른 정체성들을 아동의 행동에 근거하여 찾아볼 수 있다.

혹자는 "맥락화된 정체성"이란 용어를 좋아하지 않고 "(사회적) 위치" 혹은 "주관성" 같은 말을 선호한다(이들은 "정체성"이란 용어를 비교적 지속되고 시간이 지나도 "고정된" 자아개념으로 제한하는 경향이 있다). "정체성"(구체적으로 "사회적으로 맥락화된 정체성")이라는 용어는 다양한 실제와 맥락 안에서 우리가 취하는 다양한 정체성을 의미하고 "핵심 정체성core identity"이라는 용어는 맥락에 따라 변화하는 다양한 정체성 이면에 상대적으로 (단지 상대적일 뿐인) "고정된" 자아 개념을 의미한다.

추천문헌

Bizzell, P. (1992). *Academic discourse and critical consciousness.* Pittsburgh, PA: University of Pittsburgh Press. [Excellent book in the field of "Composition and Rhetoric"]

Bourdieu, P. (1990). *In other words: Essays towards a reflexive sociology*. Stanford: Stanford University Press. [Most accessible of Bourdieu's books – a major theorist on the role of practice in creating "status" in society]

Clark, H. H. (1996). *Using language*. Cambridge: Cambridge University Press. [Excellent discussion of the social aspects of language from a psychological perspective]

Engeström, Y., R. Miettinen, & R.-L. Punamäki, Eds., (1999). *Perspectives on activity theory.* Cambridge: Cambridge University Press [Engeström is the leading theorist in "activity theory" today]

Fleck , L. (1979, org. 1935). *The genesis and development of a scientific fact.* Chicago: University of Chicago Press. [A little-known but classic "must read" book – best thing ever written on the social nature of thought]

Foucault, M. (1966). *The order of things: An archaeology of human sciences*. New York: Random House. [Foucault was the major theorist of how diverse aspects of a society and its institutions come at times represent similar values and themes]

Geertz, C. (1973). *The interpretations of cultures.* New York: Basic Books. [The leading work on culture by the twentieth-century's outstanding anthropologist]

Hacking, I. (1986). Making up people, in T. C. Heller, M. Sosna, & D. E. Wellbery, with A. I. Davidson, A. Swidler, & I. Watt Eds. *Reconstructing individualism: Autonomy, individuality, and the self in Western thought.* Stanford, Calif.: Stanford University Press, pp. 222–236. [Hacking's work on how different periods of history make being different "kinds of people" possible or impossible is deep and deeply important]

Hutchins, E. (1995). *Cognition in the wild.* Cambridge, Mass.: MIT Press. [A brilliant book on how thinking is accomplished through tools and collaboration]

Latour, B. (2004). *Politics of nature: How to bring the sciences into democracy.* Cambridge, MA: Harvard University Press. [An important book on how science does and can function in a democratic society, especially in regard to environmental issues]

Latour, B. (2005). *Reassembling the social: An introduction to actor-network-theory.* Oxford: Oxford University Press. [An overall summary and introduction to Latour's important and illuminating work on how humans enter into networks of things, tools, and other people in order to accomplish things in science and elsewhere]

Lave, J. and E. Wenger (1991). *Situated learning: Legitimate peripheral participation.* New York: Cambridge University Press. [The classic work on "communities of practice"]

Scollon, R. & Scollon, S. W. (1981). *Narrative, literacy, and face in interethnic communication.* Norwood, N.J.: Ablex. [The best book ever written on literacy and an outstanding discussion of the interactions between culture and discourse patterns]

Wieder, D. L. & Pratt, S. (1990). On being a recognizable Indian among Indians. In D. Carbaugh, Ed., *Cultural communication and intercultural contact.* Hillsdale, N. J.: Lawrence Erlbaum, pp. 45–64. [An insightful discussion of how people get recognized as certain "kinds of people"]

Wittgenstein, L. (1958). *Philosophical investigations.* Oxford: Basil Blackwell.

[Wittgenstein was perhaps the most important philosopher in the twentieth century. Wittgenstein's work on "language games" is crucial for anyone interested in language or discourse]

제5장

사회 언어, 거대 담화, 상호텍스트성

언어에서 「누가-무엇을-하다」

이 장에서는 앞서 소개한 세 가지 조사 도구에 대해 살펴보고자 한다. 먼저 사회 언어에 대해 논의한 후 거대 담화와 상호텍스트성에 관해 알아볼 것이다. 사회 언어란 사회적으로 의미 있는 다양한 정체성을 표현하며(예를 들면, 기계공, 의사, 혹은 갱 조직원의 말하기와 글쓰기) 사회적으로 의미 있는 실제나 활동을 실행하도록(예: 수리적 증거 제공하기, 의약품 처방전 작성하기, 동료 갱 조직원과 연대 증명하기) 하는 갖가지 변용된 언어이다.

앞 장에서 살펴보았듯이 "거대 담화Conversations"(대문자 "C"를 지닌)란 사회 혹은 특정한 사회집단에서 이루어지는 논쟁(흡연, 낙태, 학교개혁 등의 초점 이슈)을 일컫는 말인데, 이러한 논쟁은 토론에서 취할 수 있는 "입장sides"이 무엇이고 어느 부류의 사람이 각각의 입장을 지지하는지를 알 수 있는 논쟁이다.

상호텍스트성은 구술 또는 문자화된 텍스트가 직접적 또는 간접적으로 다른 텍스트를 인용하거나 아니면 좀 더 미묘한 방식으로 다른 텍스트나 텍스트 유형을 암시하는 것을 의미한다. 상호텍스트성은 다양한 사람들의 말이 광범위한 방식으로 서로 섞이고 결합되는 것이다.

지금부터는 사회 언어의 개념에 대해 살펴보자. 앞 장에서 실제 사용되는 언어를 연구하기 위해 단지 그 언어뿐 아니라 거대 담론을 탐구해야 할 필요성을 제기하였다. 거대 담론이란 사회적으로 맥락화된 다양한 정체성을 실행하고 승인하기 위한 말, 행위, 상호작용, 생각, 느낌, 사물, 도구, 시공간의 통합방식이다.

그러나 언어학적인 담론 분석가는 언어에 주로 관심을 기울이고 비언어적인 요소들은 고려하지 않을 수 있다. 즉, 사람들이 언어 안에서 언어를 통해 자신이 *누구이고 무엇*을 하고 있는지 소통하는 방식을 살펴볼 것이다. 물론, 사람들은 행동이나 상호작용하는 방식, 가치평가하는 방식, 생각하는 방식, 사물을 사용하는 방식 등의 비언어적인 요소를 통해 소통한다. 그러나 언어에 집중하는 동안 추후 완벽한 분석 전까지 이러한 면들을 잠시 접어 두기로 한다.

우선 *누구와 무엇이* 어떻게 소통되는지 논의하면서 사회 언어라는 개념을 살펴보자(거대 담론을 위해서는 언어만으로는 충분하지 않고 항상 "다른 것들"이 합쳐져야 함을 염두에 두자). 언어를 통해「누가-무엇을-하다」를 창안해 내는 방식을 좀 더 구체적으로 설명하기 위한 예를 살펴보면 다음과 같다. 아래에 제시된 아스피린 병에 적힌 경고문을 보자(이탤릭체로 표기된 부분이 경고문이다):

> 경고문: *심각한 희귀 질병인 라이 증후군은 아스피린과 연관 있는 것으로 보고되었으므로 의사와의 상의 없이 어린이나 청소년의 수두나 독감 증상에 이 약을 사용해서는 안 됩니다.* 이 약과 모든 의약품은 어린이의 손이 닿지 않는 곳에 보관하십시오. 실수로 과다 복용했을 경우 전문가의 지원을 요청하거나 독극물센터에 즉시 연락하십시오. 어느 약품과 마찬가지로 임신하거나 수유를 할 경우 이 제품을 사용하기 전에 건강 전문가와 상의하십시오. 임신말기 3개월 동안 태내 아기에게 문제가 생기거나 출산 시 합병증을 야기할 수 있으므로 의사의 특정 지시가 있기 전에는 아스피린을 복용하지 않는 것이 특히 중요합니다.

이러한 텍스트를 해석해 보면 경고문 안에 두 가지의「누가-무엇을-하다」가 제시되어 있고, 그 두 가지가 상호 배치됨을 알 수 있다. 다시 말해, "누가 우리에게 말하고 있는가?"라는 질문에 대한 두 가지 다른 답과 "그들이 시도하려는 것이 무엇인가?"라는 질문에 상응하는 두 가지 다른 답이 있다. 첫 번째 *누가/무엇을* 조합은 다음의 문장들로 이루어져 있다:

> *심각한 희귀 질병인 라이 증후군은 아스피린과 연관 있는 것으로*

> *보고되었으므로 의사와의 상의 없이 어린이나 청소년의 수두나 독감 증상에 이 약을 사용해서는 안 됩니다.* 임신 말기 3개월 동안 태내 아기에게 문제가 생기거나 출산 시 합병증을 야기할 수 있으므로 의사의 특정 지시가 있기 전에는 아스피린을 복용하지 않는 것이 특히 중요합니다.

여기에서 대상들은 상당히 구체적으로 언급되며("어린이 또는 청소년" "이 약" "수두" "독감" "라이 증후군" "아스피린" "말기 3개월" "태내 아기" "출산"), 의사들은 "의사"로 불리며, 문제들은 단호하게 다루어진다(이탤릭체, "해서는 안 된다" "심각한" "특히 중요한" "특정 지시"). 이러한 언어들은 한 가지 유형의 *무엇을* 성취하려고 추구하는 *누구*를 설정한다.

두 번째의「누가-무엇을-하다」조합은 다른 두 문장들 사이에 놓인 다음의 문장들로 구성된다:

> 이 약과 모든 의약품은 어린이의 손이 닿지 않는 곳에 보관하시오. 실수로 과다 복용했을 경우 전문가의 지원을 요청하거나 독극물센터에 즉시 연락하십시오. 어느 약품과 마찬가지로 임산부나 수유를 할 경우 이 제품을 사용하기 전에 건강 전문가와 상의하십시오.

여기에서 대상들을 좀 더 개략적이며 일반적으로 지칭하고("이 의약품"과 "아스피린" 대신에 "이 약과 모든 의약품" "어느 약품" "이 제품"; "어린이 혹은 청소년" 대신에 "어린이"; "임신 말기 3개월 동안" 대신에 "임신한"), 의사는 언급하지 않으며, 대신 일반적인 건강 전문직업을 언급하고("전문가의 지원" "독극물센터" "건강 전문가"), 문제들을 "즉시"라는 단어만 제외하고 덜 엄격하게 다룬다(경고문의 다른 부분에 있는 좀 더 직접적으로 "해서는 안 된다" "사용하지 않는 것이 중요하다" 구절 대신에 "손이 닿지 않는" "실수로 과다 복용" "지원을 요청" "상의하십시오"의 완곡한 구절들이 들어 있다). 이러한 언어들은 *무엇*을 성취하려고 추구하는 *누구*를 규정한다.

이와 같은 두 가지의 「누가-무엇을-하다」는 다르게 "느껴진다". 이들은 다른 목적과 효과를 위해 다른 "목소리"로 위임되어 표현된다. 첫 번째는 법률가 목소리(누구)를 사용하여 구체적인 법률 문제와 판례들(무엇)에 대응한다. 두 번째는 친절하지만 권위 있는 지식을 지닌 회사의 공식적 목소리(누구)를 사용하여 일반약품과 비교했을 때 아스피린이 특별히 위험하거나 특이하지 않다는 것을 계속 강조하면서도 대중들, 특히 여성과 어린이들에게는 보호와 조언을 한다(무엇).

물론, 두 번째 「누가-무엇을-하다」는 첫 번째와 일부 긴장 관계를 지닌다. 어쨌든 아스피린 약병에 적힌 두 번째 「누가-무엇을-하다」는 그 약병을 가리키는 경고로만 사용되곤 했다(조금은 다른 문장 순서를 지니고). 실제로 경고문은 새로운 약병에서 또다시 수정되었다.

모든 발화와 마찬가지로 이러한 경고문은 문제를 특정 방식으로 다루려는 회사의 의도를 반영하거나 경고가 생겨나게 된 역사를 드러낸다. 아마도 이 경우 새롭고 좀 더 엄정한 직접적인 「누가-무엇을-하다」가 자애로운 문구 위에 덧붙여졌는데, 왜냐하면 그 회사가 라이 증후군과 같은 문제로 인한 소송을 겪었기 때문이다.

아스피린 용기 위에 적힌 경고문은 혼성어heteroglossic이다. 즉, 그러한 경고문은 "이중의 목소리"를 지녔는데, 왜냐하면 두 가지 다른 「누가-무엇을-하다」가 함께 배치되어 있기 때문이다. 두 가지 (이상의) 「누가-무엇을-하다」가 복잡하게 배치되어 분리하기 어려운 경우도 있다.

사회 언어

거추장스러운 「누가-무엇을-하다」 문구 대신 (실제로, 언어는 거대 담론 안의 "다른 요소"들을 따라 알아야 함을 기억하며) 언어의 「누가-무엇을-하다」 측면과 관련하여 유용한 다른 용어가 있다. 이 용어는 "사회 언어social language"이다. 아스피린 용기의 「누가-무엇을-하다」는 언어학적으로 다른 "사회 언어"(다른 사회적 의미를 지닌 언어 변용)로 표현되어 있다. 영어나 프랑스어처럼 모든 언어는 다양한 사회 언어로 이루어져 있다. 사회 언어는 우리가 학습한 것이고 우리가 말하는 것이다.

"사회 언어"와 "거대 담론"은 서로 다른 용어임을 알아두자. "사회 언어"라는 용어는 거대 담론에서의 언어의 역할에 관해 논의하기 위해 사용된다. 그러나 앞서 말했듯이, 거대 담론은 항상 언어 이상의 것을 포함한다. 거대 담론은 언제나 행동, 상호작용, 가치평가, 믿음, 느낌의 방식들을 포함하여 신체, 의복, 비언어적 상징, 사물, 도구, 기술, 시공간을 사용하는 방식에 따라 언어를 조율하는 것을 포함한다.

다양한 사회 언어를 명시하는 특정 사례로, 수년간 활용해 왔던 아스피린 약병 경고문에 있는 두 종류의 사회 언어 이외에 다른 사회 언어의 예시를 들어 보겠다. 한 예로, 『언어와 소통』이라는 나의 강의를 수강했던 "Jane"은 중상류 계층의 백인계 미국인 20대 젊은 여성이다. 그 수업에서 다양한 사회 언어에 관한 토의가 이루어졌는데, Jane은 자신이 다양한 맥락에서 다른 사회 언어를 사용하지 않으며 어느 맥락에서건 일관된 언어를 사용한다고 주장하였다. 사실상 그렇게 하지 않는다면 자신은 "본래의 자신"이 아닌 "위선적"인 사람이라고 하였다.

상황이나 대화 상대에 따라 말하는 방식을 바꾸지 않는다는 자신의 주장을 뒷받침하기 위해 Jane은 자신이 부모와 남자친구에게 말하는 것을 녹음하기로 하였다. 그녀는 수업에서 다루어졌던 이야기를 양쪽 상황에서 동일하게 해 보기로 하였다.

수업에서 다룬 이야기는 다음과 같다: Abigail이라는 여성이 그녀가 진심으로 사랑하는 Gregory를 만나기 위해 강을 건너고 싶어했다. 강을 운행하는 배의 선장(Roger)은 그녀가 자신과 동침해야만 배를 태워 줄 것이라고 말한다. Gregory가 너무도 보고 싶었던 Abigail은 그렇게 하겠다고 동의한다. 그렇지만 그녀가 도착해서 Gregory에게 자신이 한 일을 말하자 그는 절교를 선언

하고 그녀를 떠나보낸다. 이야기는 길지만 이 정도로 마무리하기로 하자. 강의를 들었던 학생들은 이야기 속 등장인물들에 대해서 가장 불쾌한 순서대로 순위를 매겼다.

이야기 속에서 Gregory가 최악이라고(가장 비도덕적) 생각하는 이유를 부모에게 설명하면서, 그 젊은 여성은 다음과 같이 말했다:

> 글쎄, 그것에 관해 생각해 봤을 때 잘 모르겠어요. 나는 Gregory가 가장 불쾌하게 여겨져요. Abigail이 그렇게 할 수밖에 없었다고 말했을 때 그는 이해하려 하지 않았어요. 그는 냉정했어요. 그녀를 사랑하는 체하면서 그렇게 행동하다니 위선적이에요.

이보다 먼저 편안한 장소에서 남자친구와 토의하면서, 그녀는 왜 자신이 Gregory가 가장 최악의 등장인물이라고 생각하는지를 설명했다. 이 맥락에서 그녀는 이렇게 말했다:

> 그 남자는 정말 멍청이야. 알지? 그 남자친구 말이야. 내가 널 만나기 위해 그렇게 한다면 네가 그 남자를 총으로 쏘아 버렸으면 좋겠어. 그 남자는 그녀를 이용하고, 그녀를 사랑한다고 말하잖아. Roger는 결코 거짓말을 하지 않지. 내 말이 무슨 뜻인지 알겠어?

Jane이 두 가지 매우 다른 형태의 언어를 사용했다는 것은—심지어 Jane 본인에게도—명백했다. Jane이 사용한 두 종류의 사회 언어의 차이점은 두 글의 어디에서나 분명하게 드러난다.

부모에게 그녀는 자신의 주장을 신중하게 숨기고("잘 모르겠어요" "나는"); 남자친구에게는 직설적으로 주장을 펼친다. 남자친구에게는 "멍청이" "남자"와 같은 용어들을 사용하지만 부모에게는 "불쾌한" "이해" "냉정한" "위선적" "체하면서"처럼 좀 더 형식적인 용어들을 사용한다. 또한 남자친구에게 말하는 것보다(“그 남자, 알지? 그 남자친구 말이야” “Roger는 결코 거짓말을 하지 않지. 내 말이 무슨 뜻인지 알겠어?”) 부모에게는 더욱 형식적인 문장 구조를 사용한다(“나는 ~” “그는 이해하려 하지 않았어요” “~다니 위선적이에요”).

Jane은 반복해서 남자친구를 “너”라고 부르면서 청자로서의 사회적 참여를 지적하고 있지만, 부모를 이렇게 직접적으로 언급하지는 않는다. 그녀는 남자친구에게 말하면서 여러 군데 추측의 단서를 남겨 두었는데, 부모에게는 좀 더 명시적으로 말했다(예: Roger가 나쁘긴 해도 거짓말을 하지는 않고, Gregory는 Abigail을 사랑한다고 주장하면서 그렇게 했다는 정보로부터 남자친구는 Gregory가 위선적이라고 비난받고 있음을 추측해야만 한다).

전반적으로 보았을 때, Jane은 부모에게 좀 더 “학교-같은school-like” 언어를 사용한 것으로 보인다. 부모에게 사용한 언어는 많은 추측을 필요로 하지 않으며, 그녀가 말하고 있는 것에 대해 사회적이고 정서적으로 참여하는 데에 청자로서 거리를 두는 반면, 그녀와 그녀의 “지력”에 대해 판단하도록 강조하는 듯하다. 이에 비해, 남자친구에게 하는 언어는 사회적이고 정서적인 참여와 연대감, 그리고 의미 생성에의 공동 참여를 강조한다.

이 젊은 여성은 그녀가 *누구*이고 *무엇*을 하는가에 관한 두 가지 다른 버전을 가시적으로 드러내고 있다. 어떤 경우 그녀는 “본인이 자랑스럽게 여기는 부모와 저녁식사를 하는 충실하고 영리한 딸”이고, 다른 경우에 그녀는 “남자친구와 친밀한 여자친구”이다. 물론, Jane 같은 사람들은 저녁식사 자리에서 부모에게 이런 식으로 말할 수 있겠지만, 모든 이들이 그렇다는 것은 아니다. 부모에게 취할 수 있는 다양한 정체성이 있을 것이고, 다른 사회 언어로 부모에게 말할 수도 있다. 다른 장소에서라면 Jane도 또 다른 사회 언어를 사용할 수 있다.

Greg Myers의 연구에서 인용한 사회 언어의 또 다른 예시를 들어 보겠다. 생물학자를 비롯한 여러 과학자들은 대중적인 과학잡지와 전문학술지에 기고할 글을 다르게 쓴다. 이러한 두 가지 유형의 글쓰기 방식은 서로 다른 것을 행하고 다른 정체성을 드러낸다. 대중적인 과학기사는 단순히 전문학술지의 "번역"이나 "요약본"이 *아니다*.

이를 위해 아래에 제시된 두 가지 인용문을 살펴보자. 첫 번째 글은 전문학술지에서 발췌된 것이고, 두 번째 글은 대중 과학잡지에서 인용된 것이다. 두 글 모두 같은 생물학자가 작성한 동일한 주제의 글이다(Myers, 1990, p. 150):

> 실험들은 헬리코니우스 나비들이 알이나 알과 같은 구성물을 지닌 숙주식물 위에 산란하는 경우가 적음을 보여 준다. 알 모조품들은 초식성 곤충들의 숙주-제한 군에 대한 반응으로 진화한 식물의 특징을 보여 주는 명백한 예시이다. (전문학술지)

> 헬리코니우스 나비들은 시계초 덩굴 위에 알을 낳는다. 이에 대한 방어를 위해 덩굴들은 이미 알들이 붙어 있는 것처럼 나비들에게 보이게끔 진화했다. (대중잡지)

전문학술지에서 발췌된 첫 번째 인용문은 생물학이라는 특정 과학 *분야*의 *이론*의 개념적 구조에 관한 것이다. 첫 문장의 주어는 자연과학에서의 *연구방법론적* 도구인 "실험"이다. 다음 문장의 주어는 "알 모조품들egg mimics"이다: 식물의 부분들이 식물 자체가 아니라 포식자와 먹이의 "공진화"라고 불리는 자연선택 및 진화의 이론(포식자와 먹이가 함께 진화되어 왔다는 이론)에서 식물이 수행하는 역할에 준하여 이름 붙여진 방식에 주목하자. 또한 대중잡지에서의 "덩굴" 대신 전문학술지에서는 "숙주식물"로 표현된 것에 주목해 보자.

두 번째 문장에서, 나비들은 "초식성 곤충들의 숙주-제한 군"으로서 언급되며, 이는 동시에 과학적 연구방법론의 일면("실험"을 행하는 것과 같은)과 이론의 논리("알 모조품"과 같은)를 가리킨다. 공진화 이론을 주장하는 어느 과학자이건 식물을 포식하는 동물의 종류가 많을 때에는 식물의 특성과 포식자 사이의 인과관계를 증명하는 데 어려움을 겪는다. 이러한 문제점을 극복하는 주요 방법은 단 하나 혹은 소수의 포식자들에게 먹이가 되는(시계초 덩굴과 같은) 식물군을 연구하는 것이다(위 경우 헬리코니우스 나비). 이 때, "초식성 곤충들의 숙주-제한 군"은 공진화 이론의 핵심인 식물과 곤충 사이의 관계성 및 다른 형태의 상호작용을 "통제"하는 연구방법을 의미한다.

이에 첫 번째 문단은 과학적 방법론과 진화에 관한 특정한 이론적 관점에 초점을 두고 있다. 반면, 대중 과학잡지에서 발췌된 두 번째 문단은 연구방법론이나 이론이 아니라 *자연 동물*에 대한 것이다. 나비는 첫 번째 단락의 주제이고, 덩굴은 두 번째 단락의 주제이다. 더욱이, 나비와 덩굴은 특정한 이론에서의 역할에 따라서가 아니라 그 자체로 그렇게 불린다.

두 번째 문단은 훈련된 과학자의 시선을 통해 가감 없이 드러난 곤충과 식물의 투쟁에 대한 이야기이다. 생물학의 역사에서 과학자들의 자연을 대하는 방식은 직접적인 자연 관찰을 기술하는 것으로부터 복잡한 이론들을 시험하기 위해 정교한 실험들을 수행하는 것으로 점차 변화되었다. Myers는 전문 과학은 현재 불확실성과 복잡성에 대한 전문적인 관리에 관심을 쏟고 있으며, 대중 과학은 이 세상이 전문가들에 의해 알려지고 접근된다는 일반적인 확신에 주의를 기울인다고 주장한다.

"불확실성 관리"에 대한 필요성은 과학자들의 자연 "관찰"이 일치되지 않고, 관찰의 기술과 설명 방식에 관한 이견이 증가하는 현실에서 일부 제기되었다(보는 것은 믿는 것일 수 있고, 아는 것이 아니다). 불확실성 관리의 필요성이 대두되자, 불확실성이 과학자들의 전문적인 의견이나 지력knowablity을 손상시키는 것이 아니라는 점을 대중들에게 확인시켜야 했다.

이러한 예시로부터 언어가 *누구*(여기서는 실험가/이론가 대 주의 깊은 자연관찰자) 및 *무엇*(과학에 대한 전문적 공헌과 과학의 대중화)과 연관되며, 특정 집단의 *이해관계*와 *가치*를 반영하는 사회 · 역사적인 실제에 의해 만들어지고 인정받는다는 것을 알 수 있다.

언어를 사용함에 있어서 「누가-무엇을-하다」가 중요하다는 점은 분명하다. 그러나 원한다고 *누구*든지 되거나 *무엇*이든 행할 수는 없다. 앞서 살펴본 생물학의 사례들처럼 *누구*와 *무엇*은 역사의 창조물이고 역사 안에서 변화한다.

문법의 두 가지 측면

각각의 사회 언어에는 독자적인 고유의 문법이 있다. 그러나 문법의 두 가지 측면이 사회 언어에 있어 중요하다. 하나는 명사, 동사, 억양, 구, 절과 같은 전통적인 단위 세트이다. 다른 하나는 "규칙들rules"인데, 말하자면 명사와 동사, 구, 절과 같은 문법 단위들이 특정 거대 담론 내에서 「누가-무엇을-하는가」에 대해 신호를 주거나 지표가 되는 패턴patterns을 만들어 내는 데 사용되는 관습conventions을 말한다. 즉, 청자와 독자가 화자와 저자에게 맥락화된 정체성을 부여하고 말이나 문자를 특정 활동으로 여기므로, 화자나 저자는 말이나 문자가 「거대 담론 내에서-누가-무엇을-하다」의 패턴을 지니도록 디자인한다.

언어학자들은 이와 같은 방식을 "연어 관계collocational pattern"라고 한다. 이는 다양한 종류의 문법적 도구들이 서로 "상호-위치co-locate"한다는 뜻이다. 여기서 명명하려는 것은 서로 다른 문법적 단위들의 "상호-관계co-relations"이다. 이 관계는 *담론의* 「누가-무엇을-하는가」를 구성하기 위해서 다시 다른 비언어적 "특성stuff"과 상호-관계된다(조율된다).

예를 들어 보면, Jane이 남자친구에게 한 "그 남자는 정말 멍청이야, 알지, 그 남자친구 말이야"라는 말에서 "멍청이" "남자"와 같은 비공식적 용어들이나 "그 남자"라는 애매한 인칭, "알지" 같은 비공식적 삽입 장치, "올바른 위치 바꾸기"의 비형식적인 통어 장치들(예: "남자친구"라는 말을 문장 맨 뒤에 두는 것) 모두가 그녀의 발화가 유대감을 얻기 위해 사용된 구어체 사회 언어라는 것을 나타낸다.

활동에 적절한 대화 방식을 유지하는 것은 마치 옷을 선택하는 것과 상황이 유사하다. 예를 들면, 슬리퍼, 수영복, 끈소매 상의, 선글라스, 차양모자는 야외나 물놀이 활동과, 물놀이 활동에서의 맥락화된 정체성을 표현하기 위해 "상호-위치co-locare"된다.

예시

문법의 두 가지 측면(명사와 명사구와 같은 전통적 단위들과 이러한 단위를 통해 만들어 낸 방식들)에 대한 또 다른 예를 들어 보기로 하겠다. 다음의 문장을 살펴보자(Halliday & Martin, 1997, p. 77 인용):

1. 폐암 사망 비율은 흡연 증가와 분명히 연관 있다.

위 문장은 특정 학문의 사회 언어의 일부임을 보여 준다(비록 연결된 글이 더 없이는 정확히 그러하다고 말할 수는 없지만). 몇 가지 특징들을 들어 보면 다음과 같다: 진중한 주제("폐암 사망 비율"), 동사에서 파생된 명사("증가" "흡연"), 복잡한 합성명사("폐암 사망 비율"), "낮은 타동사" 관계술어("~와 연관 있다"), 수동태 혹은 수동태 유사 표현("연관 있다"), 주체의 부재(누가 연관시키고 있는지 언급이 없음), 추상명사("비율"), 단언적인 동사 수식어("분명히").

하나의 문법적 특징만으로는 문장의 사회 언어를 표시할 수 없다. 그보다는 이러한 특징(만일 많은 담화-수준의 특징을 포함하는 긴 글들을 살펴본다면 매우 더 많을) 모두가 사회 언어를 표시하는 하나의 구별되는 형상configuration(상관관계 혹은 더 잘 표현한다면 상호-관계)을 구성한다.

사회 언어를 표시하는 형상은, 암기하기에는 너무 복잡하고 (상황에) 맥락화되어 있다. 언어학적 관계성은 사회적 실제를 벗어나 존재하지 않으며 사회적 실제가 아니면 학습될 수 없다. 언어학적 관계성은, 말하고 글 쓰고 생각하고 행동하고 가치판단하고 주어진 시공간에서 살아가는 사람들의 "목소리"이며 "정체성"의 본질적인 부분이다. 언어학적 관계성을 학습한다는 것은 개인이 속한 사회맥락을 인식하도록 학습함을 의미한다. 명시적 교수방법(직접적인 교수방법)이 필요하지 않다는 뜻은 아니다. 새로운 언어를 가르치고자 한다면 상황 학습situated practice에 몰입immersion해야 함을 의미한다.

Jane이 남자친구에게 사용한 것과 같은 "비공식적" 사회 언어와 Jane이 부모에게 사용한 사회 언어나 전술된 흡연 사례처럼 (학교기반 문해와 "교양 있는 말하기"의 특징인) "공식적인" 사회 언어를 구별해 주는 것은, "비공식적" 사례에는 "맥락"이 의미를 결정하므로 말한 것을 이해하려면 그 맥락에 머물러야 한다고 한다는 것이다. 좀 더 "공식적인" 사례들에서는 단어와 문장들이 더욱 명확하고 맥락에 덜 의존하는 방식으로 표현된다. 사실상 그러한 언어들은 "탈맥락화decontexualized"되었다고 말하기도 한다. 일부 교육계 인사들은 많은 소수민과 하위계층의 아동들이 그러한 "탈맥락화된 언어"를 사용하는 방식을 알지 못해 학업에 성공하지 못한다고 주장한다.

이 모든 주장들은 심각한 오류가 있으며 우리에게 혼동을 줄 뿐 아니라 일부 사람들(예: 앞서 언급된 아동들)에게 실제 문제가 된다. 문장 1을 다시 살펴보자. 이 문장은 비공식적인 언어보다 더 명확하지 않다. 완전히 맥락화되어 있지 않다. 단지 다른 방식으로 불명확하고 맥락화되어 있는 것이다.

적어도 전문 학술지에서는 말과 비교하여 글이 분명하고, 덜 모호하며, 명확하다고 여겨지곤 하지만, 사실 문장 1은 적어도 112가지 다른 의미들을 지니고 있다! 기이하게도 문장 1을 읽는 사람이 누구건 간에(적어도 이 책을 읽는 사람은) 다른 111가지 의미들이 있을 수 있다는 인식 없이 이들 가운데 하나만(아니면 선택된 몇 가지)을 떠올리게 된다.

문장 1과 같은 경우 우리가 무의식적으로 112가지의 모든 가능한 의미들 중에서 하나만 제외한 나머지를 모두 배제했는데 심리언어학 이론에서는 이 배제가 의식 수준 아래에서 너무 빨리 이루어져 전혀 인식하지 못하는 것이라고 설명한다. 그렇다고 치면, 어떻게 문장 1이 그토록 많은 의미들을 가지고, 왜 우리 모두가 그럼에도 불구하고 한 가지만, 실제로 거의 동일한 것을 떠올리는가?

이는 문장이 가진 문법 때문이다. 문장 1의 주제는("폐암 사망 비율") "명사화nominalization"되어 있다. 명사화는 일종의 폐기물 압축기와 같다: 그것은 수많은 정보들을 단어 또는 구절로 압축한다. 그 다음 압축된 정보는 또 다른 문장 안에 삽입된다(그렇게 함으로써 점점 더 큰 문장들을 만든다). 문제는 이것이다: 일단 압축된 항목이 만들어지게 되면(명사화), 정확히 어떤 정보가 안에 들어 있는지 말하기 어렵다는 것이다. 폐기물 압축기 안에서 압축된 쓰레기들처럼 그 안에 무엇이 있는지 말할 수 없다.

"폐암 사망 비율"은 다음에 제시된 확장된 정보가 압축된 것일 수 있다:

2a. [폐암][사망 비율] = 폐암으로 사망한 사람들의 수 = 얼마나 많은 사람들이 폐암으로 사망하는가.

2b. [폐암][사망 비율] = 폐암으로 사망한 사람들의 비율 (속도) = 얼마나 빨리 사람들이 폐암으로 사망하는가.

2c. [폐][암 사망][비율] = 암으로 사망한 폐들의 수 = 얼마나 많은 폐들이 암으로 사망에 이르는가["사망하다"는 것은 세포 죽음에 대해 은유적으로 사용되었을 것이다]

2d. [폐][암 사망][비율] = 암으로 사망하는 폐의 비율(속도) = 얼마나 빨리 폐가 암으로 사망하는가.

처음 두 가지 의미들(2a/b)은 "폐암 사망 비율"이라는 구절을 "폐-암(질병) 사망-비율" 즉 "폐-암으로부터의 사망-비율"로 해석하는데, 여기서 "비율"이라는 말은 사망한 사람들의 숫자 또는 질병으로 사망한 속도를 의미할 수 있다. 다음 두 가지 의미들(2c/d)은 "폐암 사망 비율"이라는 구절을 "폐 암-사망-비율" 즉 "폐에 대한 암-사망-비율"로 해석하고 여기서 또 한 번 "비율"은 암으로 사망한 (이 경우) 폐의 개수 또는 암으로부터 사망하게 되는 속도를 의미할 수 있다. 구문을 해석하는 이와 같은 방식은 "애완동물 암 사망 비율"의 읽기에 비유될 수 있다(예: "애완동물에 대한 암-사망-비율" 곧 얼마나 많은/얼마나 빨리 애완동물이 암으로 사망하는가). 물론, 이 글을 읽는 대부분의 사람들은 "폐암 사망 비율"이라는 구절을 2a를 압축한 것으로 해석할 것이다. 대부분의 사람들이 특정 내용으로 해석하는 이유는 무엇인가?

이제 문장 1에 있는 "~와 분명히 연관된다"라는 어구를 살펴보자. 이와 같이 다소 "중립적인" 관계술어는 특정한 사회 언어의 전형이다. 그런 언어적 표현은 두 가지 측면에서 모호하다. 첫째로, "연관된다"가 *인과 관계*를 나타내는지 아니면 단순히 *상관*을 가리키는지 말할 수 없다. 그러므로 문장 1은 어떤 것이 다른 것의 원인이라고(예: 흡연이 암을 초래한다) 말하는 것인가, 아니면 어떤 것이 다른 것과 연관된다고(예: 흡연과 암은 함께 발견된다, 하지만 다른 무엇이 두 가지 모두를 초래한다) 말하는 것인가?

두 번째, 설령 "연관된다"는 것이 *원인*을 뜻하는 것이라고 하더라도 여전히 무엇이 무엇을 일으킨 것인지 말할 수 없다. 사실상 여러분과 나는 흡연이 암을 발생시킨다는 것을 알고 있지만, 문장 1은 폐암 사망 비율이 흡연 증가를 이끈다고 뜻할 수 있다. "아마도" Hillary와 Martin이 언급했듯이, "사람들은 폐암의 공포에 너무 당황한 나머지 신경을 안정시키기 위해 담배를 좀 더 피우는 것이 필요하다"(pp. 77-78). 심지어 글쓴이는 *원인*과 *상관* 관계의 선택, 혹은 흡연으로 인한 암 발생과 암 공포로 인한 흡연 발생 관계의 선택을 내리기 원하지 않았을 수도 있다. 이는 "~와 연관된다"는 어구에 대해 적어도 다음과 같은 의미 가능성을 제시한다:

3a. 원인
3b. 에 따른 발생
3c. ~와 연관되었다.
3d. 글쓴이는 입장을 밝히기 원하지 않는다.

이제, "흡연 증가"라는 어구를 살펴보며 마무리하자. 이 문구는 정보를 압축하고 있는 또 다른 명사화이다. 이것은 "사람들이 담배를 더 피운다"(흡연가들이 흡연량을 늘린다)는 뜻인가 아니면 "더 많은 사람들이 담배를 피운다"(새로운 흡연가들이 흡연인 목록에 추가된다), 아니면 두 가지 의미들의 조합인 "더 많은 사람들이 더 많이 담배를 피운다"는 뜻인가?

또한 사망 비율과 흡연 증가를 함께 고려하여, 흡연량이 증가한 사람들이(새로운 흡연가이건 기존의 흡연가이건) 폐암으로 사망하는 사람들인가 아니면 다른 이들도 사망하는가(예: 담배를 피우지 않지만 아마도 흡연가들과 "연관된" 사람들) 질문할 수 있다. 마지막으로, 전반적으로 그 문장이 "실제" 상황을 나타내고 있는지("더 많은 사람들이 담배를 피우기 때문에 더 많은 사람들이 사망한다") 아니면 단순한 가설인지("더 많은 사람들이 담배를 피운다면 더 많은 사람들이 사망할 것임을 안다") 물을 수 있다. 이는 적어도 7가지 이상의 의미 가능성을 제기한다:

4a. 흡연 증가 = 사람들이 담배를 더 많이 피운다.
4b. 흡연 증가 = 더 많은 사람들이 담배를 피운다.
4c. 흡연 증가 = 더 많은 사람들이 담배를 더 많이 피운다.
4d. 동일한 사람들이 담배를 피우고 사망한다.
4e. 담배를 피우는 사람들과 사망하는 사람들이 언제나 동일하지는 않다.
4f. 언급된 상황은 진짜이다(이유, 근거)
4g. 언급된 상황은 가설이다(가정)

이제까지 우리는 주제("폐암 사망 비율")에 대한 4가지 의미 가능성, 어구("~와 분명히 연관된다)에 관한 4가지 의미 가능성, 보어("흡연 증가")에 대한 7가지 가능성을 살펴봤다. 고전적인 중국음식 메뉴처럼, A 목록에서 하나를 취하고 B 목록에서 다른 하나, C 항목에서 또 다른 하나를 조합하여 의미를 만들 수 있다. 4 × 4 × 7가지, 즉 112가지 의미가 가능하다.

이 모든 의미들은 문장 1이 가진 문법에 완벽하게 따르고 있다. 사실 논의하지 않은 다른 가능성들도 있다. 예를 들면, "비율"이란 말을 "화폐 비용" 또는 "폐암 사망 비율"을 폐암이 소멸하는 비율을 지칭할 수도 있다. 그리고 여전히 이 글을 읽는 사람들은 100만분의 1초 안에 이렇게 수많은 의미들 가운데 동일한 하나의 의미만을 떠올린다(아니라 해도 매우 소수의 가능성만을 의식적으로 고려하면서). 왜인가?

여기서 논의된 해답이 매우 뻔하다고 여기겠지만, 그래도 우리가 언어와 언어 학습을 어떻게 바라보는가를 위해서는 중요하다고 제안하고 싶다. 우리는 112가지 의미들 가운데 오직 하나만을(그리고 동일한 의미를) 떠올리는데, 왜냐하면 우리 모두가 흡연, 질병, 담배 회사, 논쟁이 되고 있는 연구결과, 십대 흡연을 조장하는 만화, 광고에 대한 경고문, 기타 등에 관해 우리 사회에서 계속되고 있는 논쟁들에 참여해 왔고 모두 잘 알고 있기 때문이다(앞서 이를 거대 담화라고 명명했다).

거대 담화를 고려해 볼 때, 문장 1은 의미 구조상 수많은 뜻의 가능성들을 가지고 있더라도 실제로는 오직 한 의미만을 지니게 된다(소위 "맥락회된 의미situated meaning"). 그러한 논의가 없다면—알고 있는 영어 문법만으로는—그 문장은 112가지 이상의 뜻을 지니게 된다. 문법이 아무리 중요하다고 해도, 거대 담화Conversation도 중요하다. 거대 담화는 한 가지 의미를 남겨 둔다(아니면 소수의 가능성들, 문장 1에서 이차흡연으로 폐암에 걸린 사람들을 포함하는 것과 같은).

좀 더 전문적으로 설명해 보면 다음과 같다: 의미란 단순히 문법을 판독하는 문제가 아니라, 발화로부터 끌어낼 수 있는 많은 추론들 가운데 무엇이 적절한지 아는 것이다. 이 때 "적절함relevance"이란 맥락과 견해, 문화와 깊숙이 연결된 문제이다. 주어진 시공간에서 주어진 집단의 사람들에게 "적절하다"고 생각되는 것을 알려면 그들이 여태껏 행해 왔던 특정한 논의를 잘 알고 있어야만 한다. 불안이 높은 사회에서 환경적으로 유발된 폐암에 대한 주요 논쟁들이 이루어졌다면, 문장 1은 폐암 유병이 마음을 진정시키도록 더 많은 흡연자들을 발생시킨다는 뜻으로 여겨질 수 있다(2a + 3a + 4b).

이제, 우리는 모국어뿐 아니라 특정한 *사회 언어* 내에서 말하며 글을 쓴다고 결론지을 수 있다. 사회 언어는 특정한 사회적 논의에 내재되어 있는 덕택으로 의미를—적어도 취하려고 하는 의미를—지닌다. 비록 한 문장(문장 1)을 가지고 설명했지만 이는 일반적으로 사실이다.

누군가에게 문장 1의 뜻을 가르치려면—아니면 어떤 문장이건—문장 1이 헤엄치고 있는 대화의 바다 안에 들어가 있어야 한다. 문장 1과 같은 사회 언어 유형들을 누군가에게 가르치려면 그 사회 언어를 불러들인(그리고 다음에는 지속적으로 재생산하는) 논쟁들 가운데 들어가 있어야 한다.

거대 담화

"사회 언어는 특정한 사회적 논의에 내재되어 있는 덕택으로 의미를—적어도 취하려고 하는 의미를—지닌다"와 같은 주장에서 "논의discussion"란 말이 무슨 뜻인지 살펴보기로 한다. 낙태나 흡연 등의 주제를 둘러싼 일반적 사회 논의에 관해 이야기할 때, 우리는 "논의"라는 단어를 약간은 은유적인 방식으로 사용한다. 특정한 사람들과의 특정한 논의가 아닌, 미디어나 글들, 다른 이들과의 상호작용에서의 대중적 논쟁에 관한 것이다. 여러분은 어떤 논쟁(예: 낙태, 흡연, 도박, 페미니즘, 소수자우대정책 등)에 대해서 무슨 "입장sides"이 있고, 그 입장을 어떻게 말하며, 어떤 유형의 사람들이 특정 입장에 서게 되는지를 알고 있다. 이러한 유형의 이슈 가운데 일부는 사회 구성원 모두가 거의 알고 있으며, 나머지 이슈는 특정한 사회 집단에만 알려져 있다(예: 특정 학문 분야에서 지속되는 주요 논쟁점). 사회 논의(혹은 논쟁)는 여러분이 듣고 읽은 것들을 해석하는 데 차용되거나 말과 글에서 항상 배경으로 존재하게 된다.

앞서, 대중적 논쟁, 주장, 동기, 이슈, 주제들을 대문자 "C"를 가진 "거대 담화Big "C" Conversations"라고 호칭하였는데, 이는 마치 낙태나 흡연 등 이슈에 관한 논쟁에서 다양한 입장들이 하나의 커다란 대화(아니면 논쟁이나 주장, 무어라 부르건)에 참여하고 있는 것처럼 은유적으로 표현한 것이다. 물론, 거대 담화는 특정한 시공간에서 특정한 사람들 사이에 이루어지는 수많은 상호작용의 사건으로 구성된다.

하나의 예를 들어 보겠다. 오늘날 회사들 사이에서 고유한 회사 "문화"를 창조하려는 일환으로 "핵심 가치"를 ("강령" 안에) 선포하는 것이 유행하고 있다(Collins & Porras, 1994, pp. 68-69 예시 참조). 예를 들면, 거대 제약회사인 Johnson & Johnson에서 공표한 핵심 가치에는 "회사는 고통과 질병을 완화시키기 위해 존재한다", "가치에 기초한 개인의 기회와 보상", 기타 등등이 있다.

그렇다면 담배 회사의 핵심 가치는 무엇일지 궁금할 수 있다. 우리 대부분이 익숙한 거대 담화에 견주어 볼 때—미국과 미국역사 및 흡연에 관한—핵심 가치가 무엇일지 예측해 볼 수 있다. 일례로, 담배와 기타 많은 상품을 판매하는 거대 회사인 Philip Morris가 중시하는 가치에는 "인간의 선택 자유에 대한 권리(흡연자들에게 원하는 무엇이든 살 수 있는)는 보호할 가치가 있다", "승리—최고가 되고 남을 이기는 것", "개인의 주도를 격려하기", "성, 인종, 계층이 아닌 공로에 기초한 성취 가능성"(Johnson & Johnson사의 성명과 유사한) 등이 있다.

우리 모두 Philip Morris의 핵심 가치를 미국 개인주의 및 자유와 쉽게 연관지을 수 있다. Johnson & Johnson과 Philip Morris 양쪽 회사들의 핵심 가치로 포함된 "개인의 주도권"과 "공로에 대한 보상"이 두 경우에서 어떻게 다른 색채를 띠는지 살펴보자. 첫 번째 경우는 인본주의 색채를 나타내고, 다른 경우는 "스스로를 위하는 인간"이라는 색채를 띤다. 이러한 색채는 사회적 책임에 대항하여 개인의 자유를 옹호하는 "흡연의 거대 담화"를 우리가 알고 있기 때문에 가능한 것이다.

그렇다면, 여기서 말한 거대 담화에서 가치관, 믿음, 대상들이 어떤 역할들을 하는지 살펴보자. 이와 같은 거대 담화에서 일부 사람들은 개인주의, 자유, "미국 방식"과 일맥상통하는 가치와 신념들을 표현할 것이고, 또 다른 사람들은 타인의 권리, 사회적 책무, 본인 욕망에 의해 발생한 피해를 포함하여 피해로부터의 인간 보호와 일맥상통하는 가치와 신념들을 표현할 것이다. 역사적으로 이러한 두 가지 가치와 신념은 정부 역할과 책무에 대한 신념을 중심으로 하는 훨씬 광범위한 이분법과 관련되어 있다.

더욱이, 거대 담화 내에서 담배와 같은 사물, 담배회사와 같은 기관, 흡연 행동과 같은 행위는 양분된 의미—상징적 가치—를 나타낸다. 흡연은 중독이나 자유의 표현, 혹은 타인에 대한 배려 부족으로 보일 수 있다. 앞서 말한 112가지 의미들 가운데 문장 1이 지닌 의미를 선별할 수 있는 것처럼, 거대 담화를 잘 알고 있는 사람들은 담배, 담배회사, 흡연이 지닌 의미를 안다.

거대 담화 내 포함되는 주제와 가치는 다수의 텍스트와 매체 안에서 순환된다. 이들은 다양한 거대 담론 사이에서 이루어진 역사적 논쟁의 소산물이다. 예를 들면, 진화론적 생물학자와 근본주의 창조론자들 사이의 오래된 논쟁이 있다. 시간이 지나면서 이 논쟁은 많은 사회 구성원들이 조금은 알고 있는 하나의 거대 담화를 구성해 냈다. 이로 인해 신문기사에서 그러한 논쟁을 떠올리지 않도록 진화를 논하는 것은 어렵다.

물론, 현대인들은 흔히 알고 있는 주제와 가치들을 양산하고 지속시켜 현재로 전수시킨 역사적 사건들에 대해 알지 못한다. 예를 들어, 19세기 Massachusetts 법원들은 탈주 노예들을 남부 "주인들"에게 돌려보내라고 요구했다(von Frank, 1998). Massachusetts 법원 투쟁과 수반된 신문보도 및 공공회의 논쟁들은 여러 거대 담론 가운데에서도 특별히 다음과 같은 두 가지 거대 담론과 연관된다(예를 들어 다른 거대 담론들은 흑인 교회와 19세기 Massachusetts에 거주했던 상당수 자유민 흑인 인구와 연관되는데 그들 중 일부는 목사, 의사, 변호사 같은 전문가였다—아프리카 후손이며 미국에서 태어났지만 완전한 시민은 아닌 이들을 누구라고 칭했는지는 알기 어렵다).

한 거대 담론은 Emerson과 Thoreau 등의 인물들과 관련되는데, 자유, 개인의 책무, 도덕성이 주와 연방정부, 법원의 법률보다 더 높은 "상위법"을 구성한다는 것이다. 그들은 노예들을 돌려보내지 않기 위해서뿐 아니라 연방정부 관리들과 법원에 불복종하는 주장을 펼치며 투쟁하였다. 국가 지향적 정치가들 및 경영 엘리트들이 관련된 또 다른 거대 담론은 노예들의 자유 혹은 개인이 지닌 인간적 양심을 대가로 법 규칙을 수호하는 것이다.

이러한 거대 담론들은 결코 단순한 "진술"과 "신념"이 아니다. 예를 들어, 19세기 Massachusetts에서는 초월주의자로서의 자신을 드러내고 사회활동에 참여하는 정신, 신체, 사회적 실제의 독특한 방식이 있었다.

오늘날 다수의 사람들은 Massachusetts 탈주 노예들에 대한 19세기 국가적 논쟁에 대해 아무 지식을 지니고 있지 않다(이런 논쟁들이 남북전쟁을 이끌도록 도왔지만). 그렇지만 이와 같은 논쟁은 지속되고 변화되어 20세기 중반(예: 시민권 운동)과 21세기 현재(예를 들면, 불법이민자 사례에서 법과 시민 불복종 논쟁) 진행 중인 거대 담화의 일부로서 "(사회 구성원에 의해) 승인된 주제와 가치를 담고 있다".

물론, Massachusetts 탈주 노예 사례에서 의미 있는 역할을 담당한 다른 주요 거대 담론도 추가되어야 한다. 흑인들은 일종의 통합된 거대 담론의 부분이면서 또한 자신들 고유의 거대 담론에 속해 있었다. 더욱이, 모든 거대 담론은 거대 담론 간에 주요 합치점을 지니며(예: 노예와 노예 폐지에 대한 초월주의자들과 John Brown의 특이하고 폭력적인 거대 담론 간 합치점) 거대 담론 간의 복잡한 동맹과 경쟁 관계 속에서 상호작용하였다.

현대 거대 담화의 역사적 기원을 발견하는 것은 늘 중요하고 흥미롭기는 하지만 거대 담론 간 역사적 충돌에 대해 사람들이 알고 있지 않으므로 거대 담론들을 직접적으로 연구하기보다 거대 담화들을 연구하는 편이 더 용이하다. 그렇지만 중요한 점은 거대 담론들의 역사적 상호작용들이 일정한 논쟁들("거대 담화")을 이끈다는 점이다. 예를 들면, 사회 혹은 사회 집단의 사람들이 광범위하게 알고 있는, 심지어 그 거대 담론에 속한 일원이 아니고 그 역사에 관해 모르는 사람들조차 알고 있는 흡연이나 인종 관련 논쟁이 그렇다.

상호텍스트성

"사회 언어"라는 용어는 특정한 정체성을 수립하고 특정한 유형의 실제나 활동을 수행하는 데 사용되는 특정한 언어 변용을 말한다. 문자화되거나 구술된 텍스트는 하나의 사회 언어이거나 두 가지 이상의 사회 언어들이 전환되거나 엄밀하게 말하자면 혼합된 것일 수 있다. 아스피린 약병에 적힌 경고문은 두 개의 사회 언어를 넘나드는 글이었다.

그러나 때로는 텍스트가 하나의 언어 변용(하나의 사회 언어)으로 작성되거나 다른 텍스트와 결합됨으로써("차용borrowing") 일종의 전환switching을 만들어 내기도 한다. 그러한 차용을 "*상호텍스트성*intertextuality"이라 한다. 하나의 텍스트는 무수히 다양한 방식으로 다른 텍스트와 결합될 수 있다. 예를 들면 다른 텍스트를 직접 인용하거나(예, "셰익스피어는 '사랑이란 이토록 달콤한 슬픔이다'라고 말했다") 간접적으로 인용하고(예, "셰익스피어는 사랑이란 이토록 달콤한 슬픔이라고 말했다"), 혹은 아는 청자나 독자들이라면 다른 텍스트에서 가져온 말이라는 걸 알 수 있게끔 암시할 수 있다(예, "당신을 향한 나의 사랑은 달콤한 슬픔입니다, 정말이지").

Norman Fairclough는 "상호텍스트성"에 대해 다음과 같이 말하였다: "상호텍스트성은 기본적으로 텍스트들이 다른 텍스트들로부터 가져온 자산인데, 텍스트는 명시적으로 구분되거나 합쳐질 수 있고, (다른 텍스트에) 동화하고, 모순되고, 반어적으로 반향하는 등 다양할 수 있다(Fairclough, 1992, p. 84).

여기서 "텍스트"란 구술된 혹은 문자화된 언어를 뜻할 수 있음을 염두에 두자. 예를 들어, 아래에 제시된 California의 Oakland 교육위원회의 학교 내 "흑인영어Ebonies"를 지원하기 위한 공식 제안서의 일부를 살펴보자:

> 반면, 다수의 타당성 있는 학문 연구들은 아프리카계 미국 학생들이 아프리카인의 문화와 역사의 일부로서 "흑인영어Ebonies"(글자 그대로 흑인소리) 또는 범아프리카 의사소통 행동이나 아프리칸 체

> 계라고 기술되는 하나의 언어를 소유하고 사용함을 증명한다; 그리고 … 반면, 연방정부 이중언어교육법(20 USC 1402 이하 참조)은 지방 교육기관이 "… 제한된 영어능력을 지닌 아동 및 청소년을 위한 교수 프로그램을 설립, 실행, 지속하려는 역량을 구축"하도록 명령한다.
>
> (출처: http://linguistlist.org/topics/ebonics/ebonics-res1.html)

위 텍스트는 한 교육위원회로부터 발행된 공식적인 정책 문서이다. 위 텍스트는 "반면"이라는 단어와 뒤이은 쉼표로 시작되는 일련의 문장 양식(여기서는 두 번만 볼 수 있지만 원본에는 훨씬 더 많다)에 따라 분명하게 구분되는 법률적인 사회 언어로 쓰여 있다. "반면"에 이은 각 문장들은 형식적이고 복잡하며 또 다른 전체 문장의 정보 가치를 담고 있는 "that" 절과 현재형의 주요 동사("증명한다" "명령한다")를 포함한다:

주제	주요 동사 + that	종속절
다수의 타당성 있는 학문 연구	that을 증명한다	아프리카계 미국 학생들이 아프리카인의 문화와 역사의 일부로서 "흑인영어 Ebonies"(실제로 흑인들이 부르는) 또는 범아프리카 의사소통 행동이나 아프리칸 체계라고 기술되는 하나의 언어를 소유하고 사용한다.
연방정부 이중언어교육법	that을 명령한다	지방 교육기관이 "제한된 영어능력을 지닌 아동 및 청소년을 위한 교수 프로그램을 설립, 실행, 지속하려는 역량을 구축"한다.

여기서 상당히 독특한 사회 언어가 있다. 그러나 다른 텍스트를 암시하는 방식으로 보면 이 텍스트는 명백히 상호텍스트이다. 제일 처음의 "반면"이라는 문장을 보자. 이 텍스트는 언어학자들의 연구를 직접적으로 인용하지 않으면서 그 연구를 가리킨다("학문 연구들은 증명한다"). 그렇지만, 어느 언어학자이건 언급된 언어학 연구들이 사실상 하나의 독자적이고 인식될 수 있는 형태의 언어학 연구라는 것을 쉽게 인지할 것이다. "흑인영어" "흑인소리" "범아프리카 의사소통 행동" "아프리칸 체계" 용어들은 매우 구체적인 유형의 언어학, 즉 Oakland 판결 이후 이러한 용어의 일부가 광범위하게 사용되고 있기는 하지만 흑인 국가주의 지향을 강하게 가지고 있는 아프리카 또는 아프리카계 후손의 미국인 학자들이 주로 수행하는 언어학 텍스트들에서 가져온 전문 용어들이며, 그러한 텍스트들과 강하게 연관되어 있다("아프리카계 미국인 지방어 영어" 같은 용어는 본래 언어학자들 사이에서 더욱 광범위하게 사용된다).

물론, Oakland 정책 문서가 특정 유형의 언어학 연구들을 암시한다는 것은 중요한 의미를 지닌다. 더욱이, 그 문서는 이러한 언어학자들을 직접 인용하지 않은 채 언어학자들의 용어를 사용한다. 사실상 언어학에 무지한 독자들에게, "다수의 타당성 있는 학문 연구들"의 인용 문구와, 직접적인 인용 표시가 없이 갖다 쓴 연구 내용은 "흑인 영어" 자원 문제와 관련하여 적합한 다른 연구는 없다는 인상을 줄 것이다. 덧붙이자면, 이것은 일반적으로 공식적인 정책 문서의 전형이다. 언급된 연구들은 한 목소리를 지니고 그 정책 문건에서 다루는 정책을 지지하는 목소리로 말하는 경향이 있다.

이에 반해, 두 번째 "반면" 문장은 하나의 연방법인 연방정부 이중언어 교육법을 직접적으로 인용한다. 직접 인용을 한 이유는 전체 문서가 법의 용어들을 특정 방식으로 해석하려고 시도하기 때문이다. 흑인영어에 대한 첫 번째 "반면" 문장은 이미 일정한 구조 틀 안에서 연방법을 해석해 내려는 시도이다. 궁극적으로, 이 정책 문건은 일부 아프리카계 미국인 학생들은 영어가 *그 자체가* 아닌, 학교에서 사용하는 표준 영어(그들의 모국어 방언은 "흑인영어"이다)가 부족하므로 이중언어 학생들로서 연방 지원에 대한 자격을 갖추었다고 주장하는 것이다. 그런데, 이러한 주장은 언어학자들이 여러 방언들과 다른 언어 사이에(예: 상호 해석되지 않는 독일어가 있고, 상호 해석이 가능한 독일어와 네덜란드어가 있다) 엄격한 구별을 하지 않는다는 점에서 이치에 맞는다.

Oakland 문서는 다양한 인용과 함께 하나의 연방법을 직접 인용한다. 주변의 텍스트(직접 인용 없이 텍스트를 더욱 직접적으로 결합시켜 권위가 부여된 특정 유형의 언어학 연구로부터 취해진 부분)가 Oakland 문서를 해석하도록 해 준다.

조사 도구로서의 사회 언어, 거대 담화, 상호텍스트성, 거대 담론

이 책에서는 "사회 언어" "거대 담화" "상호텍스트성" 그리고 "거대 담론"을 다루었다. 이 개념들은 마음과 세상 속에 존재하는 것이다. 각 용어들이 무슨 뜻이고 담론 분석에서 어떻게 왜 중요한지 알 수 있는 진실되고도 가장 쉬운 방법이라고 믿는다.

이러한 개념들은 궁극적으로 세상에 관해 말하면서 세상을 구성하고 해석하는 이론가이며 분석가로서의 방식이다. 이 개념들은 "조사 도구"이다. 사회 언어, 거대 담화, 상호텍스트성, 거대 담론은 특정한 종류의 질문을 던지도록 우리를 인도하는 "사고 장치thinking devices"이다. 구술되거나 문자화된 텍스트를 보면서, 우리는 다음과 같은 종류의 질문들을 물을 수 있다:

A. 어떤 사회 언어가 관여되는가? 어떤 종류의 문법적 형식이 이를 나타내는가? 다른 사회 언어가 혼합되어 있는가? 어떻게 그런가?

B. 어떠한 사회적으로 맥락화된 정체성과 활동이 사회 언어를 규정하는가?

C. 어떤 거대 담론이 포함되는가? 언어 아닌 "특성stuff"("정신mind 특성"

"정서적 특성" "세상 특성" "상호작용 특성" 그 외 비언어적 상징체계 등)이 사회적으로 맥락화된 정체성들과 활동들을 나타내는 데 과연 적합한가?

D. 다양한 거대 담론 간에 어떤 유형의 관계가 포함되는가(제도적으로, 사회에서, 또는 역사적으로)? 여기서 다른 거대 담론이 어떻게 제휴되거나 경쟁하는가?

E. 어떤 거대 담화(이슈나 주제에 관한 대중적 논쟁)가 언어를 이해하는 데 적절하고, 혹시 있다면 어떤 거대 담화가 언어를 이해하는 데 기여하는가(제도적으로, 사회에서, 또는 역사적으로)?

F. 상호텍스트성이 텍스트 안에서 어떻게 작동하는가? 즉, 어떤 방식으로 그 텍스트를 인용하고, 암시하고, 아니면 다른 구술되거나 문자화된 원자료의 단어를 차용하는가? 텍스트에서 상호텍스트성이 어떤 기능을 하는가?

추천문헌

Bakhtin, M. M. (1986). *Speech genres and other late essays*. Austin: University of Texas Press. [A classic book on the ways in which conventions and creativity interact in language use. Bakhtin's notion of "speech genres" is an important notion related to my notion of "social languages," and he has a great deal to say about intertextuality, though he does not use that term]

Baugh, J. (1999). *Out of the mouths of slaves: African-American language and educational malpractice.* Austin, TX: University of Texas Press [An essential source on African-American dialects and the issues they raise in education]

Baugh, J. (2000). *Beyond Ebonics: Linguistic pride and racial prejudice*. New York: Oxford University Press. [The best discussion of the so-called "Ebonics Controversy" by one of the outstanding linguists writing on language, ethnicity, and culture today]

Billig, M. (1987). *Arguing and thinking: A rhetorical approach to social psychology*. Cambridge: Cambridge University Press. [A good discussion of what I have called "Conversations," though Billig does not use the term]

Collins, J. C. & Porras, J. I. (1994). *Built to last: Successful habits of visionary companies*. New York: Harper Business. [An influential business book that discusses companies' "vision statements," statements which almost always relate to Conversations]

Fairclough, N. (1992). *Discourse and social change.* Cambridge: Polity Press. [One of many works by the best-known scholar in critical discourse analysis – called "CDA" when Fairclough's work is being referred to]

Halliday, M.A.K. & Martin James R. (1993). *Writing science: Literacy and discursive power*. Pittsburg, PA: University of Pittsburg Press. [An important discussion of how certain sorts of grammatical patterns characterize writing in science, with variation across different types of science and science writing]

Myers, G. (1990). *Writing Biology: Texts in the social construction of scientific knowledge*. Madison, WI: University of Wisconsin Press. [A fascinating and important book on how science is written and how such writing relates to social, cultural, institutional, and historical factors]

von Frank, A. J. (1998). *The trial of Anthony Burns: Freedom and slavery in Emerson's Boston*. Cambridge, MA: Harvard University Press. [An interesting book on the different historically important Conversations involved in slavery and returning runaway slaves]

제6장

형태와 기능의 연관성, 맥락화된 의미, 형상화된 세계

의미

이 장에서 우리가 논의할 주요 조사 도구는 바로 "형태와 기능의 연관성" "맥락화된 의미" "형상화된 세계"이다. 형태와 기능의 연관성은 문법 단위(예: 명사구, 문장의 주어, 종속절 등)의 일반적인 의미 범위와 관련 있다. 맥락화된 의미는 실제로 언어가 사용되는 맥락에서 단어와 구의 특정 의미를 뜻한다. 형상화된 세계는 우리 인간들이 세상을 이해하고 다루는 데 필요한 (종종 무의식적으로 사용되는) 이론과 이야기이다. 이 장에서는 "비판적 담론 분석"의 본질에 대해 논의하고자 한다.

형태와 기능의 연관성

언어학자들은 발화-유형 의미utterance-type meaning와 발화-징표 의미utterance-token meaning를 중요하게 구분한다. 단어, 문구, 구조에는 일반적으로 가능한 의미의 범위가 있으며, 이를 "의미 범위meaning range" 혹은 발화-유형 의미라고 한다. 예를 들어, "고양이" 단어는 광범위하게 고양이과(科) 동물을 의미하고 문법 구조상 "문장의 주어"는 대화의 주제를 의미한다.

그러나 단어와 구는 실제 사용 맥락에서 훨씬 더 구체적인 의미들을 지닌다. 이를 발화-징표 의미 혹은 "맥락화된 의미"라고 한다. 즉, "세상의 큰 고양이들이 모두 위험에 처해 있다"와 같은 상황에서 "고양이"는 사자와 호랑이와 같은 것들을 의미한다; 우리가 신화를 이야기하면서 "고양이는 고대 이집트인들에게 신성한 상징이었다"고 말할 경우 "고양이"는 상징물로 그려진 고양이를 의미한다; 벽난로의 장식으로서 깨지기 쉬운 장식품에 대해 이야기하고 있는 경우, "고양이가 깨졌다"에서 "고양이"는 고양이 조각상을 의미한다.

문장의 주어는 항상 "주제topic"(이것은 발화-유형 의미이다)와 유사하다. 그러나 다양한 상황 속에서 주어의 범위는 더욱 구체적으로 좁혀진다. 만약 내가 어떤 논쟁에서 "의회는 부자들만을 대표한다"고 말한다면, 주어("의회")

는 그 주장의 대상이 된다; 만약 내가 막 도착한 친구에게 "메리가 여기 있어"라고 말하면서 안내한다면, 그 문장의 주어("메리")는 관심의 대상이 된다; 내가 어떤 친구를 불쌍히 여기면서 "너는 그 남자에게 진짜 속았어"라고 말하는 상황에서는 문장의 주어(너)가 "공감의 중심"이다("그 남자가 너를 진짜 속였어"의 능동태 문장 주어를 수동형으로 표현하여 주어로부터 멀리 위치시킴).

담론 분석은 두 가지 과제가 있는데 그 중 하나는 "발화-유형(일반적인) 의미"이고 또 다른 하나는 "맥락화된 의미"이다(Levinson, 1983). "발화-유형 의미" 과제는 발화-유형 의미(일반적인 의미)의 수준에서 언어 형태와 기능 간의 관계를 밝히는 것이다. 여기서 "형태"는 형태소, 단어, 절 혹은 구문 구조(예: 문장의 주어 위치)를 의미한다. "기능"은 양식이 수행하는 의미 또는 의사소통의 목적이다.

또 다른 과제는 "발화-징표 의미 또는 맥락화된 의미"이다. 이 과제는 발화-징표 의미 수준에서 언어 형태와 기능 간의 관계를 살펴보는 것이다. 기본적으로 이 작업은 특정 상황에서 사용되는 양식의 특수화된 의미 또는 맥락화된 의미를 발견하는 것이다.

이러한 각각의 과제에서 담론 분석의 다양한 타당성 쟁점들이 나타날 수 있기 때문에 이 두 가지 과제를 구별하지 못하는 것은 위험할 수 있다. 이 문제를 아래 예에서 더 자세히 살펴보자. 먼저 발화-유형 의미 작업의 예는 다음과 같다. 언어의 특정 형태는 특정 의사소통 기능을 수행하는 도구로 사용된다(즉, 특정 의미를 나타내기 위해). 예를 들어, 아래 문장 1(Gagnon 1987, p. 65)을 생각해 보자:

1. Whig당과 Tory당 모두가 특권층에 국한되어 있음에도 불구하고 그들은 다른 파벌과 경향을 보였다.

이 문장은 두 개의 절로 구성된다: 독립(또는 주)절("각자 서로 다른 파벌과 경향을 보였다")과 종속절("Whig당과 Tory당 모두 특권층에 국한되었다"). 이는 형태에 관한 설명이다. 독립절은 주장하고자 하는 바를 (발화 유형 수준에서) 나타내는 기능을 한다; 즉, 그것은 화자/저자의 주장을 표현한다. 종속절은 선언되지 않았지만 가정 혹은 당연시 여겨지는 정보를 표현하는 기능을 한다. 바로 이러한 것들이 기능(의미)에 대한 설명이다.

영문에서 일반적으로 종속절은 독립절 다음에 온다. 따라서 위의 문장은 일반적으로 "Whig당과 Tory당은 각자 다른 파벌과 경향을 보였지만 이들 모두 특권층에 국한되어 있다"라고 표현된다. 전체 문장에서 기존의 종속절을 문두에 위치해 놓는 것은 형태에 관한 설명이다. 문두에 위치하는 것은 해당 구절의 내용을 주제화하는 기능 중 하나이다. 즉, 문두의 정보는 뒤이어 등장할 종속절에서 어떤 내용을 고려할 것인지를 결정하는 중요한 이야기 맥락이 되거나 혹은 이야기 쟁점을 시작하는 역할을 한다. 이것이 바로 기능에 관한 설명이다.

요약하면, 발화-유형 의미 수준에서 형태-기능 조합과 관련하여, 위 예시 문장에서 종속절(Whig당과 Tory당 모두가 특권층에 국한되어 있음에도 불구하고)이 독립절의 주장을 이해하기 위한 중요한 맥락이지만 당연시 여겨지거나 논쟁의 여지가 없는 것으로 표현되지 않았다.[1] 종속절은 양보절이라고 불릴 수도 있다. 몇몇 역사가들은 이 양보절을 주장의 핵심으로 보고 선호할 수도 있는데 이 경우 "Whig당과 Tory당은 다른 파벌과 경향을 대표하고 있음에도 불구하고, 모두 특권층에 국한되어 있었다"라고 할 수도 있다.

기본적으로 모든 유형의 담론 분석은 "발화-유형 의미" 수준에서 "형태-기능" 조합에 대한 (암묵적으로 알려진) 설명으로 이뤄진다. 맥락화된 수준에서 언어를 설명하더라도 이 설명이 "발화-유형 의미" 수준에서 "형태-기능"에 대한 우리의 기존 지식과 상치된다면, 화자나 작가가 의도적으로 문법

1) 영문에서 종속절은 문미에 위치되며 '독립절의 맥락' 혹은 '(문장 내용과 관련하여) 당연시되는 가정'으로 기능한다. 하지만 종속절이 문두로 옮겨지면서 더 이상 당연시되는 가정이 아니라 논쟁의 주제가 될 수 있다. 즉, 형태의 변화가 의미의 변화를 이끈다.

규칙을 깨고자 한 증거가 없는 한, 이 설명을 의심할 수밖에 없다.

앞에서 말했듯이, 발화-유형 의미 수준에서 특정 형태와 관계된 의미는 다소 일반적이다("단언" "이해할 수 있는 정보" "대조" 등과 같은 의미). 형태와 관계된 의미는, 형태나 구조가 표현할 수 있는 의미의 범위나 가능성만을 나타낸다. 주어진 맥락에서 하나의 구조가 나타내는 맥락화된 의미는, 발화-징표 의미, 즉 맥락화된 의미 과제로 해결되어야 한다.

형태-기능의 연관성은 담론 분석에서 조사 도구이다. 형태-기능의 연관성을 통해 실제 사용되는 맥락에서 주어진 형태의 의미를 가늠할 수 있다. 더 구체적인 의미를 우리는 "맥락화된 의미situated meaning"라고 칭할 것이다. 담론 분석에서 언어의 형태와 기능 간의 일반적인 연관성을 알고 있어야 한다. 어떤 경우에는 형태와 기능 간의 분석이 우리가 할 수 있는 전부일 수 있으며 이 분석으로부터 유용한 정보를 얻을 수 있다. 그러나 대부분의 담론 분석 실행에서 가장 큰 부분을 차지하는 것은 맥락화된 의미를 분석하는 것이다.

맥락화된 의미

담론 분석 수행에 있어 두 번째 과제는 발화-징표보다 상위에 있는 "맥락화된 의미" 작업이다. 우리가 실제 하나의 문장을 말하거나 쓸 때 문장은 맥락화된 의미를 가진다. 언어의 특정 형태는 각자 다른 사용 맥락에서 특정 또는 맥락화된 의미를 지닌다.

발화-유형 의미와 맥락화된 의미 간의 차이를 살펴보기 위해 매우 단순한 예로 "커피" 단어를 살펴보자. "커피"와 관련된 임의의 형태(또 다른 언어에서는 커피가 다르게 발음될 수 있음)라고 할 수 있다. 그러나 우리는 좀 더 구체적인 수준에서 맥락을 활용하여 그 단어가 의미하는 바가 무엇인지 결정한다. 어떤 맥락에서 "커피"는 액체("커피가 엎질러졌네. 걸레 가져와")를 의미한다; 또 다른 맥락에서 곡물의 종류를 의미한다("커피를 흘렸네. 빗자루 가져와"); 어떤 맥락에서는 커피통을 의미한다("커피가 무너졌네. 다시 쌓아"); 그리고 다양한 맥락에서 다양한 것(예: 어떤 종류의 열매, 향, 피부색)을 의미한다. "나에게 커피(커피를 내릴 때 쓰는 도구)를 줘" "Big 커피(기업 브랜드명)는 Big Oil(기업 브랜드명)의 운영자만큼 나빠"와 같이 새로운 의미로도 사용할 수 있다.

맥락화된 의미의 또 다른 예로 앞서 제시한 문장 1을 다시 보자. 여기서 우리는 독립절이 하나의 주장(어떤 것이 사실이라는 주장)을 펴고 있음을 알 수 있었다. 그러나 특정 형태의 언어는 실제 언어 사용 맥락에서 전혀 다른 것을 의미하거나 일반적인 형태-기능 연관성이 낮을 수도 있다.

예를 들어, 의견이 같은 두 명의 역사가는 Whig당과 Tory당이 서로 다른 파벌을 보였다는 주장에 동의하여 이 구절을 기존의 "사실"을 상기시키는 것으로 받아들일 수 있다. 반면, 서로 다른 견해를 가진 역사가들은 같은 주장을 도전으로 받아들일 수 있다(정치 당파 간 계급적 이해관계의 차이가 없다는 주장에도 불구하고, 17세기 잉글랜드의 Whig당과 Tory당은 정말로 달랐다). Whig당과 Tory당에 관한 설명이 "진실"이라기보다 꾸며진 것으로 드라마에서 각색된 적도 있다.

더욱이 "특권" "경합" 및 "당파"라는 단어는 서로 다른 맥락에서 다른 의미를 나타낸다. 예를 들어, 어떤 맥락에서 "특권이 부여된"이라는 말은 "부유한"을 의미할 수도 있지만 다른 맥락에서는 "교육받은" "교양 있는" "정치적으로 연결된" "높은 지위를 가진 채 태어난"을 의미하거나 전혀 다른 것을 의미할 수도 있다.

Gagnon의 문장, 전체 텍스트, 그 중 일부를 맥락화된 의미 수준에서 분석할 때 텍스트가 속한 맥락과 텍스트가 만들어 내는 맥락을 면밀히 살펴보아야 한다. 이것은 우리가 분석하고자 하는 Gagnon의 텍스트 앞뒤 맥락을 조사하는 것을 의미한다. Gagnon의 또 다른 텍스트를 조사해 볼 수도 있다. 다양한 교육 표준 및 정책에 관한 역사가들 간의 토론을 연구할 수도 있다(Gagnon의 텍스트는 학교에서 어떤 역사를 가르쳐야 하는지에 대한 관점을 논의하고 있기 때문이다). Gagnon의 텍스트가 속한 실제 상황과 시대별로 이러한 논쟁을 연구해 볼 수도 있다.

맥락화된 의미 분석에서의 타당성 문제는 발화-유형 의미 분석에서의 타당성 분석과는 상당히 다르다. 발화-유형 분석에서의 타당성 문제는 형태와 기능의 관계를 문법 이론으로 설명하는 것이다. 물론 자신의 데이터에 적합한 문법적이고 의미론적인 설명도 제공할 수 있다. 반면, 맥락화된 의미 분석에서의 타당성 문제는 구조 문제 때문에 훨씬 더 어렵다. 다음에서는 구조 문제를 다루어 보고자 한다.

구조 문제

구조 문제frame problem는 다음과 같다; 맥락은 (구술 또는 서면의) 발화의 의미에 영향을 미친다. 그러나 맥락은 몸의 위치와 시선의 위치와 같은 지엽적인 것에서부터 사람의 신념, 역사, 제도, 문화적 환경에 이르기까지 범위가 넓다. 발화를 해석할 때 맥락을 아무리 많이 고려하더라도 다양하고도 부가적인 맥락을 항상 고려해야 하며, 새로운 발화 맥락을 고려할 때 우리의 발화 해석이 바뀔 수도 있다. 그렇다면 맥락을 어디까지 고려해야 하는가? 만약 맥락에 따라 해석이 변화될 수 있다면 과연 그 해석이 "옳다"고 어떻게 확신하겠는가?

발화 맥락이 바뀔 때 발화 해석까지도 달라지는 예를 들어 보겠다. "아프리카의 많은 어린이들은 말라리아와 같은 전염병 때문에 5살이 되기 전에 죽는다"와 같은 주장이 있다. 이 주장을 받아들이기 위해 필요한 맥락의 범위는 어디까지일까? 아래에 설명된 더 넓은 맥락을 살펴보자:

> 전염병인 말라리아는 전 세계적으로 가장 심각한 공중 보건 문제 중 하나이다. 어린아이들과 임산부가 가장 많은 피해를 겪었으며, 개발도상국에서는 사망과 질병의 주요 원인이다. 전 세계적으로 3명 중

> 1명은 전염성 질병으로 사망한다. 그러나 거의 모든 사망은 산업화되지 않은 세계에서 발생한다. 보건 불평등은 사람들이 어떻게 살아가는지에 영향을 미치며, 몇 세에 어떻게 죽는가와도 관련 있다.[2)]

위의 맥락에서는 아프리카의 많은 어린이들이 전염병 때문이 아니라 빈곤과 저개발 때문에 일찍 죽는 것으로 보인다. 이러한 맥락의 확대가 원 주장의 설명을 무효화하거나 훼손하는 것은 아니지만, 원 주장에 더 많은 설명이 포함될 수 있음을 보여 준다: 아프리카에서 많은 어린이들이 말라리아와 같은 전염병 때문에 5세 이전에 사망한다. 그리고 아프리카에서 많은 어린이들이 빈곤과 저개발 경제 때문에 5세가 되기 전 말라리아와 같은 전염병을 앓는다. 이와 같이 보다 더 설명력을 가진 넓은 범위의 맥락은 더 큰 맥락(예, 자본주의) 속에 있다. 맥락을 넓히면 단어의 다양한 의미를 설명하는 수많은 원인을 알 수 있다.

구조 문제는 문제이면서 동시에 도구이다. 담론 해석(사람들의 일상 언어 해석과 마찬가지로)은 우리가 언어를 해석하는 맥락을 넓힐 때 항상 변할 수 있기 때문에 문제가 된다. 어떤 정보나 가치가 언급되지 않았는지 알기 위해 구조 문제를 사용할 수 있으므로 이는 우리가 사용할 수 있는 도구이다.

물론, 구조 문제는 담론 분석의 타당성 문제를 야기한다. 우리는 해석에서 더 이상의 변화가 없을 때까지 맥락의 범위를 확장하지 않는다면 분석이 타당하다고 볼 수 없다. 해석에서 더 이상 변화가 없다면 범위를 확장시키는 것을 멈추고 결론지을 수 있다(물론 모든 경험적 탐구처럼 열어 놓아야 한다).

비판적 담론 분석

담론 분석에서 지금까지 논의된 두 가지 과제(발화-유형 의미 과제와 맥락화

2) 더 자세한 내용은 http://www.cdc.gov/malaria/impact/index.htm, http://ucatlas.ucsc.edu/cause.php 사이트 참조

된 의미 과제) 외에 세 번째 과제를 추가할 수 있다. 발화 유형 수준(과제 1)과 맥락화된 의미(과제 2)에서 언어-형태 관계가 사회적 실제(과제 3)와 관련되는 방식을 살펴볼 수 있다. 비판적 접근과 비판적이지 않은 접근은 다른 연구 방식을 취한다. 비판적이지 않은 접근은 사회적 상호작용 패턴을 사회적 실제로 다루는 경향이 있다(예; 취업 면접에서 사람들이 언어를 사용하는 방식). 위에서 논의한 Gagnon의 문장을 다시 보자:

1. Whig당과 Tory당 모두가 특권층에 국한되어 있음에도 불구하고 그들은 다른 파벌과 경향을 보였다.

비판적이지 않은 담론 분석에서는 "Whig당과 Tory당 모두가 특권층에 국한되어 있음에도 불구하고"를 종속절로 사용함으로써 민주주의에서 부(富)의 차이가 엘리트 간의 정치 차이보다 덜 중요함을 독자가 기본 전제로 받아들이도록 저자-독자의 관계가 설정되어 있음을 분석할 것이다.

그러나 비판적인 담론 분석은 관계뿐만 아니라 지위, 연대, 사회적 재화의 분배 및 권력, 더 나아가 사회적 실제를 다룬다(예를 들면, 취업 면접에서 언어는 특정 사람의 취업 접근성을 높이거나 막기도 하는 기능을 갖고 있다). 비판적 담론 분석에서 언어는 항상 특정 사회적 실제의 일부분이며, 사회적 실제는 항상 지위, 연대성, 정치적 성격, 사회 재화의 분배, 권력과 같은 정치적인 것을 내포함을 간주한다.

비판적 담론 분석에서 대화와 텍스트가 어떻게 작용하는가의 사회적인 측면의 분석을 남겨 둬야 할까 아니면 더 고려해야 할까? 사회적 상호작용에서 대화와 텍스트가 정치적으로 어떻게 작용하는가? 후자의 과제는 담론 분석을 비과학적 혹은 비학문적인 것으로 (그래서 결국 "지지"의 문제일 뿐인 것으로) 간주하는가?

문장 1을 다시 보자. 계급 갈등(가진 자와 가지지 못한 자의 갈등)을 역사의 원동력으로 여기는 역사가들이 있다. 그들은 Whig당과 Tory당 모두 특권층에 국한되어 있다는 것이 17세기의 잉글랜드 정치 상황이라고 말할 것이다(Gagnon이 이 내용을 종속절에 포함했음에도 불구하고).

Gagnon의 문장은 역사가들이 중요하게 본 것을 종속절에 둠으로써 종속절을 각 당이 서로 다른 파벌을 대표한다는 주장을 도전하지 않을 배경정보로써 다루었다. 그의 주장은 다른 역사가들과의 학문적인 논쟁에서뿐만 아니라 학교에서 역사가 어떻게 가르쳐져야 하는지에 대한 정치적 논쟁에서 비롯된 것이다.

이것은 Gagnon이 말한 것뿐만 아니라 그가 하려는 것을 이해하는 데 필수적인 부분이다. (그의 텍스트와 의도를 이해하려면) 우리가 작가와 독자와의 관계를 넘어 가치지향적이며 정치적인 입장으로 옮겨가게 된다. 2장에서 만들기 작업을 설명하면서 언어 사용이 왜 "정치적"인지, 그리고 왜 담론 분석이 비판적이어야 하는지를 설명했다. "정치적"이라 함은 "사회 재화의 분배"에 대한 "정치"를 의미하며 모든 언어 사용이 사회 재화의 분배와 관련 있다고 주장했다.

형상화된 세계

교황은 총각인가? 교황은 미혼 남자이지만, 그리고 "총각"은 "미혼 남자"로 정의되어 있지만, 우리는 교황을 총각이라고 부르기를 꺼린다. 왜일까? 그 이유는 우리가 단지 정의에 기초하거나 "일반(발화-유형) 의미"에 근거하여 단어를 사용하지 않기 때문이다. 우리는 "정상적인" 또는 "전형적인" 것에 대한 마음속에 있는 이야기, 이론 또는 모델을 바탕으로 단어를 사용한다.

우리 현실에서는 남성이 여성과 결혼하는 것이 전형적이다. 결혼 적령기를 넘어선 남자를 "독신자"라고 부른다. 독신자는 결혼 생활에 개방되어 있지만 "적합한" 사람을 찾지 못했다고 가정한다. 교황은 결혼 적령기를 훨씬 넘어섰으며 결코 결혼하지 않겠다고 다짐했다. 교황은 우리가 알고 있는 전형적인 총각이 아닌 것이다.

전형적인 상황에서는 그 전형에 기초한 단어를 사용한다. 동성애 결혼 문제, 또는 총각bachelors과 처녀spinsters를 다룰 때 우리는 전형적인 이야기를 우선시하거나 포기해야 한다. 실제로, 사회 상황이 바뀌어 전형적인 이야기가 변하거나 특정 이야기가 우위를 선점한다. 심지어 사람들은 전형적인 이야기에 기초하여 총각과 같은 단어 사용을 중단하고 새로운 전형적인 이야기를 만들어 결혼 자격이 있는 여성을 "bachelor"라고 부를 수도 있다.

우리는 (우리 마음속의 혹은 머리 속의) 전형적인 그림을 사용하여 의식적으로 모든 것을 생각하지 않고도 의사소통이나 행동을 할 수 있다. 전형적인 그림을 사용하는 것은 의사소통, 행동 및 생활을 수월케 하지만 전형적인 이야기 범주에 속하지 않는 사람과 일을 주변화marginalizing할 수 있기 때문에 좋지 않을 수 있다.

전형적인 이야기는 사회 문화 그룹에 따라 다르다. 예를 들어, 일부 부모들은 2살짜리 아이가 잠자리로 가는 것을 거부하고 화를 낼 때 이 아이의 행동을 자율성을 획득하는 성장의 신호로 간주한다. 왜냐하면 그들은 아이의 자율성 획득 과정을 전형적인 이야기로 받아들이기 때문이다: 아이는 태어나 부모에게 의존하지만, 성장하면서 개인의 자율성이나 독립성을 획득한다. 자율성을 획득하는 과정에서 아이는 아직 준비가 되지 않아도 독립을 요구하는 행동을 한다. 아이의 요구는 성장의 신호이다. 어떤 부모는 아이의 같은 행동을 고집으로 여기는데, 이는 그 부모가 아이들이 이기적으로 태어나므로 가족과 협력하고 타인을 배려하는 것을 배울 필요가 있다는 것을 전형적인 이야기로 받아들이기 때문이다.

후자의 예시는 노동자 계층의 가족들 사이에서 더 일반적이다. 노동자 계층의 가족들은 가족과 친구들 사이의 상호 지원을 중요시한다. 전자의 예시는 많은 재정 자원을 가진 중산층과 중산층 가정에 일반적이며, 중산층 이상의 가족들은 아이들이 스스로 성장할 수 있는 자원을 가진 성인으로 성장할 것으로 기대한다.

그러나 전형적인 이야기는 옳고 그름의 문제가 아니다. 예를 들어, 아이들은 이기적이고 다른 사람들과 협력하는 법을 배울 필요가 있는가, 혹은 보호자에게 의존하고 있으며 독립적으로 학습할 필요가 있는가? 앞서 논의한 두 개의 전형적인 이야기는 어느 정도 사실일 수 있지만, 이 이야기들은 가정 양육 스타일을 결정하거나 스트레스 상황을 만들 수 있다. 행동하기 전에 모든 가능한 이야기들을 조사하고 생각해 볼 시간이 허락되지 않을 때 사람들이 생활을 지속할 수 있도록 하는 것이 우리 삶에 대한 단순화된 이론들이다. 과학이론 역시 세계 전체의 복잡성을 한꺼번에 다룰 필요가 없도록 과학자들이 만든 단순한 세계관이다.[3)]

이 전형적인 이야기는 다양한 이름으로 명명되어 왔다: "민속 이론" "구조" "시나리오" "대본" "정신 모형" "문학적 모형" "담론 모형" "사회 모형" 및 "형상화된 세계"(이 용어 각각에는 고유의 뉘앙스가 있다). 전형적인 이야기는 우리의 머리 속에 (잠시 후에 그것들이 항상 우리 머리 속에 있는 것은 아니라는 것을 알게 될 것이다) 이미지, 은유 및 내러티브의 형태로 저장되어 있다. 여기서는 전형적인 이야기를 "형상화된 세계figured world"로 명명할 것이다. "형상화된 세계"라는 용어는 다음과 같이 정의된다:

> (형상화된 세계는 사회·문화적인 의미를 행동으로 수행하는) 구체적인 특징과 행위자가 있으며, 특정 행동에 의미를 부여하며, 특정 결과를 다른 결과보다 중요시 여기는 사회-문화적인 해석의 영역이다. 형상화된 세계는 특정 범위 내에서의 행동을 수행하는 대리인에 의해 표현되며 특정 힘에 의해 상태가 변화하기도 하는 '단순화된 세계'를 의미한다.
>
> (출처: Holland et al., 1998, p. 52)

형상화된 세계는 정상적인 것이 무엇인가를 판단하는 근거가 되며 상황과 사

3) 저자는 과학을 진실이기보다 언어의 정치적인 사용과 과학자들의 세계관이 반영된, 사회·문화적으로 구성되는 해석의 영역으로 간주했다.

회 · 문화 집단에 따라 다르다. 예를 들어, 침실을 상상해 본다면, 당신은 대학 기숙사의 침실을 상상하는 것과는 꽤 다른 방식으로 사람과 사물로 방을 채울 것이다. 당신은 경험으로부터 무엇이 전형적인가를 이해한 것을 기반으로 상상할 것이다. 사람들의 경험은 자신의 사회 · 문화 집단에 따라 다양하기 때문에 그 경험에 따라 전형적인 행동이 다양하다. 사회가 변화함에 따라 사람들의 전형적인 이야기나 행동이 변화할 것이다. 형상화된 세계는 정적이지 않다.

다른 예를 들자면, 초등학교 교실에 대해 생각할 때, 마음속에 생길 수 있는 형상화된 세계(또는 전형적인 이야기)를 떠올려 보자: 전형적인 참가자는 한 명의 교사(여성), 대략 같은 나이의 어린이 그룹, 그리고 특별한 문제를 가진 아이들(예, 학습장애, 독서문제, 또는 제2외국어로 영어를 배우는 아이들)을 돕는 선생님이며, 때때로 특별한 문제를 가진 아이들을 교실 밖의 공간(보충수업)으로 분류한다. 아이들은 책상에 앉아 선생님을 바라보고 있고, 선생님이 주로 이야기를 하며 때로는 아이들에게 질문을 한다. 수학 문제를 종이에 채우는 것과 같은 활동이 있다. 정기적인 테스트가 있으며, 그 중 일부는 표준화된 테스트이다. 교장 선생님과 다른 선생님들뿐만 아니라 교육과정 운영자와 공무원 등 교육기관이 있다. 학부모는 이 기관의 "외부인"이다. 아이를 "특수교육", "학습장애", "제2외국어로서의 영어"로 분류한다.

교실에 대한 형상화된 세계가 있지만 예외의 경우도 많다. 이 형상화된 세계는 현재 학교 개혁의 대상이며 논쟁거리가 되고 있다(예: 학년, 많은 시험, 기술적 학습지, 교사의 너무 많은 말, 줄 세우기 등). 형상화된 세계는 가끔 개혁의 길목에 서 있다. 개혁은 "정상적"이거나 "옳거나" "마땅히 변화되어야 할 것처럼 보이지 않는다. 예를 들어, 오늘날 우리 아이들이 디지털 기술을 성인에게 가르치는 것은 흔하지만 아이들의 가르침과 교사의 학습은, 교실과 교사의 권위에 대해 우리가 알고 있는 전형적인 이야기와는 다른 것이다.

전형적인 이야기, 즉 형상화된 세계는 우리 머리 속에 있지만 때로는 책, 매체, 다른 사람의 머리 속 등에도 존재한다. 아이들이 의존적으로 태어나지만 자신의 자원을 기반으로 삶을 관리할 수 있는 성인이 되기 위해 자율적이고 독립적으로 성장한다는 발달 이론, 즉 특정 형상화된 세계는 다양한 양육 책자에서나 전문가(예: 의사, 변호사, 교수, 임원 등)와 부모의 이야기와 행동에서 발견된다.

형상화된 세계는 우리에게 담론 분석을 위한 조사 도구가 된다. 우리는, 우리의 이야기를 이해하기 위해 참조할 청자의 형상화된 세계를 염두에 두고 의사소통을 한다.

형태-기능의 연관성, 맥락화된 의미, 형상화된 세계는 조사 도구이다

지금까지 형태-기능의 연관성, "맥락화된 의미" 그리고 "형상화된 세계"를 설명하였다. 담론 분석은 이들 개념이 의미하는 바가 무엇인지, 어떻게 그리고 왜 의미 있는 것인지 살펴보는 작업이다. 이들 개념은 우리의 삶을 이해하기 위해서도 중요한 조사 도구이다. 다음 장에서 조사 도구로서의 형상화된 세계를 더 자세히 의논할 것이다. 여기에서는 조사 도구로서의 "맥락화된 의미"가 무엇인지 살펴보자.

이 장의 처음 부분에서 형태-기능 연관성 분석, 즉 언어의 형태와 일반적인 기능을 분석하는 것을 논의하였다. 형태-기능 연관성 분석은 주어진 언어 형태가 실제 언어 사용 맥락에서 훨씬 더 구체적인 의미를 지닐 수 있는 가능성을 보여 주며 이러한 의미를 "맥락화된 의미"라고 명명했었다. 어떤 경우에는 형태-기능 분석이 유익하고 중요할 수 있으나 의미 분석이 실제로 맥락화된 의미를 분석하는 수준에 머물 수도 있다(예컨대, 말라리아로 인한 영아 사망을 단순히 보건이나 경제의 문제로 볼 것인지 아니면 그 범위를 확장하여 자본주의의 문제로 볼 것인지를 앞서 언급한 바 있다. 이 예에서 보듯이 언어의 형태-기능 분석은 자칫 국지적인 문제에 국한할 문제를 야기할 수 있다).

"맥락화된 의미"는 질문을 던질 "사고 장치"이다. 구어나 문어를 접할 때 우리가 분석하고자 하는 언어를 이해하기 위해 중요한 주제어나 핵심 단어군을 살펴보거나 언어가 사용되는 맥락이나 언어가 어떤 맥락을 형성하는지 등을 검토해야 한다. 그런 후 다음과 같은 질문을 해 볼 수 있다:

A. 거대 담론 관점에서 저자가 어떤 맥락화된 의미를 단어와 구절로 표현했는가? (예: 생물학의 거대 담론 또는 근본주의 창조론의 거대 담론)
B. 특정 거대 담론 관점에서 독자나 청자가 어떤 맥락화된 의미를 이해할 것으로 보아야 하는가?
C. 또 다른 거대 담론 관점에서 독자나 청자가 어떤 맥락화된 의미를 이해할 것으로 보아야 하는가? 거대 담론은 다양한 가치, 규범, 관점을 내포하고 있다. 예를 들어, 각각의 거대 담론 관점에서 텍스트를 해석할 때 근본주의 창조론자는 생물학의 텍스트에 특정 맥락화된 의미를 부여할 수 있고 미국 원주민은 미국 역사 텍스트에 특정 맥락화된 의미를 부여할 수 있다.
D. 다양한 거대 담론 관점에서 잠재적인 해석의 가능성을 가정한다면 단어와 구절은 어떤 맥락화된 의미를 지닐 수 있는가?

맥락을 더 많이 알수록 위 질문의 대답은 언제나 수정될 수 있다. 물질적, 사회적, 문화적, 역사적 언어 사용 맥락으로부터 많은 것을 배울 수 있으며 언어 사용 맥락을 배우면 배울수록 위 질문에 대한 우리의 대답은 바뀔 것이다.

우리의 잠정적인 대답은 다양한 방법으로 다음과 같이 실험해 볼 수 있다: 송신자와 수신자가 무엇을 생각하는지를 물어보는 것; 현재와 미래에서 언어의 언어적 및 비언어적 효과를 살펴보는 것; 과거와 미래에서 이 말과 행동을 어떻게 이끌어 냈는지 찾아보는 것; 비슷하고 대조적인 언어 사용 방법을 찾아보는 것; 동일한 답에 수렴될 때까지 다양한 조사 도구뿐만 아니라 다양한 언어 및 맥락을 고려하는 것 등이다.

추천문헌

[Note: Readings relevant to cultural models and figured worlds are cited in the Readings Section at the end of the next chapter, a chapter devoted to figured worlds]

Duranti, A. (1992). *Linguistic anthropology.* Cambridge: Cambridge University Press. [The best introduction to linguistic anthropology]

Duranti, A. & Goodwin, C., Eds. (1992). *Rethinking context: Language as an interactive phenomenon.* Cambridge: Cambridge University Press. [A set of good papers on the role of context in interpretation]

Fairclough, N. (1989). *Language and power.* London: Longman. [Fairclough's approach to critical discourse analysis is just called "CDA" and is the best-known such approach]

Fairclough, N. (1992). *Discourse and social change.* Cambridge: Polity Press.

Fairclough, N. (2010). *Critical discourse analysis: The critical study of language.* Second Edition. London: Longman.

Fairclough, N. (2003). *Analysing discourse: Textual analysis for social research.* London: Routledge.

Gagnon, P. (1987). *Democracy's untold story: What world history textbooks neglect.* Washington, D.C.: American Federation of Teachers. [I use this book for data, since it is a good example of an historian writing with a clear purpose to change public policy]

Gumperz, J. J. (1982). *Discourse Strategies.* Cambridge: Cambridge University Press. [A classic on analyzing language in context]

Gumperz, J. J. & Levinson, S. C., Eds. (1996). *Rethinking linguistic relativity.* Cambridge: Cambridge University Press. [Good papers on language and culture]

Halliday, M. A. K. (1994). *An introduction to functional grammar.* Second Edition. London: Edward Arnold. [The best source for reflecting on form-function correlations in language]

Kress, G. (1985). *Linguistic processes in sociocultural practice.* Oxford: Oxford University Press. [A masterful book on language as practice from a social semiotic perspective]

Levinson, S. C. (1983). *Pragmatics.* Cambridge: Cambridge University Press. [A very good book on pragmatics – a close relative of discourse analysis – with a good discussion of form-function correlations and type-utterance and token-utterance meanings]

Rogers, R., Ed. (2011). *An introduction to critical discourse analysis in education.* Mahwah, NJ: Lawrence Erlbaum. Second Edition. [A good collection of papers on critical discourse analysis and its applications to education]

제7장

형상화된 세계

형상화된 세계

이 장에서는 형상화된 세계에 대해 집중적으로 다루고자 한다. "형상화된 세계"라는 용어는 "쉐마" "구조" "극본(script)" "문화 모델" "미시 담론 모델" "거시 담론 모델" "민속론(folk theory)" 등 다양한 이름과 의미로 사용된다. 형상화된 세계는 우리가 일상생활을 효율적으로 영위하는 데에 있어 무의식적으로 당연하다고 여기는 단순화된 세상에 대한 이론이나 이야기이다. 우리는 과거 경험으로 배우지만 이 경험들은 우리가 속한 사회 · 문화적 집단에 의해 만들어지며 규범을 만들고 규범에 의해 유도된다. 그러한 경험으로부터 우리는 어떤 것이 "정상적"이고 "전형적"인지를 추론해 낸다(예를 들면, "평범한" 남자나 아이, 경찰의 전형적인 모습은 어떠하며 어떻게 행동하는지, "정상적인" 결혼은 어떤 것인지, "보통의" 교실은 어떻게 보이는지 등). 그리고 우리는 명백한 예외 상황이 아닌 이상 형상화된 세계에 기반하여 행동하곤 한다.

왜 형상화된 세계라는 용어를 사용하는 것일까? 이 책의 제1판에서는 "문화적 모델"이라는 용어를, 제2판에서는 "담론 모델"이라는 용어를 사용하였다. 3판에서부터는 이들 개념이 바로 사람들이 머리 속에서 세상을 해석하고 이해하는 방식이라는 점을 강조하고자 "형상화된 세계"라는 용어를 사용하였다. 우리 인간들은 형상화된 세계를 우리의 머리 속에 이야기로, 생각으로, 이미지로 저장한다. 머리 속에 작은 세상, 모델, 시뮬레이션 등과 같은 용어들은 실제 세계에서 행동하는 것과 관련 있다. 이 장에서 "형상화된 세계"라는 용어를 사용할 때, 이는 "모델" "이론" "이야기" "세계의 일면을 보는 방식" 등으로 대체될 수 있다.

형상화된 세계는 미시적 규모의 사회적 상호작용과 거시적 규모의 기관들 관계를 중재해 주는 중요한 조사 도구이다. 형상화된 세계는 3장에서 다룬 7개의 만들기 작업에서 인간이 하는 지엽적 상호작용과 사회 · 역사의 전반에 걸친 기관과 문화의 복잡한 패턴을 형성하고 작동하는 거대 담론 사이를 중재한다. 예를 들어, "아름다움"을 여성의 주요 자산으로, "지성"과 미래 성공적인 커리어를 남성의 주요 자산으로 간주하는 형상화된 세계는, 개인의 이상적 로맨스에 대한 담론(허용 가능한 데이트의 범위와 잠재적인 파트너로 행동하고 인정받는 의미)과 실제 데이트 행동을 중재(조율)한다. 형상화된 세계가 바뀌면 실제 데이트 행위 역시 바뀐다.

형상화된 세계의 역할은 "형상화된 세계" 대신 "구조"라는 용어를 쓴 Charles Fillmore의 고전 논문(1975)에서 잘 드러난다. Fillmore는 이전 장에서 다룬 예시 중 "총각"이라는 단어를 간단히 예로 설명하였다. 대부분의 사람들은 "총각"이라는 단어를 사전적으로 "결혼하지 않은 남자"라고 생각한다.

Fillmore는 "교황도 총각인가? 3번 이혼한 남자도 총각인가? 어릴 때부터 회복 불가인 코마 상태에 빠져 있는 남자도 총각인가? 내시(거세당한 사람)는 어떠한가? 다른 남자와 헌신적인 관계를 맺고 있는 게이 남자는 어떠한가? 결혼한 적 없는 노쇠한 남자는 어떠한가?" 등의 질문을 한다. 이런 모든 질문에 대한 답은 "아니오"이거나 "잘 모르겠어요"(실제 다양한 사람들에게 물어본 결과)일 것이다. 왜 그런 것일까? 사실상 이들은 모두 결혼하지 않은 남자들인데 말이다.

이러한 질문의 답이 "아니오"인 이유는 이 단어들 모두 결혼하지 않은 남성을 의미함에도 불구하고 우리가 실제로 "총각"이라는 단어를 "형상화된 세계"와 연관 지어 이해하기 때문이다. 형상화된 세계를 이해하는 방법 중 하나는 원형적인 사건들로 구성된 단순화된 세계의 이미지나 줄거리, 표현 등으로 이해하는 것이다. 이것은 우리가 무엇을 "평범"하고 "정상"이라고 여기며 당연하게 받아들이는가에 관한 문제이다:

> 형상화된 세계는 사회-문화적인 의미를 행동으로 수행하는 구체적인 특징과 행위자가 있으며, 특정 행동에 의미를 부여하며, 특정 결과를 다른 결과보다 중요시 여기는 사회-문화적인 해석의 영역이다. 형상화된 세계는 특정 범위 내에서 행동을 수행하는 대리인에 의해 표현되며 특정 힘에 의해 상태가 변화하기도 하는 '단순화된

> 세계'를 의미한다.
>
> (출처: Holland et al., 1998, p. 52)

형상화된 세계는 많은 복잡성을 배제하고 단순화되어 우리 의식 안에 저장되어 있다. 모든 이론들은, 심지어 과학의 이론들도, 특정 목적을 위해 유용하게 단순화된 것들이다. 형상화된 세계의 단순화는 안타깝게도 어떤 이에게는 불공정하거나 모욕적이거나 배제될 수 있다는 점에서 해로운 것일 수 있다.

"총각"에 대해 가장 일반적으로 사용되는 형상화된 세계는 아래와 같은 것이다(Fillmore, 1975):

> 남자는 특정 나이에 여자와 결혼한다. 결혼은 평생 지속되는 것이다. 이러한 세계에서 총각은 일반적인 나이대가 넘어서도록 결혼하지 않은 남자이며, 따라서 결혼이 가능한 남자이다. 우리는 이러한 단순화된 세계가 항상 진실이 아니라는 것을 알고 있다. 총각 단어를 사용하기를 꺼리는 사람은, 어떤 단어를 사용하지 않고 배제할지, 혹은 이 단어를 사용할 맥락이 어떤 맥락인지를 결정할 수 있다. 교황은 어떤 나이에도 결혼하지 않겠다고 맹세함으로써 이러한 단순화된 세계에 포함되지 않기 때문에 총각이 아닌 것이다. 여자와 결혼하지 않겠다고 선택한 게이도 마찬가지다.

형상화 세계로 인해 우리는 무의식적인 배제에 관여한다. "총각"의 사례에서 우리는 사실상 게이나 사제들을 "정상적" 남자에서 배제하며 남자를 일찍 결혼하는 남자와 늦게 결혼하는 남자, 두 종류로 전제한다. 물론 이 전제에서 결혼하고 싶지 않거나 이성과 결혼하고 싶어하지 않는 사람은 주변화된다. 형상화된 세계는 무엇이 전형적인지와 무엇이 주변적이며 비전형적인지를 결정한다.

"총각"의 형상화된 세계에 의한 또 다른 배제도 물론 있다. 남자가 일반적인 연령대를 지나 결혼하지 않은 상태로 있지만 "결혼에 적합한" 이유는, 특정 연령대 이후에 "결혼에 적합한" 남자가 부족하고 "결혼에 적합하지 않은" 여성이 많아진다고 가정하기 때문이다. 이로 인해 "노처녀"의 형상화된 세계가 만들어진다.[1)]

Fillmore의 예시는 형상화된 세계와 "정치"의 관계를 보여 준다. 페미니즘 덕분에 많은 사람들은 "총각" 단어 이면의 형상화된 세계를 의식한다. 많은 사람들이 이를 거부하면서 단어를 사용하지 않거나 의미를 바꾸기도 한다. 예를 들어, 많은 사람들은 이제 "총각bachelor"(영어 단어에는 '남자'라는 의미가 포함되어 있지 않다)이라는 단어를 결혼하지 않은 여성들에게 사용하여 단어에 새로운 의미를 부여하고 새로운 형상화된 세계를 만든다. 다른 이들은 "노처녀"라는 단어를 존중과 영예의 표식으로 사용함으로써 새로운 의미와 형상화된 세계를 만들고자 한다.

Fillmore의 예시가 시사하는 점은, 언어가 분명한 정의를 갖고 있다고 하여도 그 정의대로 언어가 사용되지 않으며 형상화된 세계나 거대 담론이 도전받기도 한다. "총각"처럼 언어가 기존의 형상화된 세계를 도전하기도 한다면 "민주주의" "정의" "지적인" 혹은 "문식의"와 관련된 거대 담론은 언어에 의해 얼마만큼 도전받을 수 있을까?

마음속의 시뮬레이션

"총각"의 예시는 어쩌면 너무 단순한 것일 수 있다. 형상화된 세계에는 다양한 종류가 있으며 이를 표현할 다양한 방식이 존재할 수 있다. 형상화된 세계는 우리의 경험에 기반한다. 영화처럼 이런 경험들은 필수적이고 전형적인 것으로 편집될 수 있다. 사실, 형상화된 세계는 우리가 어떤 것에 대해 생각하도록 도와주고 움직이도록 준비시켜 주는 마음속의 시뮬레이션과 같다. 우

1) 하나의 형상화된 세계는 또 다른 형상화된 세계를 만들거나 서로 연관된다.

리는 미디어를 통한 간접 경험을 포함하여 세상에서 경험을 한다. 결혼을 예시로 들어 보자. 간접 경험은 우리가 미래의 결혼식과 관련된 사건들을 생각하고 준비하기 위해 순서와 패턴을 찾는 데 근거가 된다. 간접 경험에 의해 우리는 마음속에서 결혼 시뮬레이션을 한다. 우리는 시뮬레이션에서 스스로의 역할을 상상하거나 결혼의 다른 캐릭터(예: 주례)를 상상할 수도 있다.

시뮬레이션은 오늘날 비디오 게임이나 과학과 유사하다. SimCity, The Sims, Spore와 같은 게임은 도시, 가족, 세계의 시뮬레이션(가상 세계)이다. 과학자들은 날씨의 패턴, 세포 안의 화학물질, 교통 패턴 등을 시뮬레이션한다. 화학자는 다양한 속도로 움직이는 차와 꽉 막힌 고속도로에서 차선을 변경하며 브레이크를 밟는 차로 시뮬레이션을 하고 특정 조건에서 교통 흐름이 어떤지 관찰한다. 그런 뒤 과학자는 시뮬레이션 조건이 비슷한 현실 세계에서도 유사한 일이 일어나는지 살펴본다. 과학자는 몇몇 변수(예: 차의 속도, 차량의 수, 차선 등)에 따라 어떤 일이 일어나는지 본다. 물론, 실제로 연구하는 것보다 컴퓨터 시뮬레이션에서 연구하는 것이 훨씬 더 안전한 것도 있다(예, 전쟁이나 자연재해 등).

인간은 마음으로 시뮬레이션을 해 볼 수 있다. 우리는 결혼, 면접, 상사와의 대립 등 전형적인 상황을 그려 보거나 동성 결혼, 면접관이 면접대상자에게 면접을 부탁하는 상황, 스스로가 잘못하였다고 인정하는 상사 등 전형적이지 않은 상황도 가정할 수 있다. 이런 점에서 우리의 머리는 비디오 게임이나 컴퓨터 시뮬레이션과 같다고 할 수 있다. 우리는 보고, 듣고, 읽는 것을 이해하고 세상에서의 행동(예: 현실이나 게임에서 직장 상사와의 싸움)을 준비하기 위해 시뮬레이션을 한다.

우리가 머리 속에서 진행하는 결혼과 같은 시뮬레이션은 가치-중립적이지 않다. 시뮬레이션은 결혼에 대한 관점을 반영하고 있다. 우리가 중요하거나 명백하다고 생각하는 결혼의 일면들을 전경에 둔다. 보다 덜 중요하거나 덜 명백하다고 생각하는 요소들을 배경화한다. 어떤 것을 배제하기도 한다. 마치 과학자의 컴퓨터 교통량 실험과 같다. 여기서도 특정 변수(예: 자동차 수)는 중앙으로 전경화되며 덜 중요한 것은 배경화되고(예: 자동차 크기) 또 어떤 것은 아예 배제되기도 한다(예: 자동차 색깔).

그러나 우리는 하나의 결혼 시뮬레이션을 하고 꼭 그것만을 실제 결혼식에서 적용하는 것은 아니다. 우리는 다양한 맥락에서 시뮬레이션을 한다. 결혼과 관련된 상황이나 대화에서 우리는 그 상황에 맞는 시뮬레이션을 한다. 우리의 시뮬레이션은 우리가 처한 세부 상황, 대화, 텍스트 등을 이해하도록 설계되어 있다. 우리는 현재까지의 경험과 본 것을 기반으로 무엇이 일어날지를 상상하고 예측하며 행동과 결정을 준비한다.

예를 들어, 우리는 신부가 "너무 행복해"라고 말하는 것을 들었을 때 행복하고 미래를 축복하는 즐거운 결혼식을 시뮬레이션할 수도 있다. 신부가 "너무 무서워"라고 말하는 것을 들었을 때 복잡하고, 스트레스 가득하고, 문제 많은 결혼식을 시뮬레이션할 수 있다. 우리가 시뮬레이션을 하는 이유는 이해를 위한 것이다. 시뮬레이션이 간혹 잘 되지 않을 때도 있다. 예를 들어, 내가 크리켓 스포츠를 보거나 들을 때마다 야구 경험에 기초해서 시뮬레이션을 한다. 크리켓 스포츠를 듣고 본 것에 대한 이해가 없으므로 다양한 경우를 시뮬레이션한다. 만약 크리켓에 대해 보다 깊은 경험을 했더라면 더 나은 시뮬레이션을 할 수도 있다. 더 나아가, 크리켓 경험이 충분하다면 야구와는 상관없이 크리켓에 대한 직접적인 시뮬레이션을 할 수도 있다. 또한 야구를 크리켓 시뮬레이션에 비추어 이해할 수도 있다.

우리는 우리의 행동을 준비하기 위해 시뮬레이션을 하기도 한다. 시뮬레이션으로 행동하기 전에 어떤 결과가 따를 것인지 예측해 본다. 시뮬레이션에서 다른 사람과 역할놀이를 할 수도 있고 실제 상황에서 무엇이 그들의 행동을 유발하는지도 살펴볼 수 있다. 행동하기 전에 생각할 수 있는 능력이나 상상할 수 있는 능력은 우리 인간을 "똑똑하게" 만드는 중요한 부분이다.

우리가 사회·문화적 집단의 일원인 타인들과 경험을 공유할 수 있다는 점 덕분에, 결혼과 같은 시뮬레이션은 타인의 시뮬레이션과 중복된다. 완벽하게 중복될 수는 없고 시뮬레이션을 소통하고 함께 행동할 수 있을 정도이다.

사회 · 문화적 집단의 일원들은 사물을 보는 방식을 공유하기 때문에 전형적 시뮬레이션을 한다. 형상화된 세계는 전형적인 시뮬레이션으로 유지된다. 전형적인 시뮬레이션은 당신이 "전형적"이라고 생각하는 결혼식, 결혼 생활, 회의, 로맨스, 가족 등의 시뮬레이션이다. 무엇이 "전형적"인가는 사회 · 문화적 집단에 따라 다를 수 있다. 미래의 결혼식과 유관 사건들을 생각하고 준비하기 위해 결혼의 순서와 패턴을 파악하려 할 것이다. 결혼식의 형상화된 세계는 사회적 집단이 "전형적"이라고 생각하는 결혼식의 시뮬레이션이다.

만일 누군가가 당신에게 결혼식을 상상해 보라고 하고 아무 상황 단서를 제공하지 않을 때 머리 속에 떠올린 것은 전형적인 시뮬레이션이며, 이 전형적인 시뮬레이션은 같은 방식으로 결혼식을 생각할 타인과 공유된 것이다. 만일 동성 결혼식이라는 사실을 알게 되면 전형적인 결혼식 시뮬레이션이 적용될 수 없음을 깨닫고 그에 따라 시뮬레이션을 바꿀 것이다. 이때 전형적인 시뮬레이션의 일부분(예: 서약)을 유지하고 나머지(예: 웨딩드레스)를 제외하며 전형적인 시뮬레이션에 등장하지 않는 요소들을 첨가하여(예: 두 명의 남자 들러리) 특별한 상황의 시뮬레이션을 할 것이다. 물론 전형적인 시뮬레이션에 집착하여 동성 결혼식을 결혼식으로 여기지 않을 수도 있다.

결혼과 같은 것의 전형적인 시뮬레이션을 머리 속에서 진행할 수 있다. 그런 다음 이를 특정 상황에 맞추어 적용할 수 있다. 전형적인 시뮬레이션과 특정 상황 시뮬레이션의 차이는 매우 중요하다. 전형적인 시뮬레이션은 "전형적"인 것이 무엇인지 보여 주기 때문에 종종 이러한 전형들은 동성 결혼과 같은 특별한 경우를 "비정상" 혹은 "일탈적인" 것으로 간주하는 근거가 될 수 있다. 이는 위험하다. 전형적인 것(주로 정상적, 수용 가능한, 혹은 옳은 것으로 간주하는 것)부터 덜 전형적인 것(주로 비정상, 수용 불가한, 옳지 않은 것으로 간주하는 것)에 이르기까지 다양한 범주를 넘나들면서 차이를 이탈로 해석하곤 한다.

왜 우리는 각 상황에 맞는 시뮬레이션이 아닌 전형적인 시뮬레이션을 사용할까? 이는 우리가 모든 것을 의식적으로 생각하지 않고도 살아갈 수 있게 하기 때문이다. 우리는 일종의 "자동 조종 장치"를 가지며 이에 따라 의식적 사고를 다른 상황, 텍스트, 대화에 집중시킬 수 있다. 시뮬레이션 덕분에 우리의 삶이 효율적이지만 이 때문에 우리가 많은 일들을 당연하게 여기기도 한다.

형상화된 세계는 우리 마음의 시뮬레이션과 연결되어 있다. 시뮬레이션은 우리의 마음이 형상화된 세계를 다루는 방식이다. 마음속에서 세계를 형성하나 이러한 형상화된 세계는 그저 생각에 그치지 않는다. 형상화된 세계는 책과 미디어에서, 타인의 말과 행동에서, 우리 주변의 다양한 사회적 행위에서 유추될 수 있다. 우리가 사용하는 비유에도 역시 존재한다. 많은 경우 사람들은 형상화된 세계의 요소를 다 알지 못하지만 책, 미디어 혹은 타인들로부터 배우기도 한다. 글, 미디어, 타인의 이야기 등에서 간접 경험을 얻을 수 있기 때문이다.

예를 들어 나는 머리 속에서 전형적인 "군 기지 시뮬레이션"을 할 수 있지만, 직접적인 경험은 없기 때문에 다양한 미디어로부터 부족한 정보의 공백을 메워야 한다. 그러한 보충 없이, 군 기지 시뮬레이션이 일반적인 것인지 아닌지 확신할 수 없다. 군 기지를 방문하는 것같이 간접 경험으로 보충할 필요가 있다. 수많은 가난한 가족들이 학교나 교사를 방문할 때도 이런 느낌을 받는다.

모든 의미는 지엽적이다

형상화된 세계의 중요성이나 침투성pervasiveness, 작용 방식을 인지하거나 이해하는 것은 우리와 가까운 문화권의 예시만으로는 어려운 일이다. William Hanks의 명저인 『언어와 의사소통 실제(Language and Communicative Practices)』(1996)에서의 형상화된 세계 예시를 보자. 이 예시는 가장 "단순한" 소통과 단어의 형상화된 세계를 보여 준다.

다른 문화권 언어의 경우, 형상화된 세계를 모르기 때문에 단순한 소통마저 해독 불가능할 수 있다. 이는 우리가 특정 단어의 뜻을 파악한다 하더라도 왜 그러한 의미인지 알 수 없다는 뜻이다. Mexico Yucatan의 예를 살펴보자.

Yucatan의 작은 마을에서 Don Chabo라는 Maya 주술사가 자신의 며느리 Margot와 인류학자와 밥을 먹고 있다. 그들은 모두 Margot의 집에 있다. Yuum이라는 이름의 젊은 남자가 밖에서 다가와 창문에 서서 묻는다. "Don Chabo가 앉아 있나요?" Margot가 답한다. "그 쪽으로 가요. 그는 마시고 있어요. 그 쪽 안으로 가세요." 이 대화는 최대한 간단한 문장이다.

그럼에도 문장의 의미는 분명하지 않다. 예를 들어, 사람들이 식탁에 둘러앉아 밥을 먹고 있는데 왜 Margot는 Don Chabo가 "마시고 있다"고 했을까? 실제 Maya에서는 Don Chabo가 "마시고 있다"고 한 것이 그가 식사를 마쳤다는 것과 같은 뜻인 것이다.

Margot는 Don Chabo가 "앉아 있다"고 대답하였다. 이는 사실 서 있거나 다른 곳에 있거나, 심지어 목욕을 하고 있었어도 "앉아 있다"고 동일하게 대답했을 것이다.

마지막으로, Margot는 Maya의 단어인 "화자로부터 최대한 떨어져 있는"을 의미하는 "그 쪽"으로 표현하는데, 이는 Yucatan 사람들이 Yucatan이 아닌 다른 Mexico 주에서 거주하는 친척을 의미할 때도 사용하는 단어이다. 그녀는 그녀로부터 10미터도 떨어져 있지 않은 Yuum에게 시아버지의 집으로 들어오라고 말하면서 "그 쪽"이란 표현을 사용하였다.

어떻게 사람들이 먹거나 아무것도 하지 않을 때를 똑같이 "마신다"라고 표현할 수 있는가? 어떻게 서 있거나 목욕하는 것을 "앉아 있다"라고 말할 수 있는가? 10미터가 먼 거리를 의미하는 것인가?

마야인들이 음식을 항상 술과 함께 먹기도 하지만, 아침과 저녁 식사를 주로 마시며 오후 중반의 주식을 먹는다고 여기므로 식사의 형상화된 세계와는 다르게 마야인들은 "마신다"의 단어를 사용하고 있었다. 더 나아가 마야인들에게는, 식사 시간에 사회적 교류가 계속 진행되는 중이라면 "식사"가 끝나든 끝나지 않든 그 사람은 계속 마시거나 먹고 있는 것이다.

많은 마야인들은 여러 집을 아우르는 벽으로 둘러싸인 복합체에서 산다. 그들에게 있어서 집의 형상화된 세계는 우리의 형상화된 세계와 다르다. "앉아 있다"는 단어의 뜻은 그 사람이 복합체의 어디에 있든 "집에 있으며" 만날 수 있다는 것을 의미한다. "만날 수 있음"은 새로운 종류의 형상화된 세계와 관련 있다. 즉, 주술사가 집에 있느냐를 묻는 것은 그가 상담을 해 줄 수 있느냐는 뜻이다.

마지막으로 마야인들 역시 우리와 마찬가지로 물리적, 사회적 공간이 어떻게 작동하고 연결되어 있는지에 대한 그들만의 형상화된 세계를 갖고 있다. Margot는 마야인들의 가정 내 사회적 관계와 공간에 관한 담론과 형상화된 세계에 의해서 특별한 이유가 없으면 시아버지의 집에서 배제된다. 따라서 그녀는 멀리 떨어져 있음을 표현하는 단어를 물리적 거리보다는 사회적 거리감을 표현하기 위해 사용한 것이다.

이 짧은 예시에서, 나는 이 단순한 문장들을 이해하기 위해 우리가 알아야 할 것을 거의 알려 주지 않았다(예를 들어, 왜 Don Chabo가 아닌 Margot가 대답하는가?). 그들을 정말 이해하기 위해서, 심지어 "문자 그대로의 의미"라도 이해하기 위해서는 사회적 위계, 젠더, 식사, 사회적 교류, 샤머니즘 등이 마야인들의 지역적 배경 안에서 어떻게 작용하는지 이해해야 한다.

Hanks는 이러한 문장들의 상징적 혹은 주제적 의미가 아닌 단어 그대로 의미하는 바를 학술적으로 설명하는 것에만 수십 장의 페이지를 할애하였다. 그는 남편이 아내에게 아침 일찍 "오늘 신문 도착했나요, 여보?"라고 묻고 아내가 "테이블 위에 있어요."라고 대답하는 상황이 전혀 이상하거나 복잡하거나 지엽적으로 보이지 않는다는 점을 지적하였다.

이런 단순한 문장에서 Hanks가 도출하는 것은 문자 그대로의 의미라도 거대 담론의 지엽적 실제와 밀접하게 연결되어 있다는 것이다. 다른 말로 표현하자면, 의미란 일반적이거나 추상적인 것이 아니며 사전에 독립적으로, 혹은 사람들의 머리 속에 상징적인 표현으로 존재하는 것도 아니다. 의미는 맥락 내에서, 맥락에 대하여, 그리고 맥락에 적응하기 위해 맞춤화된 상황-

구체적인 의미이다.

마야어의 예시처럼 우리의 지엽적 실제를 의식하지 않아도 완전하게 알고 있기 때문에 맥락화된 의미가 보이지 않는다. 실제의 특수성과 지엽성을 간과하고 의미가 일반적이고 추상적이며 심지어 보편적인 것으로 생각하기 쉽다. 우리는 "앉는 것"이 그저 앉는 것이 아니고 "마시는 것"이 그냥 마시는 것이 아니며 "저 멀리"가 먼 곳을 의미하지 않는 언어를 마주쳐야 언어의 맥락화된 의미를 생각하게 된다. 우리와 동떨어진 언어와 문화에서 사용 중인 언어에 직면했을 때에서야 언어의 맥락화된, 사회적인 거대 담론의 의미가 보인다.

행동으로 나타나는 형상화된 세계: 중산층 육아

형상화된 세계에 관한 문헌(이 연구에서는 "문화 모델" 용어가 사용되었다.) 중 두 가지 고전적인 예시를 짧게 다루려고 한다. 두 예시 모두 형상화된 세계와 사회적 계층의 관계를 다양한 방식으로 다루고 있다. 이 예시들은 형상화된 세계 연구에 함축된 사회적, 담론적, 정치적 이슈들을 다루고 있다.

첫 번째 예시는 Harkness, Super, Keefer(1992)의 Massachusetts의 Cambridge 지역의 중산층 부모들에 관한 연구이다. 이 부모들이 자녀에 대해 이야기했을 때 매우 밀접하게 관련된 두 가지 형상화된 세계가 명백하게 드러났다. 하나는 아이들이 거치는 "발달 단계"(우리는 "단계 모델"이라 부른다)에 관한 개념이며 다른 하나는 이러한 단계에 있어서 아이들의 "독립"에 대한 요구를 중요하게 보는 개념이다(우리는 "독립 모델"이라 부른다).

예를 들어, 한 어머니가 아들 David에 대해 말하는 것을 보자:

> 분명히 한 3~4개월 동안 도와주고 싶어하는 단계에 있었어요. 내가 하는 모든 걸 도와주고 싶어했죠. … 이제는 모든 것을 스스로 하고 싶어하는 마지막 단계에 도달해 있다고 할 수 있겠네요. … 우린 이

> 단계에 관심이 많아요. … 동시에 진행되는 것이라고 봐야겠죠. … 그래요. 독립, 독립을 향해 나가는 것. David가 거의 모든 것을 스스로 하고 싶어하죠. 내가 끼어들어서 대신해 주면 완전 난리가 나죠.

David 어머니는 David가 "스스로 하고 싶어하는 것"의 예시로 David가 차 문을 열지 못하여 어머니가 대신 열어 준 에피소드를 알려 주었다. "아주 화가 났어요. 그래서 우리는 다시 돌아가서 문을 닫아야 했죠" 그녀는 David가 옷을 입히고 기저귀 가는 것을 점점 싫어하는 것 역시 독립에 대한 요구가 증가했기 때문이라고 보았다. "그는 엎드려서 기저귀 가는 것을 모욕적이라고 느끼는 단계로 가고 있는 것 같아요. 이걸 싫어하거든요"

그러나 동일한 인터뷰에서 David 어머니는 또 다른 행동 패턴 역시 언급하였다. David를 재우기 위해서 아이를 카시트에 앉히고 드라이브 나가는 시늉을 해야 한다는 것이다. 아이는 거의 바로 잠에 빠지고 그녀는 아이를 차에 이불과 함께 남겨 둔 채 집에 돌아온다. "그렇지만 대개는 아무 문제 없이 평온하게 자거든요"

이 두 번째 패턴은 거의 매일 반복되는 일상임에도 불구하고 David의 어머니는 이것을 "단계"의 일종으로 설명하지 않는다. 대신 그녀는 이를 "지금 막 발달된" 행동이라고 설명한다. 주목할 만한 대목이다. 카시트에 앉혀 잠을 자기 위해 거짓 드라이브를 가는 행동은 기저귀를 가는 것과 동일하게 모욕감을 느낄 원인일 텐데, 이는 David의 독립에 대한 요구와 일치하지 않는 것이다.

역설적으로, 동일 연구의 다른 부부는 그들의 딸이 카시트에 앉기를 거부하는 행동을 "발달 단계"와 "지금 막 시작된 독립"의 예시로 들었으나 같은 인터뷰에서 "흥미로운 것은 그녀가 기저귀를 갈고 난 후에는 씻겨 줄 때 훨씬 수월히 가만히 있어요. 원래는 씻는 걸 엄청 싫어했거든요. 몸을 비틀고 소리지르곤 했죠"라고 말하였다.

여기서도 부모는 모순적인 것 같다. 그들은 자식이 차에 앉기를 싫어하는 것을 “독립”에 대한 요구로 받아들이지만 기저귀를 가는 행위에서는 이 요구가 적용되지 않는다는 사실에는 개의치 않는다. 그리고 이상하게도 David의 행동에는 반대되는 패턴(기저귀 가는 것을 싫어하지만 잠을 자기 위해서라도 차에 앉히는 건 허용하는 행동)을 보인다.

많은 부모와 우리 문화권의 사람들은 “단계”를 아이들 안에 “내재”하는 “실제의 것”으로 생각한다. 더욱이, 그들은 이런 단계들을 자녀가 “독립적인” 인간으로 되어 가는 과정의 표식이라고 본다. 그러나 부모들은 자녀가 부정적이거나 어려운 것으로 보일 수 있는 새로운 행동을 표현하며 부모로부터 새로운 반응을 요구할 때만 단계의 일부라고 인식한다.

부모와 자녀의 관계에서 문제가 없는 행동들—예를 들어 David가 차에서 낮잠을 자거나 어린 소녀가 조용히 기저귀를 가는 것—은 단계라고 명명되지 않는다. 부모들은 부정적이거나 반사회적이라고 볼 수 있는 행동을 사회적으로 인정받는 가치 개념인 “독립”을 획득하는 단계로 규정한다.

이러한 “단계”와 “독립”에 관한 이론들은 부분적으로는 의식적이며 부분적으로는 무의식적이다. 이 이론들은 형상화된 세계(세상을 생각하거나 해석하는 방식)이며 미디어, 글, 타인과의 사회적 교류 등에서 얼마든지 마주할 수 있기 때문에 생각이나 마음속에만 존재하는 것이 아니다.

사회적 계층에 기반한 담론을 가진 부모들은 아이의 발달, 단계, 부모와 자녀의 상호작용, 독립 등에 관한 형상화된 세계를 가지고 있다. 다른 사회적 집단들은 다른 형상화된 세계를 운영한다. 예를 들어, 노동자 계층의 가족은 아이들이 원래 고집스럽고 독립적이며 이기적인 존재이며 더 이상 독립적이기보다는 가족과 타인을 배려하고 협력하는 사회화가 필요한 존재라는 형상화된 세계를 갖고 있다.

Cambridge 가족들의 형상화된 세계가 육아 도서나 아동심리학의 “공식 이론”과 비슷한 것은 주목할 만하다. 이들이 그러한 책을 읽고 쓰는 점을 고려할 때 그들의 형상화된 세계가 전문도서의 내용과 유사한 것은 어쩌면 당연할지도 모른다. 그러나 심리학이 중상위층 사람들의 형상화된 세계를 얼마나 반영하는지 질문해 보아야 한다. 왜냐하면 심리학자들은 심리학이 과학적으로 사실이기 때문이 아니라 자신들의 사회계층이나 문화와 관련된 경험의 일부를 심리학에 반영하기 때문이다.

최근에 Annette Lareau는 그녀의 저서 『Unequal Childhoods』(2003)에서 서로 다른 양육에 관한 문화기술지 연구를 소개했는데 여기서 아이를 키우는 두 가지 모델을 구분하였다. 두 가지 모델은 형상화된 세계라 볼 수 있는 것으로서 한 모델의 경우 중상위 계층 부모들이 갖고 있는 "양육 모델cultivation model"이며 또 다른 모델은 노동자 계층 혹은 가난한 부모들이 갖고 있는 "자연 성장 모델natural growth model"이다.

양육 모델을 가진 부모들은 아이를 끊임없이 감독하고 보살펴야 할 식물처럼 대한다. 그들은 지금-여기와 관련되지 않은 주제에 대해 자녀와 질 높은 대화를 한다. 그들은 "책의 언어"와 성인용 단어를 많이 사용하며 특히 아이들이 공룡이나 기차 등에 대해 "어린 전문가"가 되도록 격려한다.

부모가 가정 내에서 최종적인 권위자임에도 불구하고 아이들과 협상을 해서 아이들이 주장과 설명을 연습할 수 있도록 한다. 그들은 박물관 견학, 여행, 캠핑, 특별 수업(예: 음악), 방과후 활동(예: 발레) 등을 많이 기획하고 권유하며 관찰한다. 그들은 아이들의 자유시간을 강도 있게 구조화한다(때때로 아이들이 과도하게 스트레스를 받을 수 있다). 그들은 자식들로 하여금 성인들을 관찰하고 타인에게 스스로를 자신감 있고 지적이며 의견권을 가진 사람으로 표현하기를 원한다. 그들은 아이들이 게임이나 게이트웨이를 이용해 디지털 도구에 숙련되기를 바라며 이러한 숙련을 통해 문화 및 지식 발달을 돕는다.

양육 모델의 아이들에게 때론 악명이 높을 만큼 많은 책임이 주어진다. 아이들은 과스트레스 상태에 있으며 어린애처럼 행동할 자유시간이 필요하다. 부모들에게 역시 때론 악명이 높을 만큼 많은 책임이 주어진다. 그러나 양육 모델에는 학교에서의 성공과 사회에서의 성공(임금이나 높은 지위의 일자리)이 서로 깊은 연관이 있다는 사실을 뒷받침하는 증거가 압도적으로 많다.

자연 성장 모델을 가진 부모는 자녀들이 충분히 비옥한 토양과 영양을 가지고 자연적으로 자라며 부가적인 돌봄이 필요 없는 식물처럼 대한다. 이런 부모들 역시 자식들을 깊게 사랑하고 돌보지만 어릴 적부터 아이들의 인생에 지속적으로 관여할 필요성을 느끼지 못한다. 사실 그들은 먹고 살기 바빠서 개입할 수 없기도 하다. 자식들에게 이야기를 덜하며 어른의 언어를 덜 사용한다. 아이들이 어른에게 예의 바르고 공손하기를 기대한다. 그들은 자녀들에게 보다 직접적인 명령을 더 많이 사용하며 협상은 그다지 하지 않는다. 그들은 아이들의 자유시간을 기획해 줄 필요가 있다고 생각하지 않으며 또래와 혹은 스스로 놀 것을 찾기 바란다. 그들은 게임과 같은 디지털 미디어의 사용을 통해 학업 스킬이나 컴퓨터 소프트웨어 혹은 보다 고차원적 내용을 지도하지는 않는다.

자연 성장 모델에서 자란 아이들은 열심히 하며 자립적이고 타인을 존중한다. 그들은 (실제 그럴지라도) 스스로를 앞세우거나 지식을 드러내지 않는다. 그들은 어른들, 특히 일면식 없는 어른들과 논쟁하고 설명하고 의견을 주장하는 것을 좋아하지 않는다. 그들은 양육 모델의 언어, 경험, 지식을 축적하지 않았다.

자연 성장 모델에서 자란 아이들은 학교에서도 잘 적응하며 인생에서 큰 성공을 한다. 그러나 집단 경향성에 관한 통계적 수치를 보면, 이들은 학교와 사회(수입, 권력, 지위 면에서)에서 낮은 성취를 보이는 것으로 나타났다. 물론 이것이 성공의 표시는 아니다. 자연 성장 모델에서 자란 아이들이 낮은 성취를 보이는 이유는 학교가 양육 모델을 따르며 부모로 하여금 아이들을 교육하도록 하기 때문이기도 하다. 여기서 인정해야 할 것은 지금 다룬 두 가지 모델은 연속체의 양 극단에 있는 모델들이며 양 극단 사이에 많은 양육 스타일이 있다는 점이다.

Annette Lareau의 연구는 어떻게 형상화된 세계와 행위가 사회에서 실제 영향을 미치는지를 보여 주는 좋은 예시이다. 부모의 형상화된 세계는 그들의 경험으로부터 온다. 이는 모델이 계층에 기반을 두고 가족 대대로 전해지는 이유이다. 부모의 자녀 양육에 관한 형상화된 세계는 자녀 양육 행동에 영향을 미치며 그 결과 다양한 모습의 아이들을 형성한다.

학교와 같은 교육기관은 특정 종류의 아이들을 정상이라고 간주하고 다른 종류의 아이들을 "일탈적"이거나 "부족"하다든지 "준비되지 않은" 아이들로 간주한다. 교육기관은 학생들이 각 가정에서 양육 모델로 교육받았다고 가정하여 양육을 제공하지 않음으로써 실제로 학생들이 "일탈적"이거나 "부족하게" 보인다(그래서 일탈 혹은 부족한 것으로 간주된 학생들은 박물관 견학이나 어른과의 1대1 면담, 자신만의 열정 발굴 등이 활동을 대신하여 감독을 받는 특별반으로 편성되곤 한다). 이런 기관들은 그들의 기본 전제를 바꾸거나 실제를 바꿔야만 공정할 것이다.

갈등으로 표현되는 형상화된 세계

두 번째 예시는 형상화된 세계의 갈등에 관한 것이다. 또한 더 강력한 집단이 그렇지 않은 집단에게 영향을 미칠 수 있음을 보여 준다. 이 예시는 Claudia Strauss의 Rhode Island 노동자 계층 남성에 대한 연구(1992)이다(이 연구 역시 "형상화된 세계" 대신 "문화 모델"이란 용어를 사용하고 있다).

Roy D'Andrade(1983)의 미국 보편적인 형상화된 세계인 "성공"이나 "앞서 나감"의 의미를 생각해 보자:

> 미국인들은, 누구나 능력을 가지고 있으며, 경쟁이나 스스로의 강한 동기부여를 통해 노력을 기울이면, 놀라운 수준의 성취를 이룰 수 있을 것이라고 생각하는 것 같다. 그리고 일정 수준에 도달한다면, 특권과 자기 만족을 가져다주는 성공으로 간주한다.

위의 형상화된 세계가 미국에 만연하다면서 D'Andrade는 "놀랍게도 시스템은 교정 불가능하지만 누구라도 시스템이 추구하는 바에 저항할 수 있다"고

보았다. 미국 내에 다양한 사회집단의 사람들은 각자 다른 방식으로 이러한 형상화된 세계에 관련되어 있다.

Claudia Strauss는 Rhode Island의 노동자 계층 남성에 대한 연구에서 그들이 위의 성공에 관한 형상화된 세계를 받아들였다는 것을 발견하였다. 예를 들어, 한 노동자는 다음과 같이 말하였다:

> 난 어떤 것이라도 노력하면 성공할 수 있을 것이라 믿는다. … 만일 내가 성공하고 싶어한다면, 성공할 것이다. 내가 성공을 하고 싶어해야 성공하는 것이다. 너 자신 외에는 그 누구도 너를 성공하게 만들어 줄 수 없다. … 만일 누군가가 이에 동의하지 않는다면, 그 사람은 뭔가 문제가 있는 것이다(Strauss, 1992, p. 202).

그러나 Strauss가 연구한 대부분의 남성들은 성공에 관한 형상화된 세계를 직업 선택이나 일상생활의 방식에 적용하지 않았다. 다수의 백인 전문 사무직과 달리 노동자 계층 남성들은 직업을 바꾸거나 정기적으로 승진을 추구하지 않았다. 이들은 가족과 보내는 시간이나 가족의 이익을 자신의 경력 발전이나 "자기 계발"을 위해 희생하지 않았고 성공의 형상화된 세계를 하나의 가치 체계로 받아들여 스스로를 성공적이지 않다고 결론지었으며 자존감이 낮았다.

이 남성들이 실제로 성공에 관한 형상화된 세계에 맞게 행동하지 않은 이유는, 이들의 행동이 또 다른 형상화된 세계(한 가정의 가장 역할 하기)의 영향을 받기 때문이다. 성공에 관한 형상화된 세계에서의 개인주의와 달리, 이 노동자들은 그들의 실제 삶에 대해 이야기할 때 가족들의 이익을 개인의 이익보다 우선시하고 있었다. 예를 들어, 한 노동자는 다음과 같이 말하였다:

> [노동자는 일요일 근무를 지시하는 회사와의 갈등을 이야기하고 있다] 그렇지만 그렇게 일하겠다고 협상하여 계약서가 작성되면, 매일 8시간의 임금을 포기하거나 이직해야 한다. 애가 셋인데 난 그

> 럴 수는 없다. 그래서 그냥 분위기에 따라 일요일에도 일해야 했다 (Strauss, 1992, p. 207).

노동자 계층의 형상화된 세계는 Bella와 그 동료들의 고전서인 『Habits of the Heart』에서의 백인 전문 사무직들의 형상화된 세계와 극명한 대비를 이룬다. 전문직들은 가족의 이익이 자신의 개발에 방해가 될 때 가족에 대한 실질적 책임이 있는지 헷갈릴 정도로 개인주의적이었다. Rhode Island의 노동자들은 한 가정의 가장에 대한 형상화된 세계를 단순히 자신과 타인을 판단하는 가치 체계로만 받아들이지 않았다. 그들은 이러한 형상화된 세계를 단순한 선택의 문제가 아니라 도피할 수 없는 삶 자체로 받아들였다(예: "포기하거나 이직해야 한다" "분위기에 따라 일해야 했다"). 형상화된 세계와 관련된 가치들에 따라 일상의 행동을 수행하는 것이 훨씬 효과적이다. 실제로 단순한 "가치"와 "냉엄한 현실"("사실")의 구별은 서구 사회에 만연한 형상화된 세계이다.

노동자 계층의 남성과 달리 백인 전문 사무직들은 성공에 관한 형상화된 세계에 일치하는 환경에서 일한다. 전문직들은, 일상 관찰과 사회 실제를 통해 성공에 관한 형상화된 세계를 학습하며 강화한다. Strauss가 연구한 노동자 계층 남성과 달리 전문직들에게는 가장이 되는 것보다 성공의 형상화된 세계가 "피할 수 없는 삶"이었으며 이러한 세상 이해 방식은 자존감뿐만 아니라 실제 행동까지 결정한다.

Strauss가 연구한 노동자 계층 남성은 성공에 관한 형상화된 세계에 의해 "피지배화"된다(우리 모두는 특정의 형상화된 세계가 우리의 이익에 부합하는지, 세상에서 어떤 역할을 하게 하는지를 의식적으로 고민하지 않고 경험함으로써 이에 "피지배화"된다). 그들은 사실상 사회의 다른 집단에게 더 잘 어울리는 세계관으로 스스로를 판단하고 이에 따라 자신들의 자존감을 낮추게 된다. 그러나 그들은 형상화된 세계에서 스스로를 행위자로 인지하지 못하기 때문에, 형상화된 세계를 행동으로 수행할 전문성을 발달시키지 못한다. 대신, 그들은 자신들의 소망과 이익에 반하여 일요일에도 일하게 만드는 전문 사무직들에게 전문성을 맡겨 버리는 것이다. 반대로, 많은 전문 사무직들은, "성공"의 형상화된 세계에 충실하는 것이 자신의 가족이나 보다 큰 사회적 네트워크에서의 역할 실패와 관계있다는 것을 알지 못한다.

형상화된 세계의 종류와 사용

Strauss의 연구로부터 알 수 있는 것은, 형상화된 세계가 어떻게 사용되며 우리와 타인에게 어떻게 영향을 미치는가를 인식할 필요가 있다는 것이다. 우리는 최소한 이런 쟁점에 따라 형상화된 세계의 종류를 다음과 같이 구분할 수 있다:

A. *지지되는 세계*Espoused Worlds. 우리가 의식적으로 지지하는(또 믿는다고 생각하는) 세상을 보는 이론, 이야기, 방식
B. *평가적 세계*Evaluative Worlds. 우리가 의식적, 혹은 무의식적으로 자신과 타인을 판단하는 데 사용하는 세상을 보는 이론, 이야기, 방식
C. *(상호)작용하는 세계*Worlds-in-(inter)action. (우리가 무엇을 말하고 믿는다고 생각하는지와 상관없이) 실제 행동과 상호작용을 의식적 혹은 무의식적으로 안내하는 세계를 보는 이론, 이야기, 방식

형상화된 세계는 "적절한" 태도, 관점, 믿음, 가치이다. "적절한 방식의" 행동, 상호참여, 참여 구조, "적절한 방식"의 사회/기관/조직의 구조, "적절한 방식"의 말하기, 듣기, 쓰기, 읽기, 소통하기, "적절한 방식"으로 감정을 느끼거나 표출하기, "적절한 방식의" 실제 혹은 가상의 사건, 이야기, 역사의 조직과 종결 등에 관한 것이다.

형상화된 세계는 복잡한 방식으로 조직되어 있다. 큰 형상화된 세계 안에 작은 형상화된 세계가 있다. 각각의 형상화된 세계는 연결되어 있기도 하고 서로를 유발하기도 하며 각기 다른 배경과 사회문화적 집단에 따라 다르

게 나타난다. 그리고 "마스터 형상화된 세계"도 있다. 형상화된 세계(연결된 형상화된 세계이든 단일의 형상화된 세계이든)는 특정 집단 사람들의 경험과 대화를 조직하고 형성하는 데 도움을 준다.

형상화된 세계가 은유metaphor에 의해 표현되는 것은 흔한 일이다. 많은 경우 사람들은 은유를 당연하게 여겨 은유의 중요성을 인지하지 못한다. 은유는 사회 · 문화 집단의 상당한 부분을 조직하는 데 사용되는 암묵적인 이론이라는 점에서 "마스터 모델"과도 관련이 있다.

Naomi Quinn(1987)은 결혼과 이혼에 대해 사람들의 말하는 방식을 연구하였다. Quinn은 사람들이 "결혼은 직업처럼 노력을 요하는 일의 형태"라든지 "결혼은 돈을 투자하는 것과 같은 투자" 등의 교차되는 은유를 사용해 결혼과 이혼에 대한 그들의 생각과 행동, 상호작용을 조직한다는 것을 발견하였다. 예를 들어, Quinn이 "Nan"이라고 부르는 여성이 왜 결혼을 끝내지 않았는지 설명하는 것을 들어 보자(Quinn, 1987, p. 176):

> 왜 이미 수년간 할애한 시간에서 뭔가를 얻어내지 않고 결혼을 그만두려 하겠어요?

여기서 Nan이 여러 개의 은유 방정식을 사용하고 있다는 점을 주목하자. 그녀는 결혼을 시간과 동일시하고 있다. 여기서 "할애한 시간"이라는 어구는 우리 문화에서 잘 알려진 은유, 즉 "시간 = 돈"이라는 은유이다. 결혼에 할애한 시간은 시간의 "투자"로 취급된다(돈의 투자와 같이). 우리는 돈이나 시간을 투자하면 "보상"을 받아야 한다. 그러므로 이 모델에 따르면, 투자를 했으면 오래도록 기다려서 이미 투자된 시간/돈을 보상받고 "뭔가 얻어내야" 하는 것이다(연금 펀드와 같이!).

이렇듯 시간과 노력을 "보상해 줄 투자"로 보는 생각이 바로 우리 사회의 상당한 영역에 걸쳐 널리 사용되는 형상화된 세계이다. 같은 모델이 결혼뿐 아니라 커리어, 자식, 교육 등에 사용될 수 있다.

은유에 의해 표현되는 또 다른 형상화된 세계의 예시는 우리 문화의 많은 사람들이 논쟁을 전쟁으로 표현하는 방식이다. 예를 들어, "그녀는 자기 주장을 방어하지 못했어" "난 그의 주장을 물리쳤어" "그녀는 자기 주장을 철수했어" "그녀는 자기 주장을 포기하지 않더라구" 등이다. 사람들이 개인적, 기관적, 정치적 관계를 전쟁이나 경쟁으로 확장시킬 때 이는 형상화된 세계가 될 수 있다.

형상화된 세계는 부분적이며 일관되지 않다

형상화된 세계는 "정치"와 긴밀하게 연관되어 있다. 여기서 "정치"란 힘, 위치, 가치 있는 지식, 지위, 소유물 등의 "사회적 재화"가 있는 모든 장소나 대상(대화, 글, 미디어, 행동, 상호작용, 기관)을 의미한다. 형상화된 세계는 무엇이 "적절한" "평범한" "정상적"인지에 대한 전제를 내포하고 있기 때문에, 이는 사회 재화와 관련 있는 문제이며 정치적인 문제이다.

형상화된 세계는 이론이지만 완전하거나 일관될 필요가 없다. 하나의 형상화된 세계가 각기 다르고 충돌하는 가치를 포함할 수 있기 때문에 형상화된 세계에서 부분성과 비일관성이 나타난다. 형상화된 세계는 실제로 그 형상화된 세계의 집단에 속하지 않지만 이를 사용하는 사람들의 가치를 포함할 수도 있고, 자기 자신보다 다른 사람들의 이익에 더 부합하는 가치를 포함할 수도 있다. 가끔 한 사람이 두 개의 상충되는 형상화된 세계를 사용하는지(위에서 Claudia Strauss의 예시처럼) 아니면 하나의 형상화된 세계를 사용하는지를 구분하기 어려울 때가 있다.

그러나 형상화된 세계의 부분성과 비일관성은 우리가 다양하고 상충되는 경험을 가지고 있음을 의미하는 것이다. 우리는 모두 다르고 때때로 반대되는 집단에 속하기도 한다. 그리고 우리는 "최선의 이익"을 잘 혹은 덜 반영하고 있는 다양한 집단, 글, 기관, 미디어의 영향을 받는다.

이를 좀 더 살펴보기 위해, 아래 라틴 여중생의 인터뷰를 보자. 우리는 이 여중생을 “Marcella”(가명)라고 부를 것이다. 9장에서 연과 행에 대해 다룰 것이지만, 우선은 숫자화된 각 행와 연을 Marcella의 주제를 보다 분명하게 하는 방식으로만 생각하자.

면담자: 너는 왜 아프리카계와 히스패닉 의사들이 더 적다고 생각하니?

연 1

1. 왜냐하면 백인들이 더 많은 교육을 받으니깐요.
2. 히스패닉 사람들은 안 해요, 안 해요. 어떤 히스패닉 사람들은 대학 가는 것 안 좋아해요.

연 2

3. 그리고 알잖아요. 백인들은 막, 그런 것. 미래 같은 것 원하잖아요.
4. 알잖아요. 그, 어떤, 어떤 히스패닉들이랑 그런 것은, 그 사람들은 그냥,
5. 나는 히스패닉인데도 말하지만
6. 그래서 음, 그 사람들은 그냥, 막 노는 걸 좋아해요.
7. 학교 가는 것을 안 좋아해요. 알잖아요.

연 3

8. 그래서, 백인들은 그런 것, 막 좋아하지 않잖아요.
9. 그 사람들은 교육받고 싶어하잖아요.
10. 그 사람들은 [인생을] 누리고 싶어하죠.
11. 그리고 그 사람들은 정말 남들이 뭐라 하건 신경 안 써요.

연 4

12. 막 놀리거나 그러는 거요.

13. 그링고(라틴 아메리카에서 미국인들을 비하하는 말)나 이런 거요.
14. 그 사람들은 그런 것 신경 안 써요.
15. 그냥 자기 일을 하죠.

연 5

16. 그러고는, 그러고 나서 결혼도 하고 직업도 가지고 그런 걸 하고, 누가 더 잘되는지 보자, 이런 거요.
17. 히스패닉 남자애가 "너는 찌질이나 뭐 그런 거가 될 거야" 이렇게 할 수도 있겠죠.
18. 길에서, 돈이나 그런 거 찾고 있을 때
19. (백인들은) 집도 있고 직업도 있고 돈도 있는 거예요.

연 6

20. 막 뭐랄까. 백인들이 더 똑똑한 것 같아요.

<u>면담자</u>: 백인들이 더 똑똑하다고 생각하니?

20. 네.
21. 왜냐하면 저는, 당신들이 우리보다 교육을 더 많이 받으니깐요.

<u>면담자</u>: 왜 그렇지, 나는 왜 네가 백인이 더 똑똑하다고 생각하는지 잘 모르겠는데?

22. 왜냐하면 교육을 더 많이 받고 더 똑똑하니깐요.
23. 모르겠어요. 그 사람들

<u>면담자</u>: 학교를 가는 게 그들을 더 똑똑하게 만드니? 아니면 학교를 가기

때문에 더 똑똑하다는 걸 안다는 말이니?

연 7

24. 그 사람들은 그냥, 그냥 더 똑똑해요.
25. 그 사람들은, 둘 다요, 그 사람들은 학교를 가죠.
26. 그리고, 그 사람들은 똑똑해지기 위해 노력을 해요.
27. 그 사람들은 노력을 해요,
28. 어떤, 어떤 백인들이랑 어떤 히스패닉들은 뭔가 되려고 노력해요. 그냥 아무나보다 더 좋은 사람이 되려고 해요.

연 8

29. 그런데 백인들이 원하는 것, 똑똑해지기 원하는 것. 본 건 아니에요. 아시다시피.
30. 그러니깐 대학이나 아니면 그런 데 가면 어떻게 커리어를 만들 수 있는지 같은 것들을 많이 알잖아요.
31. [그런 것 모두] 공부하고 그리고 제 생각엔, 아무도 신경 안 쓰는 거예요.
32. 그냥 자신이랑 자신의 직업만을 신경 쓰는 거예요.

연 9

33. 그러고는 당신의 아이가 생기면 그 애한테 똑같은 걸 가르치는 거죠.
34. 알잖아요. 다 전수해 주고 그런 거 다요.
35. 아이랑 그런 거에 다 모범이 되는 거죠.

면담자: 아무도 신경 안 쓴다는 게 무슨 뜻이지?

연 10

36. 그, 막, 알잖아요, 막, 내가 너드(공부에 몰두하는 학생을 낮추어 부르는 말)고, 맨날 숙제만 하니깐 너드고
37. 그래서 너드라고 더 이상 안 불리도록 숙제를 안 하는 거예요.
38. 알잖아요. 그 사람들은 신경을, 안 써요. 안 써요.
39. 그냥 계속하죠.

<u>면담자</u>: 뭐가 백인들을 그렇게 만든다고 생각하니?

연 11

40. 그냥 똑똑한 거예요. [짧은 웃음]
41. 그냥 똑똑하게 태어난 것 같아요.
42. 엄마나 그런 사람들이 똑똑함 이런 걸 주는 것 같아요. [짧은 웃음]
43. [? 그래서 똑똑해지는 거죠]

사람들의 형상화된 세계를 알아보는 방법은 "이 사람이 하는 말을 이해하기 위해 이 사람이 (의식적 혹은 무의식적으로) 무엇을 믿고 있다고 전제해야 할까?" 혹은 "이 사람이 하는 말을 이해하기 위해 이 사람이 어떻게 세상을 보는지(혹은 구성하고 그려 내는지)에 대해 어떤 전제를 해야 하는가?"라고 질문하는 것이다.

흥미롭게도, 우리는 그녀가 어떤 면에서 문화 자본cultural capital의 재생산 이론이라고 불리는 사회학 이론에 가까운 형상화된 세계를 가지고 있다는 것을 알 수 있다. 이 이론은 중산층 가정이 학교의 실제와 조화를 이루는 실제를 통해 자녀들을 사회화시킨다고 설명한다. 동시에 학교는 중산층 가정의 실제를 마치 자연스럽고 보편적이고 정상적인 것처럼 가치롭게 여기는 반면, 그렇지 않은 가정의 실제와 가치를 무시한다고 설명한다.

중산층 가정의 혜택을 입은 아이들은 자신의 가치와 실제를 학교로 가져

갈 뿐 아니라 학교에서 이를 학습하며 학업 이전에 이미 재능 있고 능력 있는 모습으로 학교에 온다. 가정의 문화 자본은 학교에서 중요하게 여겨지고 학교와 가정을 기반으로 한 사회화를 통해 다음 세대에 유산으로 전달된다. 그러므로 중산층 가정의 문화 자본(단순한 경제적 이득이 아닌 가치, 태도, 규범, 믿음, 행위 등)은 학교에 의해 "재생산"(보상과 유지)되고 아이들이 성인이 되어 그들의 자녀를 가정에서 사회화시킬 때 전수되는 것이다.

8장과 9장에서 Marcella는 문화 자본의 재생산 이론을 보여 주고 있으나 많은 부분에서 그녀의 형상화된 세계는 "백인"들을 선천적으로 히스패닉보다 더 똑똑하고 동기부여가 된 사람이라는 인식(1, 2, 3, 6, 7, 8, 11연 참조, 11연 예시: "그들이 더 똑똑하게 태어난 것 같아요")과 혼합되어 있다. 이 인식은 사실상 문화 자본의 재생산 이론(왜 어떤 사람들은 실제로 그렇지 않은데 학교에서 더 똑똑한 사람 취급을 받는지 설명하는 이론)과 불일치한다.

Marcella는 동기부여와 노력이 선천적으로 더 "똑똑함"에서 유래한다는 형상화된 세계를 사용한다. 예를 들어 7연에서 그녀는 "그 사람들은 그냥, 그 사람들은 그냥 더 똑똑해요. … 그리고, 그 사람들은 똑똑해지기 위해 노력을 해요"라고 하였다.

그렇다면 여기서 Marcella의 문화 자본의 재생산 이론과 대립이 일어난다. 만일 가정 기반의 실제가 백인들의 성공의 차이를 설명한다면(9연), 그리고 가정과 학교가 보상해 주는 태도, 가치, 실제가 그저 임의적이라면, 백인들이 선천적으로 더 똑똑하다는 아이디어를 가질 필요가 없다. Claudia Strauss 연구의 많은 노동자 계층 남성들이 성공의 형상화된 세계에 의해 피지배되었듯이 Marcella의 문화 자본의 재생산 이론(학교가 특정 가정과 밀접한 관련이 있다는 이론)이 백인의 성공을 그들의 타고난 성향으로 돌리는 것에 의해 희석되는 것이다.

교육이 Marcella의 사회 이론과 관련이 있는 것은 분명하다. 그녀는 자신의 경험을 근거로 가족이나 인종, 계층, 학교가 사회에서 정치적으로 작용하는 것을 알고 있다. 학교가 Marcella(혹은 그녀와 같은 히스패닉계 학생들)를 위해 사회적 재화를 분배하지 못한 것은, 문화 자본의 재생산 이론의 역설적인 부분이다.

조사 도구로서의 형상화된 세계

형상화된 세계는 "조사 도구"이다. 대화, 글, 행동, 상호작용 등을 경험할 때 형상화된 세계에 대해 다음의 질문을 해 볼 수 있다:

A. 어떤 형상화된 세계가 관련 있는가? 분석자로서 나는, 사람들이 말하고(쓰고), 행동하고, 상호작용하기 위해 무엇에 의식적으로나 무의식적으로 가치를 두며 무엇을 믿는다고 가정해야 하는가?
B. 지지되는 믿음에 영향을 미치는 형상화된 세계와, 실제 행동과 행위에 영향을 미치는 형상화된 세계 간에 차이가 있는가? 어떤 종류의 형상화된 세계가 스스로와 타인을 판단하는 데 사용되고 있는가?
C. 형상화된 세계가 일관되는가? 아니면 경쟁적이거나 충돌하는 형상화된 세계가 있는가? 형상화된 세계는 어떤 이익(관심사)을 대변하는가?
D. 가장 적극적으로 활용되는 형상화된 세계와 관련된 또 다른 형상화된 세계는 무엇인가? 지금 마스터 형상화된 세계가 작동하고 있는가?
E. 어떤 종류의 글, 미디어, 경험, 상호작용, 또는 기관들이 형상화된 세계를 구축하고 있는가?
F. 형상화된 세계가 사회적, 문화적, 기관적 혹은 정치적 관계를 어떻게 재생산하고, 변형시키며 구축하는가? 형상화된 세계가 재생산, 변형, 생성시키려는 거대 담론과 거대 담화는 무엇인가?

확실하게 증명되기 전까지는, 우리는 모든 사람이 말하기, 듣기(쓰기, 읽기), 행동하기, 상호작용하기, 가치 판단하기, 믿기, 느끼기의 특정 사회문화 방식을 깊이 이해하고 이 방식을 사용하는 나름의 합당한 이유를 갖고 있다고 가정해야 한다. 물론, 모두 다양한 거대 담론의 일원이기 때문에 담화 분석은 종종 어떤 거대 담론이(혹은 혼종의 거대 담론이) 소통 중에 작동하는지 파악하는 것이다.

"합당한 이유"와 "깊은 이해"의 전제는 담론 분석의 근간이다. 단순히 도덕적 원리 때문만은 아니다. 언어학 및 다양한 담론 분석에 적용되는 관점은 인간이 의미를 만드는 데 탁월한 피조물이라는 것이며, 이 관점은 인지 과학에서 충분히 입증되고 있다. 거대 담론 내에서 인간들은 식물이 빛을 향해 나아가듯이 깊은 이해에 도달한다.

물론 우리는 사람들의 머리를 열어 보는 것으로 형상화된 세계에 대한 증거를 얻지는 않는다. 그럴 필요도 없다. 우리는 사람들의 말과 행동뿐 아니라, 이들에게 영향을 미치는 글, 미디어, 사회적 행위, 사회/기관의 상호작용 그리고 다양한 거대 담론들을 살펴볼 수 있다. 이전 장에서 다룬 것처럼, 상황과 배치된 의미의 경우 항상 더 많은 정보를 얻을 수 있다. 그러므로 우리의 결론은 항상 잠정적이다. 그러나 더 많은 정보를 갖고 있어서 결론을 크게 수정하지 않아도 되는 지점에 다다르기를 노력해야 한다. 이는 9장에서 다루게 될 이슈인 타당성 문제이다.

추천문헌

Barsalou, L. W. (1999a). Language comprehension: Archival memory or preparation for situated action. *Discourse Processes,* 28, 61–80. [This and the following article discuss how meanings arise from embodied experiences connected to goals and actions. These two papers are important for understanding my discussion in this chapter about simulations in the mind]

Barsalou, L. W. (1999b). Perceptual symbol systems. *Behavioral and Brain Sciences,* 22, 577–660.

Bellah, R. N., Madsen, R., Sullivan, W. M., Swindler, A. & Tipton, S. M. (1996). *Habits of the heart: Individualism and commitment in American life*. Updated Edition. Berkeley, CA: University of California Press.

Clark, A. (1989). *Microcognition: Philosophy, cognitive science, and parallel distributed processing.* Cambridge, Mass.: MIT Press. [Clark's books are the best ones on how humans think through their bodies, tools, and the environments we act in, not just inside their heads]

Clark, A. (1993). *Associative engines: Connectionism, concepts, and representational change*. Cambridge: Cambridge University Press.

Clark, A. (1997). *Being there: Putting brain, body, and world together again.* Cambridge, Mass.: MIT Press.

Clark, A. (2003). *Natural-born cyborgs: Why minds and technologies are made to merge.* Oxford: Oxford University Press.

D'Andrade, R. (1984). Cultural meaning systems. In R. A. Shweder & R. A. LeVine, Eds., *Culture theory: Essays on mind, self, and emotion.* Cambridge: Cambridge University Press, pp. 88–119. [A classic early source on "cultural models"]

D'Andrade, R. (1995). *The development of cognitive anthropology.* Cambridge: Cambridge University Press. [More on cultural models]

D'Andrade, R. & Strauss, C., Eds. (1992). *Human motives and cultural models.* Cambridge: Cambridge University Press. [Classic early collection of articles on cultural models]

Fillmore, C. (1975). An alternative to checklist theories of meaning. In C. Cogen, H. Thompson, G. Thurgood, K. Whistler, & J. Wright, Eds., *Proceedings of the First Annual Meeting of the Berkeley Linguistics Society.* Berkeley, Calif.: University of California at Berkeley, pp. 123–131. [Early classic article on "frames" that helped lead to the cultural models literature]

Gee, J. P. (1992). *The social mind: Language, ideology, and social practice.* New York: Bergin & Garvey. [A book on "connectionism" or "neural networks" and how this approach to the mind leads us to see the mind as social]

Gee, J. P. (2004). *Situated language and learning: A critique of traditional schooling.* London: Routledge. [A discussion of situated meanings and situated learning. This book contains a longer discussion of thinking as "simulations in the mind"]

Hanks, W. F. (1996). *Language and communicative practices.* Boulder, Co.: Westview Press. [An excellent book on language, context, and culture]

Harkness, S., Super, C., & Keefer, C. H. (1992). Learning to be an American parent: how cultural models gain directive force. In R. D'Andrade & C. Strauss, Eds., *Human motives and cultural models.* Cambridge: Cambridge University Press, pp. 163–178. [Important paper on cultural models. This is where my discussion of different models of child rearing comes from]

Holland, D. & Quinn, N, Eds. (1987). *Cultural models in language and thought.* Cambridge: Cambridge University Press. [Important early collection of papers on cultural models]

Holland, D., Skinner, D., Lachicotte, W., & Cain C. (1998). *Identity and agency in cultural worlds.* Cambridge, MA: Harvard University Press. [This is where the term "figured worlds" comes from, Holland's replacement for the term "cultural models"]

Lakoff, G. (1987). *Women, fire, and dangerous things: What categories reveal about the mind.* Chicago: University of Chicago Press. [This and the next book are infl uential discussions of how metaphors organize a good deal of language and thought]

Lakoff, G. & Johnson, M. (1980). *Metaphors we live by.* Chicago: University of Chicago Press.

Lareau, A. (2011). *Unequal childhoods: Class, race, and family life, Second Edition with an Update a Decade Later.* Berkeley, CA: University of California Press.

Quinn, N. (1987). Convergent evidence for a cultural model of American marriage. In D. Holland & N. Quinn, Eds. (1987), *Cultural models in language and thought.* Cambridge: Cambridge University Press, pp. 173–192. [A classic paper on cultural models]

Strauss, C. (1992). What makes Tony run? Schemas as motives reconsidered. In R. D'Andrade & C. Strauss, Eds., *Human motives and cultural models.* Cambridge: Cambridge University Press, pp. 197–224. [A classic paper on cultural models – important material on how cultural models and socio-economic class interact]

Strauss, C. & Quinn, N. (1997). *A cognitive theory of cultural meaning.* Cambridge: Cambridge University Press. [The best overall summary of the cultural models approach]

제8장

맥락

맥락과 반영성

이 장에서 중요한 개념인 맥락을 다루고자 한다. 만들기 작업과 조사 도구가 맥락과 어떻게 관련 있는지를 살펴보겠다. 이는 다음 장에서 "이상적인" 담론 분석이 무엇인지(우리가 시도하여도 결코 완전히 도달하지 못할 이상적인 것)와 담론 분석의 타당한 근거가 무엇인지를 이야기하는 데 기초가 될 것이다.

맥락은 언어와 담론 분석의 특성을 이해하는 데 중요한 개념이다. 우리가 말하거나 쓸 때, 모든 것을 표현하지 못한다. 모든 것을 언어로 표현하는 것은 너무 오랜 시간이 걸릴 것이다. 화자와 저자는 청자와 독자에게 전달되지 않은 것들의 의미를 유추하도록 맥락을 활용한다. "종이가 탁자 위에 있다"와 같은 단순한 발화에도 청자가 맥락으로부터 어떤 종이와 탁자를 말하는 것인지 유추할 것이 요구된다.

7장에서 Yukatan 언어 연구를 논의하면서 문화 지식의 공유가 말하기와 쓰기 맥락의 중요한 일부임을 살펴보았다. 그러나 맥락은 공유된 문화 지식 이상의 것을 포함한다. 맥락에는 소통이 이루어지는 공간과 몸, 시선, 제스처, 그 순간의 움직임들, 공유된 문화 지식을 포함한 모든 종류의 공유된 지식 등이 포함된다. 그러나 언어를 해석할 때(청자/독자로든 담화 분석가로든) 우리는 모든 맥락을 사용하지는 않는다. 우리는 화자와 저자가 정말 말하려고 하는 것과 관련 있는 맥락만을 사용한다.

말을 해석할 때 말과 관련 있는 맥락이 무엇인지 예시를 들어 보겠다. 누군가 옆에 주황색 고무오리가 있고, 그 사람이 "이 오리는 정말 날 귀찮게 해"라고 하였다. 고무오리는 의미 있는 맥락의 일부이며 우리는 "이 오리"를 "화자 옆에 있는 주황색 고무오리"로 해석한다.

만일 화자가 "나 방금 선물 받았어"라고 말한다면 그는 아마도 오리를 말하는 것일 수도 있고 아닐 수도 있다. 우리는 그 고무 오리가 의미 있는 맥락의 일부인지 알 길이 없다. 만일 화자가 "영화 보러 가자"라고 하면 고무오리는 아마도 화자의 말과 상관없는 맥락일 것이다. 6장에서 다룬 구조 문제

Frame Problem는 무언가 말하거나 쓸 때 맥락이 그 의미를 해석하는 데 관련 있는지 판단하기 어렵다는 것을 보여 주었다.

고무오리의 예시를 통해 맥락으로써 물리적 물체의 역할을 살펴볼 수 있다. 현재 발화 이전에 말하여진 것이나 쓰여진 것도 역시 맥락이며, 화자와 청자의 상호작용의 역사history도 마찬가지이다. 이들 역시 고무오리와 같은 기능을 한다. 화자가 말하는 내용과 방식은 맥락과 관련 있게, 혹은 관련 없게 하기도 하므로, 청자는 무엇이 관련 있고 없는지를 유추해야 한다.

글쓰기에서의 맥락은 작가와 독자가 물리적으로 대면하고 있지 않다는 점에서 말하기의 맥락과 차이가 있다. 예를 들어 글쓰기에서 제스처나 시선은 맥락의 역할을 하지 않는다. 그러나 현재 발화 이전의 글이나 공유된 지식, 심지어 공유된 역사(예를 들어, 편지나 문자 등)는 여전히 글쓰기의 맥락이다.

맥락이 어떻게 작동하는지 생각하기 위해 언어의 중요한 속성인 "반영성reflecivity"을 고려해야 한다. 이는 언어의 "마술적인" 속성이다. 사무실 복도에서 마주친 두 동료가 주고받는 "어떻게 지내?" "좋아"의 단순한 의사소통 상황에서도 반영성을 볼 수 있다. 왜 그들은 위의 단어를 그 맥락에서 사용할까? 왜냐하면 그들은 맥락을 직장 동료 사이에 일어나는 짧은 마주침으로 받아들이기 때문에, 위의 단어는 그러한 상황에 쓰이기 "적절한" 단어이다. 그러나 왜 그들은 그러한 맥락을 취하는가? 그들이 단어와 관련된 행동을 하고 있기 때문이다. 만일 대화가 "뭐가 문제야, 친구?"라고 시작하였다면 맥락은 꽤나 달라졌을 것이다.

여기서 우리는 또 하나의 닭이 먼저냐 달걀이 먼저냐 하는 질문과 맞닥뜨린다. 무엇이 먼저인가? 맥락인가, 언어인가? 이 질문은 언어와 맥락 간의 호혜성을 보여 준다. "호혜성reciprocity"이 언어의 특성을 표현하기에 좋은 용어겠지만, 더 많이 쓰이는 용어는 "반영성"이다(언어와 맥락은 서로를 마주보는 두 개의 거울 같아서 서로가 서로를 끊임없이 지속적으로 반영함).

언어는 언어가 사용되는 맥락을 구성하는 동시에 반영한다. 맥락(예를 들어, 내가 친구에게 말하고 있다)은 내 말과는 별개로 세상에 존재하며, 동시에 내 말에 의해(예를 들어, 내가 내 친구에게 친구로서 친밀한 방식으로 말하여 친구와의 관계를 우정 관계라고 정하는 것) 생산(혹은 재생산)된다. 친구는 말 걸고 있지 않을 때도 여전히 친구지만, 실제로 친구처럼 대하고 말하지 않는다면 친구가 되지 않는다.

맥락과 만들기 작업

3장에서 다룬 맥락과 만들기 작업은 서로 깊은 연관이 있다. 화자와 저자는 우리에게 실제 세상에서든 우리 마음에서든 무엇을 어떻게 만들지 신호를 보낸다. 청자와 독자가 실제 표현된 말뿐만 아니라 말과 관련된 맥락을 고려해야만 화자와 저자가 무엇을 이야기하는지를 이해할 수 있다. 즉, 말(텍스트)을 해석하기 위해 맥락의 어떤 부분이 관련 있는지를 이해해야 한다. 아래에 맥락을 이해하는 데 도움이 될 '만들기 작업'을 목록화하였다:

1. *의의*Significance: (화자와 저자가 무엇을 어떻게 말하거나 쓰는지를 고려할 때) 맥락과 관련 있고 유의미한 것things이나 사람은 무엇인가? 그리고 어떻게(혹은 왜) 중요한가? 어떻게 화자나 작가가 의의를 부여하는가?
2. *실제/활동*Practices/Activities: (화자와 저자가 무엇을 어떻게 말하거나 쓰는지를 고려할 때) 어떤 실제나 활동이 맥락과 관련이 있으며 어떻게 수행되는가?
3. *정체성*Identities: (화자와 저자가 무엇을 어떻게 말하거나 쓰는지를 고려할 때) 어떤 정체성(저자/화자 입장에서, 청자 입장에서, 그리고 타인이 어떻게 묘사되었는지 등)이 맥락과 관련이 있는가?
4. *관계*Relationships: (화자와 저자가 무엇을 어떻게 말하거나 쓰는지를 고려할 때) 어떤 관계가 맥락과 관련이 있으며 어떻게 수행, 모집, 사용되

는가?

5. *정치학*Politics: 화자와 저자가 무엇을 어떻게 말하거나 쓰는지를 고려할 때, 어떤 사회적 재화가 맥락과 관련이 있고 어떻게 분배되며 분배에 대한 관점은 어떠한가?
6. *연관성*Connections: 화자와 저자가 무엇을 어떻게 말하거나 쓰는지를 고려할 때, 맥락에서 사람과 사물things 간에 어떤 연결과 단절이 있는가 그리고 이 연결과 단절이 어떻게 형성되며 함축되는가?
7. *기호 체계와 지식*Sign System and Knowledge: 화자와 저자가 무엇을 어떻게 말하거나 쓰는지를 고려할 때, 어떤 기호 체계(예: 언어나 사회적 언어)와 지식의 형태(알게 되는 방식)가 맥락과 관련이 있으며 어떻게 사용되고 어떻게 우선시되거나 덜 우선시되는가?

언어(구술이든 문자든)는 문법 단서로 구성되어 있으며 청자와 독자는 문법 단서를 바탕으로 위의 7가지 만들기 작업을 한다. 우리는 언어와 맥락으로부터 추론된 것에 기반하여 의미를 이해한다. 화자나 저자는 말과 글의 온전한 해석을 위해 맥락 단서를 제공한다.

그러므로 "종이가 탁자 위에 있다"라는 발화에서, "종이"와 "탁자"의 정관사("the")는 청자가 이전 대화나 공유된 지식으로부터 어떤 종이와 탁자인지 이미 알고 있음을 보여 주는 단서이다. 청자는 맥락을 이용해 대화 맥락에 적합하고 중요한 종이와 탁자를 구분한다.

다른 예시를 들어 보자. John이 Mary에게 "Susan이 인종차별주의자라고 생각해?"라고 묻고 Mary가 "음, Susan은 남부사람이잖아, 안 그래?"라고 대답하는 상황을 생각해 보자. Mary가 답한 방식은 청자에게 과거 미국 남부의 인종 차별 문제를 맥락으로 사용하도록 단서를 주고 있다. 또한 Mary가 모든 남부사람들은 인종차별주의자들이라는 형상화된 세계를 맥락의 일부로 사용하고 있다는 사실을 보여 준다.

언어로 만들기 작업을 하는 것은 상호적인 과정이다. 화자나 저자는 명시적으로 말함으로써 혹은 청자나 독자가 맥락의 어떤 부분이 관련 있는지 해석하게 하는 단서를 줌으로써 7가지 만들기 작업을 한다. 청자나 독자는(만일 그들이 협조적이라면) 화자나 저자의 세계관을 이해하기 위해 화자나 저자의 단어를 사용해 만들기 작업에 참여할 것이다.

즉, 모두가 함께 의의를 부여하고, 실제와 정체성을 수행하며 관계와 연결을 형성하고 정치(사회적 재화의 분배)에 참여하며 다양한 시스템(예: 언어)에 특권을 부여하거나 박탈한다. 언어와 맥락의 반영성에 따르면, 7가지의 만들기 대상은 세상에 이미 존재하더라도 만들기 작업이 이뤄지기 전까지는 작동하지 않는다.

맥락화된 의미와 형상화된 세계

5장에서 조사 도구로 소개했던 맥락화된 의미와 형상화된 세계는 언어와 맥락의 작동 방식과 관련 있다. 맥락화된 의미는 특정 맥락에 사용되는 특별한 의미의 단어와 어구이다. 형상화된 세계는 (부분적으로) 사람들이 머리 속에 가지고 있는 이론이나 이야기이다. 주어진 맥락 안에서 화자나 저자가 표현하는 형상화된 세계를 이해하기 위해 우리는 무엇이 어떻게 발화되고 맥락의 어떤 부분이 관련 있는지를 알아야 한다. 사람들은 각기 다른, 어떤 때는 모순된 형상화된 세계를 가지고 있다. 그러므로 우리는 시공간의 맥락에서 형상화된 세계를 이해해야 한다.

맥락화된 의미는 맥락에 기반하여 해석하고 소통할 때 드러난다. 6장에서 나는 "커피를 쏟았다. 대걸레 가져와"와 "커피를 쏟았다. 빗자루 가져와"의 예시를 사용하였다. 첫 번째 경우, "대걸레"라는 단어에 기반하여, "커피"가 "우리가 마시는 짙은 색의 액체"라는 맥락화된 의미를 알 수 있다. 두 번째 경우, "빗자루"라는 단어를 기초로 "커피를 만드는 곡물" 혹은 "커피를 가는 데 쓰는 콩" 등의 맥락화된 의미를 알 수 있다. 화자가 "커피가 쏟아졌다. 닦아라"라고 말할 때("대걸레"라는 단어도 비슷한 기능) 커피가 갈색 액체를 의미함을 알 수 있다. 물론 실제 맥락에서는 단어와 어구의 맥락화된 의미를 알 수 있는 다양한 신호들이 있다.

맥락화된 의미는 그저 개인의 마음에 존재하는 것이 아니며 많은 경우 의사소통 중에 협상된다. 예를 들어, 연애 중인 한 사람이 "나는 좋은 관계란 노력을 들이지 않는 관계라고 생각해"라고 말하는 상황을 생각해 보자. 이 말 뒤에 나올 만한 대화는 "노력"이 무엇을 의미하는지를 상호 조정하는 것이다. 대화(그리고 관계)가 전개될수록, 대화 참여자들은 지속적으로 맥락화된 의미를 수정한다.

형상화된 세계는 이런 방식으로 맥락화된 의미와 연결된다. 형상화된 세계는 맥락화된 의미를 구성하는 과정을 도와주는 이론 혹은 이야기이다. 누군가가 "관계는 노력을 요구해"라고 이야기할 때, 우리가 관계와 노력의 형상화된 세계가 무엇인지를 안다면 화자가 "관계"와 "노력"에 어떤 특정한 맥락화된 의미를 부여하는지 알 수 있다. 여기서 어떤 관계와 노력에 대한 이론 혹은 이야기를 사용하고 있는가? 청자로서, 나는 나의 경험과 관계, 일에 의거하여 당신과는 다르게 생각할(해석할, 이론화할) 수 있지만 "관계"와 "노력"이 무엇을 의미하는지에 대한 논쟁이나 협상으로 이어질 수도 있다.

특정 형상화된 세계는 많은 거대 담론에서 널리 공유되지만 어떤 형상화된 세계는 그렇지 못하다. 열렬한 조류 관찰자들이 새를 보기 위해 숲으로 어떻게 찾아가는지에 대한 나의 형상화된 세계는 거대 담론의 주변부에 있지만 다른 조류 관찰자들과의 경험으로 구축되어 있고 아마도 조류 관찰자가 아닌 사람들과는 공유하지 않을 것이다. 그리고 혹시 조류 관찰자가 거대 담론을 형성하지 않는다고 생각하면 Mark Cocker의 『조류 관찰자들: 종족의 이야기들(Birders: Tales of the Tribe)』을 읽어 보라. 조류 관찰자들이 특별한 사회적 정체성과 활동을 수행한다는 사실을 알게 될 것이다. 반대로, 미국에서 어떻게 정치와 돈이 작용하는지에 대한(예: 돈은 어떤 경우 투표보다 더 힘이 세다) 형상화된 세계는, 같은 담론의 구성원이든 아니든, 많은 미국인들과 공유된다.

형상화된 세계는 단어가 맥락화된 의미를 다양하게 지니며 확장되는 이유를 설명한다. 형상화된 세계는 개인의 머리 속에 저장되어 있는 것이 아니라, 다양한 이야기의 공통된 뼈대처럼 조금씩은 다르나 결국 큰 그림을 그려가기 위해 공유되고 분배된다.

7장에서 나는 형상화된 세계가 우리의 머리 속에 작동하는 전형적인 시뮬레이션과 관련 있다고 주장하였다. 우리 인간은 다양한 사회문화적 집단의 구성원들과 세상을 보는 시각을 공유하기 때문에 전형적인 시뮬레이션을 구성할 수 있다. 전형적인 시뮬레이션은 당신이 어떤 상황을 "전형적"이라고 생각할 때 머리 속에서 진행할 수 있는 모든 종류의 시뮬레이션(결혼식, 양육, 투표 등)을 말한다. 물론, 무엇이 "전형적"인지는 다양한 사회적, 문화적 집단에 따라 다양하다. 예를 들어, 결혼식에 대한 당신의 형상화된 세계는 당신과 당신이 속한 사회적 집단이 생각하는 "전형적" 결혼식과 관련 있다.

형상화된 세계는 전형적인 시뮬레이션과 관련 있지만, 앞서 말했듯이 우리 머리 속에만 있는 것이 아니다. 중상위층 부모들은 육아방식에 대한 특정 형상화된 세계를 가지고 있을 수 있다(예: 유년기의 초기 경험들은 이후 명문대 합격과 밀접하게 연결되어 있다는 생각). 그러나 부모들은 그들의 사회적 집단과 형상화된 세계를 공유한다.

형상화된 세계는 서로 복잡한 방식으로 관련되어 있다. 사회문화 집단의 생각과 실제는 형상화된 세계의 네트워크를 통해 조직된다. 예를 들어, "아이들은 부모에게 의존적이며 자기의 독립에 대한 열망을 추구하는 과정에서 부적응적인 행동을 하곤 한다"라는 육아의 형상화된 세계는 사람들의 머리 속에 있는 것이 아니라 중산층의 가치와 이론을 반영하는 양육서 등에서 다루어지고 있다.

아이, 양육, 단계, 발전, 독립 등을 아우르는 형상화된 세계를 근거로 부모는 자녀의 행동을 설명한다. 그리고 형상화된 세계는 타인과의 상호작용 및 다양한 책과 미디어의 노출 과정에서 지속적으로 수정되고 발전된다(의식적으로든 무의식적으로든). 다른 사회적 집단은 아이를 다르게 본다. 예를 들어, 아이는 사회화되지 않은 존재이며 독립에 대한 요구보다는 가족 내에서의 사회화, 즉 덜 독립적이고 덜 이기적으로 되는 것을 성장의 신호로 본다.

예시

맥락화된 의미와 형상화된 세계가 어떻게 상호작용을 하는지 예를 들어 보자.

> 나는 경제 자유에 대한 전면적인 제한이 민주주의에 부합되지 않는다고 말한 Friedman의 의견이 옳았음을 믿는다.
>
> (출처: Retrieved Sept. 24, 2009 from http://www.becker-posner-blog.com/Archives/2006/11/on_milton_fried.html)

"민주주의"는 사전적 의미로 "사람들이 투표로 대표자를 선출하는 정부 형태"를 의미한다. 따라서 어떻게 경제적 자유에 대한 전면적 제한이 민주주의에 부합되지 않는가? 어떤 사람들은 그런 제한을 하도록 투표할 수도 있을 것이고, 이는 민주주의의 예라고 볼 수 있다.

독자는 저자의 형상화된 세계를 알고 있다면 "민주주의"에 어떤 맥락화된 의미가 부여되었는지 알 수 있을 것이다. 저자는 자유롭고 규제 없는 시장(사람들이 사고파는 것이 자유로운 것)이 사회 부를 만드는 원천이므로 타인의 강압으로부터(소유물이나 생명을 그냥 빼앗을 수 없다) 개인을 자유롭게 해주어야 한다고 보았다.

이러한 관점에서 사람들은 타인이 자신의 부와 소유물을 빼앗아 갈 수 있기 때문에 경제적 자유를 투표로 포기하지 않을 것이다. 민주주의는 투표 결과를 따르는 "통치받는 이들의 동의"에 기반하고 있기 때문에, 사람들이 민주주의를 도입하고 참여하는 것에 동의했음을 의미한다. 그러므로 강력한 "경제적 자유"(자유 시장)가 없는 민주주의는 사실상 "통치받는 이들의 동의"가 없다고 볼 수 있다.

이와 같은 형상화된 세계는 맥락에 대한 저자의 가정이다. 이러한 세계관을 강하게 지지했던 Friedman(노벨상 수상 경제학자)을 인용하는 것은 저자의 형상화된 세계의 단서가 된다. 형상화된 세계를 이용하면서 "민주주의"라는 단어에 의미를 맥락화한 예이다("대의제를 채택하지만 자유 시장을 제한하는 방식에 투표하지 않는 사회" 등).

위에 언급된 형상화된 세계를 모르고 있다면, 민주주의 의미를 맥락화하여 이해할 수 없고 일반적인 사전적 의미 때문에 그저 문장이 모순적으로 보일 것이다. 이와 같이 형상화된 세계를 아는 것은 만들기 작업을 하는 데 도움을 준다. 예를 들어, 저자의 정체성이 "신자유주의"(자유 시장의 신봉자")라는 것을 안다면 저자가 자신의 형상화된 세계를 옹호하고 있음을 이해할 수 있다.

저자의 형상화된 세계는 Friedman이 주장한 학술적 이론(경제학)의 일부였다. 저자의 형상화된 세계는 문자 그대로 인용되어 있지 않으므로 이론이기보다는 형상화된 세계로 기능하고 있다고 볼 수 있다. 이론(복잡한 현실을 이해하기 위한 단순한 방식들)은 일상의 형상화된 세계보다 덜 당연하게 여겨지고 중립적으로 생각되지만 결국 형상화된 세계의 한 종류이다.

사회 언어와 거대 담론

이제 연구의 또 다른 두 가지 조사 도구인 사회 언어와 거대 담론을 살펴보자. 사회 언어와 거대 담론은 정체성과 실제를 수행하는 방식과 관련 있다. 말하거나 쓸 때, 우리는 정체성과 실제를 표현하기(수행하기) 위해 사회 언어와 거대 담론을 사용한다. 또한 우리는 듣거나 읽을 때, 어떤 정체성과 실제가 만들어지는지 이해하는 데 있어서 사회 언어와 거대 담론이 도움될 것을 전제한다.

담론 분석에서 중요한 것은 모든 언어가 다양한 사회 언어로 구성되어 있다는 것이다. 실험을 하는 물리학자들은 새로운 멤버를 모집하는 거리의 갱들처럼 말하거나 글을 쓰지 않으며, 이들 중 누구도 최전방 노동자들을 격려하며 그들의 월급과 보험을 깎는 신자본주의자 사업가처럼(저임금 서비스 노동자를 사업의 "파트너"인 것처럼 말하거나 생각하게끔 만드는 월마트처럼) 말하거나 글을 쓰지 않는다. 각 사회 언어에서 7가지의 만들기 작업을 수행하기 위해서 문법이 활용된다.

우리 모두는 다양한 사회 언어를 사용하고 다양한 맥락에 따라 다른 사회 언어로 전환한다. 이러한 점에서 아무도 단일 언어를 사용하지 않는다. 사회 언어는 "모국어"의 문법에 근거하나 우리가 사회 언어를 완전히 이해할 수는 없다. 이러한 점에서 우리는 어느 누구도 사회 언어의 "원어민"이 아니다.

대부분의 사회 언어는 "순수"하지 않으며 사람들이 특정 목표를 위해 이를 혼합한다는 것을 이해해야 한다. 사람들이 한 사회 언어를 다른 사회 언어로 전환하는지("코드 전환switch") 아니면 주어진 맥락을 위해 두 가지의 사회 언어를 섞어 변형된 (심지어 새로운) 사회 언어를(사회 언어가 혼합되어 생성된 것을 망각했을 때 이를 "순수"하다고 생각할 수 있다.) 사용하는지 알기 어렵다. 물론 이를 인식하는 것은 담론 분석에서 더욱 중요하다. 사람들은 영어나 아메리카 원주민 인디언의 언어처럼 각기 다른 언어로부터 유래된 다양한 사회 언어를 섞거나 코드 전환하기도 한다.

사회 언어는 7가지 만들기 작업을 안내하는 단서가 된다. 각기 다른 사회 언어는 각기 다른 종류의 단서를 내포한다. 그들은 7가지 만들기 작업의 자원으로 문법을 다양한 방식으로 사용한다. 예컨대, 어린 여성이 부모님에게 "음, 제가 생각해 보니, 잘 모르겠어요. Gregory가 가장 불쾌하게 여겨져요"라고 말하고 남자친구한테는 "뭐 저런, 저따위 나쁜 놈이 다 있어. 알잖아, 개 남자친구"라고 말하는 것처럼 동일한 대상을 다르게 표현하는 것을 보자. 이런 발화들은 두 가지 다른 사회 언어이다.

부모님에게 말하는 첫 번째 발화는 특정 사회 언어를 암시하는 문법 특성을 띠고 있다. 생각해 보았음을 알리는 예비 절("생각해 보니"), 완화제("잘 모르겠어요. "것 같아요"), 복잡한 종속절(when-절), 조심스러운 주장으로 보이는 스스로에 대한 언급의 반복("제가", "저한테는") 등이 그것이다. 첫 번째 발화는 사회 언어로 예우, 공경, 학교 학습, 성찰, 지식과 주장에 대한 관심 등의 단서를 포함하고 있다.

두 번째 경우에서 남자친구에게 말하는 사회 언어는 또 다른 특징적인 문법을 따른다. 감탄("뭐 저런."), 비공식적 단어("저 따위" "놈"), 위치 바꿈("알잖아, 걔 남자친구"), 청자에 대한 주목("알잖아"), 완화제나 자신의 주장으로 제한하는 것 없이 직접적인 주장 등이다. 이런 사회 언어는 결속력, 비공식, 참여적 소통, 공유된 가치의 주목, 자신이 아닌 사회적 세상에 대한 집중 등의 단서를 포함하고 있다. 거대 담론의 해석자는 보다 빠르고 직관적으로 맥락화된 의미를 알아챌 것이다.

거대 담론은 사회적으로 의미 있는 정체성을 수행하고 언어(사회 언어)와 행동하기, 상호작용하기, 가치 부여하기, 알기, 믿기, 도구나 기술을 적절한 시간과 장소에 사용하기 등의 사회 실제를 수행하는 것과 관련 있다. 누군가가 핵물리학자, 정치인 혹은 길거리의 갱들로 인정받는 것은 언어 이상의 것이 요구되며 언어는 존재와 행동 방식과 일관되어야 한다.

담론 분석은 주로 사회에서의 거대 담론의 작용을 밝혀내기 위해 언어를 연구하는 일이다. 사회는 기본적으로 거대 담론으로 구성되어 있고 역사와 사회를 좋든 나쁘든 결정짓는 것은 거대 담론 간의 상호작용이다.

예시

사회 언어와 거대 담론의 상호작용 예를 들어 보자. 아래에 제시된 전사자료는 대학 역사학 교수와 중학교 선생님들이 지역 역사 교육과정을 만드는 프로젝트에 참여하는 과정을 발췌한 것이다. 길고 논쟁적인 회의에서 대학 교수와 교사들 사이에 갈등이 있었다. 교수가 프로젝트를 위한 계획을 마련할 때 교사들과 충분히 논의하지 않았기 때문이다.

전사자료가 시작하는 시점에서 회의는 끝났으며 오직 몇 사람만이 남아 있었다. 두 교사 Jane과 Karen, 그리고 프로젝트에 참여했던 학교 행정가인

Joe, 그리고 대학 역사학 교수인 Sara가 여전히 남아 있었다. 그들은 이제 더 이상 프로젝트에 대해 이야기하지 않고 담소를 나누기 시작한다.

Karen, Jane, Joe는 Middleview에서 태어났다. 그들의 부모님 역시 그랬다. Middleview는 대부분이 노동자 계층인 마을이며 많은 산업종사자들이 실직한 곳이다. Sara는 타 지역에서 태어나 교육을 받았으며 명망 있는 사립대학교의 교수이다. 그녀는 Middleview에서 태어나지 않았으며 이 곳에서 여생을 보낼 계획이 없었다.

회의 후 Middleview 교사로서의 담론과 대학 석학으로서의 담론 사이에 충돌이 있었다. 다음이 자료 기록이다. (/와 //의 의미는 다음 장에서 설명할 것이다. 지금은 무시해도 좋다.)

KAREN:

1. 나의 어머니는 40대에 대해 말씀하시곤 했죠/
2. 역 주변을 배회하면/
3. 누군가가 데려오죠/
4. 모두가 춤추러 Bright City에 가기 위해/
5. 서로 안면이 없더라도//

JOE:

6. 레이크사이드 무도장//

JANE:

7. 그래 물론이지요//

JOE:

8. 나의 아버지가 거기서 일하셨어요//

JANE:

9. 그리고 전쟁상황이 되면/
10. Fort Derby를 갖고 있다는 이유로/
11. Bright City로 가기 위해 모두가 타려고 하죠/
12. 놀이동산으로//
13. 타고 싶은 멋진 두세 대의 자동차가 들어와요/
14. 소녀들과 즉석 만남을 위해 이용되었지요//

SARA:

15. 글쎄요 사실은 보통 자동차들이 이 곳에 들어왔죠/
16. 이에 관해 보고서를 쓴 한 학생을 기억해요/
17. Bright City와 놀이동산은 자동차 회사에 의해 세워졌지요/
18. 사람들이 갈 수 있는 목표지를 만들어 주고/
19. 공생관계로 돈을 벌기 위해//

JANE:

20. 만일 당신이 거기 있었더라면/
21. 보트를 타고/
22. 호수를 오르내릴 수 있었을 거예요/
23. 사람들로부터 돈을 벌 수 있는 다른 방법은 많았죠//

여기서 Middleview 교사들과 행정가는 더 이상 교사나 행정가로서 이야기하지 않고 "일반 사람"처럼 말하며(또 그와 관련된 사회 언어를 사용하며), Middleveiw 시민이자 장기 거주자처럼 이야기하고 있었다. 그들은 공유된 배경, 정체성, 가치관을 통해 연대를 하고 "담소"를 나누고 있었다. 그들은 삶의 거대 담론(교육자와 같은 전문가의 정체성이 아닌 일반인의 정체성으로)을 나누고 있었다. 그들은 또한 Middleview 시민이자 장기 거주민으로서의 담론을 나누고 있었다.

위의 대화를 보다 의미 있게 만들어 주는 Middleview 거대 담론에 대해 설명하자면, Middleview의 장기적 거주자들의 조상은 19세기부터 20세기 초반 유럽으로부터 이민을 왔다. 지역 사람들은 Middleview에서의 공유된 역사를 귀중히 생각하며 이들이 모이던 장소를 마을의 정체성에 중요한 공간으로 본다. 오늘날 그들은 남아메리카, 아시아, 인디아로부터의 이민자들과 경제적 문제들을 걱정하며 더 이상 모이는 중심 장소가 없다는 것 역시 걱정하였다. 왜냐하면 사람들이 주로 외곽지역에 머무르므로 중심지구가 쇠락했기 때문이다.

Middleview 학교 교사들은 Middleview 거대 담론 내에서 상호작용하고 있으며 친척들로부터 들은 공유된 과거에 대한 이야기를 하고 있다. 물론 그들의 거대 담론은 단순히 말하는 방식뿐만 아니라 행동하고, 상호작용하고, 생각하고, 가치를 부여하고, 그 마을의 지리에 대해 알고 이용하는 것도 포함한다.

대학 교수인 Sara는 Middleview 담론에 참여할 수 없었다. 그녀는 Middleview의 장기간 거주자도 아니며 마을을 이해하는 지역주민들의 방식으로 마을을 이해하지 않는다. 그녀는 지역주민과 공유할 만한 이야기가 없지만 그들과의 담소로 유대관계에 끼고 싶다. 그러나 Sara는 "일반적 언어"와 학자로서의 전문적 언어를 혼합하였다(두 가지 다른 사회 언어들). 그녀는 또한 일반인의 거대 담론과 역사학자의 거대 담론을 함께 섞었다.

"일반적" 대화에 "학문적" 언어가 혼합된 예는 "~하기 위해" "목적지" 등이다. 삶의 거대 담론에 학문의 거대 담론을 섞는 예는 Sara가 학생의 논문을 언급하는 것이다. 이건 역사학자들이 하는 일이다. 그러나 Middleview 담론의 사람들은 논문이 아닌 그들의 부모님과 조부모로부터 들은 이야기들을 공유하였다. Sara는 또 한 번 갈등의 가능성을 심은 것이다. Sara에게는 주민들의 연대에 참여할 방법이 없었다.

Middleview 장기 거주자들은 Middleview 거대 담론으로서의 구전 역사를 함께 하는 일원으로서 공유하고 있는데 Sara는 구전 이야기보다 논문을 선호하였다. 이는 '만들기 작업 7: 한 종류의 지식을 다른 지식보다 우선시하기'의 예가 된다.

위의 전사자료는 공유된 실제(활동)인 "담소"에서 존재의 방식(정체성, 거대 담론)과 단어의 사용방식(언어의 스타일, 사회 언어)이 서로 복잡하게 얽히는 사례이다. Middleview 원주민과 새로운 거주자(Sara, 새 이주자)의 긴장감은 이전의 전문적 담론의 차이점(교사 대 대학 석학) 때문에 있었던 공식 회의에서의 긴장감을 설명하는 근거가 되기도 한다.

상호텍스트성과 거대 담화

사회의 거대 담론("사람들의 종류," 다른 정체성들을 만드는 사람들)은 서로 연관되어 있다. 로스앤젤레스의 경찰관이 길거리 갱 조직원에게 경찰관으로서 이야기할 때, 이는 단지 두 사람이 상호작용하는 것이 아닌 L.A 경찰관의 거대 담론과 갱 조직원의 거대 담론(갱의 담론도 동네와 인종에 따라 다르다)이 상호작용하는 것이다. 이 "대화"는 오랜 시간 지속되었다. 현재의 만남 이전에 시작되었으며 앞으로도 계속되었을 것이다. 더욱이, 현재의 만남은 이 두 담론의 과거의 상호작용으로부터 깊게 영향을 받는다.

생물학자와 창조론자, 보수주의와 진보주의, 목축업자와 환경운동가의 오랜 시간 지속된 상호작용은 거대 담론 간 충돌하는 예이다. 가끔, 거대 담론은 서로와 충돌하지 않고 공모의 관계를 이루기도 한다. 예를 들어, 미국 보수주의 거대 담론과 특정 근본주의 개신교 거대 담론은 상당부분 공모의 관계에 있다.

두 가지 조사 도구인 상호텍스트성과 거대 담화Conversations(대문자 "C")는 넓은 의미로 거대 담론 간의 상호작용에 관한 것이다. 상호텍스트성은 연설이나 글에서 타인의 글을 인용하는 것을 포함한다. 상호텍스트성은 거대 담론과 관련된 사회 언어를 다양한 방식으로 혼합하거나 병치하는 것 역시 포함한다. 두 가지 이상의 언어 스타일은 동일한 텍스트에서 상호작용한다(공모하든 긴장을 유발하든).

거대 담화는 사회나 사회 집단의 많은 사람들이 알고 있는 공적 토론, 논쟁, 주제, 모티브 혹은 논제들이다. 대문자 C를 사용하는 이유는, 낙태나 흡연과 같은 이슈에 대한 토론이 하나의 거대한 대화(토론, 논쟁, 혹은 유사한 그 모든 것)인 것처럼 비유적으로 말하기 위함이다. 물론 거대 담화는 특정 시간과 장소에 특정 사람들 사이에서 일어나는 다양한 상호작용들로 구성되어 있다. 중요한 점은 사람들이 한쪽에만 동의하더라도 다른 쪽 혹은 양극이 거대 담화에 포함되어 있음을 안다는 점이다.

상호텍스트성과 거대 담화는 대화나 글에서 거대 담론 간의 상호작용으로 나타난다. 사실 상호텍스트성은 거대 담화의 텍스트적 반영 혹은 흔적이다. 사회에 널리 알려진 거대 담화는 그 사회의 어떤 청자나 독자라도 알고 있는 것으로(그리고 유관한 맥락에 참여한 것으로) 간주된다.

예시

Arizona 대학교의 사회언어학자이자 인류학적 언어학자인 Richard Ruiz가 저술한 「브리토의 존재론적 위치」라는 논문에 다음과 같은 말이 나온다:

> 사실, 제가 속한 곳에서 많은 멕시코인들은 타코를 하나의 음식 이상을 대표하는 아이콘으로 비유합니다. Vamos a echarnos un taco 즉, 문자 그대로 "가서 우리에게 타코를 던지자"라는 말은 "같이 점심 먹자" 혹은 보다 예의를 차려서 "함께 빵을 나눠요" 정도가 될 것입니다. 아무도 실제 빵을 생각하지 않습니다. 이는 대화 참여자들이 공적인 관계를 넘어서 우정을 쌓고 공고히 하자는 것을 암시하는 방식입니다. 여기서 "타코"는 사회문화적으로 독특한 것입니다. 사람들이 엔칠라다나 타말레를 서로에게 던지자고 말하지는 않

습니다.

Ruiz는 이 글에서 다양한 거대 담론을 언급하였다. "비유" "사회문화적으로"의 표현은 언어학자의 거대 담론에 기인한다. "Vamos a echarnos un taco"는 스페인어이며 나머지 텍스트는 영어를 혼합한 것이다. "같이 점심 먹자"는 사업적인 대화에 기인하며 "함께 빵을 나눠요"는 종교적 거대 담론으로부터 유래된 것이다.

그러므로 문헌의 형식을 띠고 있지만 대화적인 Ruiz의 글에서 다양한 거대 담론이 그의 대화적인 필체와 섞여 있다. 각각의 상호텍스트적 언급은 목적을 지니고 있다. Ruiz가 결국 브리또가 샌드위치인지에 관한 판례에 그의 의견을 제시하기 위해 언어학자로서의 지식을 사용하고 있기 때문에 언어학과의 연결고리가 있다. 위 글의 이슈 중 하나가 미국 사회의 다양한 언어와 문화의 역할이기 때문에 스페인어와의 연결고리도 있다. 특정 문화적인 실제와 용어(예: "Vamos a echarnos un taco"에서의 타코)에 친숙하지 않은 독자들을 위해 사업, 종교에 대한 연결고리도 있다.

이 대목만 가지고 거대 담화의 역할이 무엇인지는 뚜렷하지 않을 것이다. 그러나 Ruiz의 글 중에서 다음 대목을 읽어 보자:

> 누가 판사하기에 적절한지를 판사나 법원이 결정하는 것은 흔히 있는 일이다. 이 결정 중 일부는 부리또의 본질적 지위를 알아내는 것보다 더 중요하다. 1986년 법정에서 흑인과 백인에게 분리된 공공시설물을 이용하도록 요구하는 법이 합법적이라고 결정하였다; 원고는 (유전적으로 1/8이 흑인이었던) Homer Plessy였다. 1927년 이 판결에 도전하는 선례인 학교분리school segregation에서 법원은 중국 소녀가 법적으로 흑인임을 결정하였다(당시의 용어로는 실제 "negro"이다). 1954년 텍사스 법원은 멕시코계 미국인이 백인계임을 공표하였다. 돌이켜보건대, 판사가 이 문제들을 결정할 특별한 권

한이 없으며 실책을 하기도 함에 우리 대부분은 동의한다.

Ruiz는 판사들이 문화적으로 유능하지 못한 일을 판결하는 것에 대해 '브리또가 샌드위치인가'의 판례를 이용하여 자신의 의견을 밝히고 있다(백화점의 샌드위치 체인이 백화점에 다른 샌드위치 레스토랑이 들어오면 안 된다는 계약을 했기 때문에 브리또 레스토랑을 백화점에서 쫓아내려 하였다).

미국에서는 사법부가 아무 지식이 없어야 하는지 아니면 문화적 지식을 사용하거나 만일 문화적 지식이 없다면 그러한 지식을 찾아야 하는지에 대해 오랜 시간 거대 담화를 나누어 왔다. 이런 거대 담화는 미국에서 점점 더 비중이 커져 가는 스페인과 멕시코 문화에 대한 거대 담화와도 접점이 있다. Ruiz는 Sonia Sotomayor가 대법원 판사로 지명되기 전 이 에세이를 썼지만, 그녀의 지명으로 이 거대 담화에 활기가 더해졌다. 이러한 거대 담화는 Ruiz가 명시하지는 않았지만 위 글의 문맥과 관련이 있는 부분이다.

이 사례는 상호텍스트성(단순히 인용이나 언급이 아닌 다양한 담론의 다양한 언어 스타일들이 한 텍스트에서 혼합되거나 병치되는 것)과 거대 담화(모두에게 널리 알려진 공적 토론)가 어떻게 우리의 대화나 글에서 상호작용하는지를 보여 주는 사례이다.

추천문헌

Duranti, A. (1997). *Linguistic anthropology.* Cambridge: Cambridge University Press. [An introduction to linguistic anthropology that uses a good deal of discourse analysis and contains good discussions of the role of context]

Duranti, A. & Goodwin, C., Eds., (1992). *Rethinking context: Language as an interactive phenomenon*. Cambridge: Cambridge University Press. [Important articles that reflect the current view of language and context as reflexively related and context as socially negotiated through interaction]

Gumperz, J. J. (1982). *Discourse Strategies.* Cambridge: Cambridge University Press. [A book about how listeners use "contextualization cues" to build interpretations by a leading 20th century anthropologist linguist]

Gumperz, J. J., Ed. (1982). *Language and social identity.* Cambridge University Press. [An important and still timely collection on language and identity as constructed in and through social interaction]

Hymes, D. (1974). *Foundations of sociolinguistics.* Philadelphia: University of Pennsylvania Press. [A classic and foundational book on language as a cultural competence]

Kramsch, C. (1993). *Context and culture in language teaching.* Oxford University Press. [A must-read for anyone interested in language teaching]

Van Dijk, T. A. (2009). *Society and discourse: How social contexts influence text and talk.* Cambridge: Cambridge University Press. [A good discussion of the role of context in interpretation]

제9장

담론 분석

전사

이 장에서 담론 분석을 위한 데이터 전사의 기초를 논의하고 이상적인 담론 분석이 무엇인지 살펴보며 어떤 담론 분석이든 이상적인 것을 부분적으로나마 실현하는 것임을 이야기하고자 한다. 마지막으로 담론 분석을 위한 타당성 확보 방안을 논의할 것이다.

더욱 정교해진 녹음과 컴퓨터 장비 덕분에 일시 중지 및 순간 멈춤이나 소리, 음 높이, 속도, 세기와 같은 미묘한 변화뿐 아니라 소리가 겹치는 싱크까지 매우 상세하게 음성을 기록할 수 있다. 상세한 기록을 순수하고 객관적이며 분석되지 않은 "현실"로 생각하기 쉽다. 사실, 이런 장비들은 그런 일을 하지 않는다. 말은 녹음 시스템이 포착할 수 있는 또는 사람의 귀에 들릴 수 있는 것보다 훨씬 더 세부적인 것을 포함하고 있다.

담론 분석은 맥락과 관련이 있는 말 또는 글의 세부 사항을 기반으로 하며, 분석하고자 하는 논점과도 관련이 있다. 담론 분석에서의 맥락은 항상 외관상 드러나지 않을 수도 있으며, 모든 사람들이 생각할 수 있는 맥락이 아닐 수도 있고 특정 목적의 분석에서만 의미가 있을 수 있다. 관련성 판단(전사에 포함되는 것과 그렇지 않은 것)은 궁극적으로 이론적 판단, 즉 언어, 상황 및 상호작용이 특정 상황에서 어떻게 작동되는지에 대한 분석가의 이론을 토대로 한다. 이러한 의미에서 전사는 속성상 이론이라고 볼 수 있다. 전사가 분석과 별개의 것이 아니라 분석의 일부이다.

모든 데이터는 더욱 혹은 덜 세부적으로 전사될 수 있으므로 자세한 전사(언어학자들은 "협소한 전사"라고 부름)부터 덜 상세한 전사(언어학자들은 "광범위한 전사"라고 부름)까지 가능하다. 상호 관련된 자세한 내용을 전사함으로써 분석을 시작하는 일이 분명 현명한 일이며 분석의 목적에 따라 전사 자료가 협소해야 할지 아니면 광범위해야 할지를 결정해야 한다. 분석의 타당성은 자신의 전사가 얼마나 상세한지의 문제가 아니다. 오히려 신뢰로운 분석을 위해 전사가 분석의 다른 요소들과 함께 잘 어우러지는지가 중요한 문제이다.

전사의 언어적 세부 사항까지 여기서는 다루지 못한다. 대신, "사소한" 세부 사항이 의사소통에서 오히려 중요할 수 있으며 이런 경우 사소한 세부 사항이 반드시 전사에 포함되어야 한다. 예로 아래의 영미계 여성연구원("R")과 4학년 아프리카계 미국인 여학생("S") 사이의 대화를 보자. 이 연구원은 과학 교육 프로젝트 일환으로 빛을 논의하고 있다. 여학생은 매우 가난한 집 출신이며 이사로 인해 계속해서 학업에 방해를 받고 있었다. 연구원은 여학생과 대화를 시작하였고, 그 학생에게 라이트 박스를 조작함으로써 빛에 대해 추론하도록 요청하면서 광선이 프리즘(빛이 무지개 색으로 쪼개지도록 하는)을 비롯한 다양한 플라스틱 모양과 관련이 있는지 질문하였다.

다음의 전사는 우리가 아직 논의하지 않은 언어의 특징을 명명하는 표기법을 사용하고 있는데 10장에서 좀 더 상세히 논의할 것이다. 여기서는 전사본의 각 행에서 하나의 억양 곡선이 나타내는 단어의 세트가 "어조 단위"임을 아는 것만으로 충분하다(즉, 각 행은 마치 "하나인 것처럼" 말함. 10장 참조). 이중 빗금("//")은 어조 단위가 "최종 곡선"으로 표시됨을 나타낸다. 즉, 정보의 일부가 "닫히고" 마치 "최종"임을 암시하는 목소리의 상승 또는 하강 어조이다. 이중 빗금이 없는 어조 단위는 "최종 단위가 아닌 것"이며, 앞으로 더 많은 정보가 있는 것처럼 더 짧은 상승 또는 하강 곡선의 소리를 나타낸다.

아래의 텍스트를 "연"으로 정리해 보았는데 이것은 바로 10장에서 다룰 언어의 단위이다. 연은 단일의 화제 또는 관점을 다루며 (각종 언어학적 세부 사항으로부터) 하나의 음색 단위의 "덩어리" 역할을 한다. 밑줄 친 단어들은 어조 단위로 큰 강세를 지니고 있다(영어에서 강세는 소리의 음높이를 올리거나 내리거나, 목소리를 크게 하거나, 또는 두 가지 모두로 표시된다). 대문자로 된 단어는 강조된 것이다. 2개 마침표("..")는 청취 가능한 정지를 나타낸다. 모음 다음에 오는 두 개의 점("die: d")은 모음이 길어졌음을 나타낸다. "낮은 음색"은 앞선 단위가 전반적으로 낮은 음색으로 말해졌음을 의미한다. 이 전사는 언어학적 세부 사항을 포함하고 있지만 완전히 상세할 수는 없다.

연 1

1. R: 빛은 어디에서 왔을까?
2. R: 밖에 있을 때?//
3. S: 태양(낮은 피치)//
4. R: 태양으로부터(낮은 피치)//.. 음

연 2

5. S: 태양이 뜨기 때문에
6. S: 정말(REALLY) 일찍//
7. R: 음.. 그때가 우리가 빛을 얻을 때이지(낮은 피치)//

연 3

8. S: 그리고 그게 내..내..나와 내 학급친구가
9. S: 공룡-(dinosaur:rs)에 대해 얘기해요.
10. S: 그리고 그들이 어떻게 죽었는-지//
11. S: 그리고 우리가 찾아내었어요.
12. S: 어떻게 공룡이 죽었는-지(die:d) 같은 거요//
13. R: 오 정말//

연 4

14. R: 그것이 빛(LIGHT)과 관련이 있어?//

(상호작용이 계속됨)

위의 데이터에서 살펴볼 수 있듯이 연구원은 학생이 종종 화제를 벗어난 이야기를 해서 이해하는 데에 어려움을 느꼈다. 그러나 자료로부터 우리는 연구자가 이러한 주제 변경과 이해 부족을 “공동 구축(기여)”하였다는 것을 알 수 있다.

학교 아이들은 성인이 질문하는 독특한 학교 활동에 익숙하다(성인이 이미 그 해답을 알고 있고 명백한 해답이 있는 질의 활동). 아이가 대답하고, 교사는 아이의 대답을 평가하면서 반응을 한다. 교사는 하나 이상의 명백한 질문을 하는 관행이 있으며, "일상적인" (보통 일상생활에서) 질문보다 훨씬 더 추상적인 방식으로 개념을 끌어내기 위해 "일상적인" (관례적인) 질문을 하기도 한다. 과학 선생님은 자를 가지고 "이것은 무엇일까?"라고 물어볼 수 있다. 학생들이 "자"라는 대답을 했다면 선생님은 "자로 무엇을 할 수 있을까?" 라고 물을 수 있다. "물건을 측정한 것"과 같은 답을 이끌어 내면서 교사는 아주 추상적인 방식에서 측정 도구와 측정을 다룰 수 있다.

연구원은 학생이 태양과 같은 구체적인 것보다 "빛의 근원", "방향", "반사", "굴곡"과 같이 빛을 추상적인 개념으로 다루도록 하기 위해 빛에 관한 일상적인 정보를 이끌어 내려 했다. 학생이 학교 기반의 실제에 낯설고 훈련받지 않았음을 알 수 있는 증거는 많았다.

위의 대화에서 연구원은 학생이 "태양"이라고 답하도록 하는 질문을 낮은 음색 및 종결 억양 곡선으로 표현하였다. 영어권에서 대답에 대한 낮은 피치의 반응은 응답자의 대답을 명백히 할 때 사용된다.

연구원은 학생과 같은 방식(낮은 음색, 낮아지는 종결 억양 곡선)으로 반응하는데 이 반응은 연구원이 학생의 대답을 받아들임을 나타내는 것(학생이 쉽게 평가를 기대할 수 있는 상황이라면 이를 알아차릴 수 있다)이다. 질문을 묻는 이유에 관해서는 학생이 잘 모를 수 있다.

5행과 6행에서 학생은 이전 것보다 더 높은 어조로 말하였다. 또한 6행에서 "정말"을 강조하였다. 학생은 자신이 대화에서 올바른 방향에 있음을 알게 하는 연구원의 활발한 반응을 찾고 있으며 명백한 정보 외에도 초기 질문에 대한 답을 추가하여 연구원의 반응을 살펴보고자 5행과 6행처럼 정보를 추가하였다.

학생은 일단 연구원으로부터 연구자가 학생의 이야기를 수용함을 나타내는 반응(낮은 음색, 종결 억양 곡선)을 받았다. 8행에서 학생은 대화를 이어

갔다. 즉, 다시 한 번 그녀가 연구원으로부터 관심 있는 반응을 이끌어 내는 새롭고 중요한 정보를 말하기를 시도하였다.

그 학생은 아프리카계 미국인 어린이들에게 공통적으로 나타나는 테크닉을 사용하였다(Gee, 2007). 학생은 주제(빛)를 말하기 앞서 배경정보(3연)를 언급했다. 하지만 이 대화 맥락에서 학생의 "같은 거/찾아내었어요"는 학생의 이야기가 점차 빛과 관련될 것임을 암시한다(실제로 그랬다. 학생은 유성이 햇빛을 차단하여 결국 공룡을 멸종시킨 과정을 공부했었다). 빛과 관련된 배경 정보를 듣던 연구자는 학생의 말을 중단시켰고 빛을 강조하여 학생의 이야기에 회의적임을 드러냈다. 이 회의적인 반응은 학생에게 이롭지 않을 뿐만 아니라 모욕적인 것으로 이후 상호작용에서 드러났다.

여기서 어려운 것은 사실 세부 사항이다: 학교 기반의 "이미 알려진 질문-대답-평가" 활동에서 정보가 어떻게 소개되고 연결되는지뿐만 아니라 음색 및 강조의 세부 사항(뿐만 아니라 다른 많은 좋은 세부 사항)에 대한 전제가 있는데 이러한 전제는 학생의 말을 이해하지 못하는 원인이 된다. 교사(권위자)가 문제의 원인이 다양한 언어의 세부 사항에 있는 것이 아니라 학생에게 있다고 여길 때 학생의 말을 잘못 해석하게 된다.

누군가는 왜 연구원이 그렇게 묻고 대답하는지 궁금해할 것이다. 아이에게 너무 많은 정보를 주거나 도전적인 반응을 줄 경우 아이의 창의성과 이해를 저해할 수 있다. 하지만 역설적으로, 학생이 가능한 한 자유롭게 이야기하도록 두는 것이 최선이기는 하나 본 사례에서는 이러한 상황이 오히려 학생으로 하여금 상황을 이해할 수 없도록 만들었다. 실제로 학생은 (빛의 주제보다도) 연구자가 만들어 낸 상황 자체를 이해하고자 여러 시도를 하고 있었다.

전사의 세부 사항이 분석과 어떤 관련이 있는지, 그리고 전사가 필요한 만큼 상세하고 과하거나 부족하지 않은지 유의해야 한다. 물론, 우리가 버린 세부 정보가 연구와 관련 있다고 비판하는 것도 받아들여야 한다. 그러나 일부 세부 사항은 생략될 수밖에 없다(예, 얼마나 많은 모음을 최종 모음으로 표시해야 하는가? 어조 단위에서 어조가 얼마나 떨어지는가?). 문제는 우리가 모든 세부 사항을 포함했느냐 안 했느냐가 아니라 빠뜨린 세부 사항을 추가하였을 때 분석내용이 바뀌느냐 아니냐이다(따라서 담론 분석가는 항상 자신의 데이터를 기꺼이 공유해야 한다).

"이상적인" 담론 분석

담론 분석의 타당성을 살펴보기 전에 먼저 "이상적인" 담론 분석의 구성 요소를 요약하고자 한다. 실제 분석은 전체 그림의 작은 부분만을 자세하게 다루면서 전개된다. 담론 분석에서는 최소한의 배경을 다루는 것에서 출발하여 전체적인 그림을 생각해 볼 수 있도록 한다.

근본적으로 담론 분석은 주어진 시간과 장소에서 언어가 7가지 만들기 작업에 어떻게 사용되는지를 살펴보는 것이다. 우리가 소개했던 조사 도구는 분석가들이 다음 6개 영역을 구성하는 것을 의미한다: 맥락화된 의미, 사회 언어, 형상화된 세계, 상호텍스트성, 거대 담론, 거대 담화이다.

우리는 7가지 만들기 작업과 6가지 조사 도구를 갖고 있다. 담화 분석은 각 조사 도구를 사용하여 7가지 만들기 작업을 한다. 7가지 만들기 작업에 대해 6가지씩 질문이 있으므로 총 42개 질문이 있다(7가지 만들기 작업의 질문은 다른 하위 질문으로 이어질 수 있는 하나의 "큰 질문"이 될 수 있다).

만들기 작업 1. 의의: 맥락화된 의미, 사회 언어, 형상화된 세계, 상호텍스트성, 거대 담론, 거대 담화는 사물과 사람의 관련성이나 중요성을 구축하는 데에 어떻게 사용되는가?

만들기 작업 2. 실제: 맥락화된 의미, 사회 언어, 형상화된 세계, 상호텍스트성, 거대 담론, 거대 담화는 실제(활동)을 수행하는 데에 어떻게 사용되는가?

만들기 작업 3. 정체성: 맥락화된 의미, 사회 언어, 형상화된 세계, 상호텍스트성, 거대 담론, 거대 담화는 정체성(사회적으로 의미 있는 "어떤

사람들의 종류")을 수행하고 묘사하는 데에 어떻게 사용되는가?

만들기 작업 4. 관계: 맥락화된 의미, 사회 언어, 형상화된 세계, 상호텍스트성, 거대 담론, 거대 담화는 사회적 관계를 구축하고 유지(변화 또는 파괴)하는 데에 어떻게 사용되는가?

만들기 작업 5. 정치: 맥락화된 의미, 사회 언어, 형상화된 세계, 상호텍스트성, 거대 담론, 거대 담화는 사회 재화를 창조, 분배, 보류 또는 "좋은 것" 또는 "받아들일 수 있는 것"으로 특별히 분류하거나 분석하는 데에 어떻게 사용되는가?

만들기 작업 6. 연관성: 맥락화된 의미, 사회 언어, 형상화된 세계, 상호텍스트성, 거대 담론, 거대 담화는 사물과 사람이 서로 연관되거나 단절되도록 어떻게 사용되는가?

만들기 작업 7. 기호 체계와 지식: 맥락화된 의미, 사회 언어, 형상화된 세계, 상호텍스트성, 거대 담론, 거대 담화는 다른 기호 체계(언어, 사회 언어, 다른 종류의 상징 체계)에 특권을 부여하거나 박탈하는 데에 어떻게 사용되는가?

이전 장에서는 여러 가지 하위 질문을 제시하여 각 조사 도구에 대해 질문할 수 있도록 하였다. 각각의 데이터에 대해 42가지 질문이 있으므로 어느 한 부분의 데이터에 대해 이 42가지 질문에 답하면 실제로 매우 긴 분석이 이루어진다. 그것이야말로 "전체" 또는 "이상적인" 담론 분석을 구성하는 것이다. 대부분의 경우, 담론 분석은 몇 가지 질문만을 다룬다. 분석가들은 남아 있는 질문이 있으므로 분석이 미완성임을 인식해야 하며, 분석의 타당성에 의문을 제기할 수 있으며 이것은 우리가 해야 할 일이 많음을 의미함을 알아야 한다.

타당성

담론 분석의 타당성은, 담론 분석에서의 조사 도구가 충분히 밝혀진 후에 논의할 수 있는 문제이다. 이제 "질적 연구"의 이슈인 타당성에 관해 살펴보자.

담론 분석이 어떤 단순한 방식으로 "현실을 반영"한다고 주장하여도 이 주장이 타당한 것은 아니다. 적어도 두 가지 이유가 있다. 첫째, 인간은 세상 있는 그대로에 접근할 수 없고 세상을 해석한다. 이 해석은 언어나 다른 기호 체계로 표현된다. 담론 분석은 그 자체가 바로 해석이며 특정 상황에서의 해석적 작업이다. 즉, 담론 분석은 해석에 대한 해석이다.

담론 분석이 분석가의 "의견"에 불과할 수 있지만 "주관적"이라는 의미는 아니다. 분석이 더 타당할 수도 있고 덜 타당할 수도 있다. 게다가 타당성은 결코 "한 번에" 해결될 수 없다. 모든 분석은 이후에 이루어지는 토론과 분쟁에 열려 있고, 현장에서 작업이 진행되면서 시간이 지남에 따라 달라질 수 있다.

앞서 말했던 42가지의 질문(7가지 만들기 작업의 각각에 관해 질문할 수 있는 6가지 조사 도구 질문)은 타당성에서 중요한 역할을 한다. 담론 분석은, 경험적 탐구와 마찬가지로, 특정 주장이나 가설에 대한 논쟁을 중심으로 이뤄진다. 그 주장이나 가설은 분석의 핵심이다.

예컨대, 앞서 살펴본 전사자료에서, 교사들과 대학 교수 간의 회의(연구 프로젝트)에서 발생한 갈등은 서로 다른 거대 담론 사이의 갈등 때문일 수도 있다. 거대 담론은 특정 방식의 맥락화된 의미, 특정 종류의 형상화된 세계, 특정 종류의 사회 언어, 거대 담화에 참여(다른 거대 담론과의 논쟁), 그리고 다양한 상호텍스트성의 사용(예: 다른 모든 조사 도구)과 연관되어 있으며 이 주장과 가설은 모든 조사 도구를 잠재적으로 포함한다. 주장이나 가설의 만들기 작업이 조사 도구를 통해 어떻게 드러나는지를 보여 줌으로써 주장과 가설을 지지할 수 있다.

조사 도구는 특정 맥락에서 사람들이 언어로 무엇을 하는지를 보여 주며 우리의 분석과 상당 부분 관련 있다. 거대 담론도 조사 도구(형상화된 세계뿐 아니라 6가지 조사 도구)와 관련 있다. 예를 들어, 형상화된 세계에 대한 주장이나 가설도 거대 담론, 맥락적 의미, 사회 언어, 거대 담화, 상호텍스트성을 통해 검증된다.

담론 분석에서 타당성은 다음과 같은 4가지 요소로 구성된다:

1. *수렴*Convergence: 42가지 질문에 대한 대답이 담론 분석을 지지하는 방향으로 수렴될수록, 다른 관점에서 문제를 다룰 때에도 호환 가능하고 설득력 있는 대답을 얻을 수 있다.
2. *동의*Agreement: 위의 42가지 질문에 대한 대답은, 사회 언어의 "원어민"과 거대 담론의 "구성원"이 특정 맥락 내에서의 사회 언어 분석에 동의하도록 설득력 있게 제공되어야 한다. 42가지 질문에 대한 대답은 다른 담화 분석가들이나 연구자들이 우리 결과를 지지할 만큼 설득력을 지녀야 한다.
3. *적용 범위*Coverage: 분석은, 관련 자료에 적용가능할수록 타당하다. 분석은 상황 전후에 어떤 일이 있었는지 이해하는 것과, 유사한 상황에서 어떤 일이 생길 것인지 예측하는 것을 포함한다.
4. *언어학적 세부 사항*Linguistic Details: 분석은 언어 구조의 세부 사항과 밀접하게 관련될수록 더 타당해진다. 언어는 다양한 의사소통 기능을 위해 생물학적, 문화적으로 진화해 왔다. 이러한 이유로, 언어 문법은 특정 기능을 수행하기 위해 "설계된" 특정 형태로 되어 있다. 어떤 형태로든 하나 이상의 기능을 수행할 수 있다. 담론 분석이 타당하려면, 사회 언어의 원주민과 언어학자의 의견에 따라, 의사소통의 기능이 문법 장치에 의해 수행됨을 보여 주어야 한다.

위의 4가지가 왜 타당성을 구성하는가? 42가지 질문에 대한 답이 여러 가지일 가능성이 매우 희박하기 때문에, "내부" 및 "외부" 관찰자, 추가 자료, "원어민" 또는 언어학자의 판단으로 수렴될 것이다. 물론 분석이 모든 면에서 사실이거나 정확하다는 것을 의미하지는 않는다. 경험적 과학은 조사자가 장기적으로 개선하고자 하는 방법으로 서로의 작업을 쌓아 나간다는 점에서 사회적이고 누적적이다. "타당성" 분석은 동일한 자료 또는 관련 자료에 대한 추후 조사가 심각하게 고려되어야 함을 의미한다.

타당성은 개인적이기보다는 사회적이다. 담론 분석의 중대한 주제이든 작은 주제이든 간에 모두 분석의 가정이다. 일반적으로 수렴, 합의, 적용 범위 및 언어학적 세부 사항의 일부 측면이 분석에서 충족된다고 주장함으로써 분석의 타당성을 설명할 수 있다. 그러나 가능한 모든 질문을 제기하거나, 가능한 모든 원인을 찾고, 분석과 관련하여 생각할 수 있는 모든 자료를 다루거나 모든 가능한 언어학적 세부 사항을 다룰 수는 없다.

담론 분석에서는 특정 데이터가 주어진 주제 또는 요점(가설)을 지지함을 보여 준다. 대부분의 경우 수렴과 언어학적 세부 정보가 타당성의 가장 중요한 측면이다. 즉, 담화 분석에서 위의 42가지 질문에 대한 답변과 언어학적 세부 정보를 필요로 한다. 42가지 질문은 만들기 작업building task에서 비롯되며 언어학적 세부 사항이 결론을 뒷받침한다는 사실은 중요하다. 연구자가 이러한 질문에 대한 답변이나 언어적 세부 사항이 반대 결론을 뒷받침하는지 여부를 공개적으로 인정하는 것도 중요하다.

담론 분석의 개별 자료를 질적 분석의 초기와 후기 작업으로 구분할 수 있다. 질적 연구 초기와 후기로 구분하는 것은 수렴, 동의, 적용 범위, 언어적 세부 사항을 보다 심도 있게 사회학적으로 판단하고 적용하는 방법이 된다. 타당성은 사회적 판단과 적용의 문제이다.

담론 분석의 시작

다음 장에서는 언어가 계획되고 생산되는 방법과, 담화 분석가가 자신의 생각과 언어의 조각을 조직하는 방법을 다룰 것이다. 11장부터 13장에서는 담화 분석의 예를 살펴보고자 한다. 이 책의 서두에서 밝혔듯이 이 책의 목적은 "단계별"로 적용할 수 있는 담화 분석의 "규칙"을 설명하는 것이 아니다. 11장부터 13장의 예는 "조리법" 또는 "방법" 설명서가 아니다. 오히려 이 책의 목적은 담화 분석의 조사 도구를 소개하는 것이며 이와 관련된 특정 이슈를 소개하는 것이다. 여기 소개한 예들은 사람들이 자신들의 담론과 관련된 반성reflections에 참여하도록 격려하는 "사고 장치"로써 소개된 것이다.

담화 분석의 "초보자"에게 제안할 것은, 자신의 흥미를 끌고 중요한 이슈를 드러낼 자료(예를 들어, 크고 작은 상호작용, 내러티브 또는 다른 확장된 언어, 면담, 글로 쓰여진 텍스트)를 선택하라는 것이다. 만일 자료가 구두인 경우 가능하면 자세하게 전사하되 관심 있는 주제나 질문을 위해 의미 있다고 판단되는 특징에 주목하라. (연구 목적에) 합당한 만큼의 자료 양으로 분석을 시작하고 필요하다면 자료를 추가적으로 사용하라.

자료에서 핵심 단어 및 구를 선택한 뒤, 자료와 관련된 전반적인 상황을 고려하여 단어나 구들이 어떠한 맥락적 의미를 포함하는지 찾아보자. 이러한 맥락화된 의미들이 포함된 형상화된 세계가 무엇인지도 생각해 보자. 어떤 방식으로든 자료와 관련 있는 사회 언어와 거대 담론을 생각해 보자. 만약 거대 담화(4장 참조)와 관련된 자료를 분석하는 것이 쉽다면 그렇게 하라.

자료에서 사회 언어, 거대 담론, 거대 담화는 사회 활동과 사회적으로 맥락화된 정체성이 무엇이며 어떻게 만들어지는지를 (참여자들에 의해 드러나고 분석가 스스로에 의해 인지되어) 나타낸다. 자료를 분석할 때, 맥락화된 의미, 형상화된 세계, 사회 활동, 사회적으로 맥락화된 정체성, 사회 언어, 거대 담론이 어떻게 디자인되고, 역할을 하고, 인지되는지 살펴보면서 어떤 언어학적 세부 사항이 중요하게 다루어져야 하는지를 스스로에게 물어보라.

위의 문제들에 대한 심사숙고 이후에 42가지 질문(7가지 만들기 작업 각각에 대한 6가지 탐구 도구)을 스스로에게 해 보고, 노트에 작성하며, 초기 주제나 질문에 따른 답을 찾겠지만 또 다른 주제가 나타날 수 있음에 주의를 기울여야 한다. 각각의 질문에 대한 답변이 같은 요점이나 주제에 수렴하는 것처럼 보일 수 있다는 것에 특히 주의해야 한다(이것들이 원래의 주제, 관심사 또는 초기 질문과 관련이 있는지 여부). 42가지 질문 중 일부는 답이 당신이 선택한 자료와 관련이 없을 수도 있다.

42가지 질문으로부터 밝혀지는 주제나 요점을 초기 주제와 질문과 관련지어 보거나 초기 주제나 질문을 수정할 수 있다. 그러고 나서 분석을 진행하면서 자료를 발전시켜 최종 주제(들) 또는 문제(들)를 밝히고, 주장하고, 조명한다.

분석에서 수렴의 타당성을 확보하기 위해 다양한 언어학적 세부 사항으로 설득하고 다양한 만들기 작업(그리고 관련 질문)을 제시해야 한다. 타당성 확보를 위해 자료의 다른 부분 또는 자료의 새로운 소스(또는 문헌의 데이터)를 확장 분석할 수 있다. 참여자들과 인터뷰를 할 수 있고(그들은 항상 무의식적으로 의미하고 행동한다는 것을 명심해라), 관련 문헌의 인용 및 다른 사람들과의 조력을 통해 협의하면서 타당성을 확보할 수 있다.

추천문헌

Duranti, A. (1997). *Linguistic anthropology.* Cambridge: Cambridge University Press. [Contains a good and up-to-date discussion of transcription conventions and issues]

Edwards, J. A. & Lampert, M. D., Ed. (1993). *Talking data: Transcription and coding in discourse research.* Hillsdale, N. J.: Erlbaum. [Good discussion of transcription conventions]

Gee, J. P. (2012). *Social linguistics and literacies: Ideology in Discourses.* New York: Routledge. Fourth Edition. [Contains discussions of the language of African-American children and citations to the literature]

Hutchby, I., & Wooffitt, R. (2008). *Conversation Analysis.* Malden, MA: Polity Press. [A good introduction to the "CA" ("Conversational Analysis") approach to discourse analysis, an approach based in sociology]

Jefferson, G. (2004). Glossary of transcript symbols with an introduction. In G. H. Lerner, Ed. *Conversation Analysis: Studies from the first generation.* Amsterdam/Philadelphia: John Benjamins, pp. 13–31. [Jefferson has developed the best known set of conventions for transcription used in "Conversational Analysis" ("CA") approaches to discourse analysis]

Ochs, E. (1979). Transcription as theory. In E. Ochs & B. Schieffelin. Eds., *Developmental pragmatics.* New York: Academic Press, pp. 43–71. [Classic paper on the fact that decisions about what and how to transcribe are theoretical decisions]

제10장

언어 처리하기와 조직하기

말은 작은 분출 단위로 생산된다

이 장에서는 말이 어떻게 생산되며, 이러한 생산이 화자와 청자들이 전달하려는 의미들과는 어떤 관련이 있는지에 관하여 몇 가지 내용을 다루고자 한다. 이를 위해 문장과 담화의 구조에 관하여 기술상의 세부 내용을 다루고자 한다. 그러나 세부 내용은 그 자체로 중요하지 않다. 중요한 것은 담론 분석가가 의미가 어떻게 구성되고 조직되는지에 대한 가설을 형성하기 위해 발화 내에서 혹은 여러 발화에 걸쳐 패턴과 연관성을 찾는 것이다. 우리가 사용할 문법 전문용어는, 발견하고자 하는 패턴이나 검증하고자 하는 가설보다 덜 중요하다.

맥락화된 의미, 형상화된 세계, 거대 담론과 같은 개념은, 여기서 잠시 접어 둘 것이다. 이 장은 주로 텍스트의 초기 분석 방법에 관한 것이다. 즉, 분석가가 한 편의 글에 관한 생각을 조직하는 초기 분석 방법을 다룰 것이다. 물론, 분석 초기의 통찰력은 맥락화된 의미, 형상화된 세계 그리고 거대 담론에 대한 생각으로 빠르게 전환되어야 한다. 반대로, 맥락화된 의미, 형상화된 세계 그리고 거대 담론에 대한 생각은, 분석가가 텍스트 내에서의 언어학적 패턴을 생각하는 방법에 영향을 주고 동시에 변화시키기도 한다. 담론 분석은 언어 구조(형태, 디자인)와, 특정 맥락에서 세계, 정체성, 관계의 맥락화된 의미 간에 오가는 반영적이고, 상호적이며, 순환적인 과정이다.

인간의 뇌와 음성 체계가 구성된 방식 덕분에, 모든 언어에서 말은 작은 분출 단위로 생산된다. 주의를 기울이지 않으면 이러한 분출의 작은 단위는 들리지 않는다. 왜냐하면 우리의 귀는 작은 단위의 분출들을 하나로 받아들여 마치 말이 온전하며 연속된 흐름처럼 듣기 때문이다. 항상 그런 것은 아니지만, 영어에서 이러한 분출은 하나의 절clause 길이의 분량이다.

동사와, 동사와 한 군집을 이루는 요소를 묶어 절clause이라고 정의한다(문법에 관하여 더 많은 내용은 용어 설명을 참조). "Mary는 피곤했기 때문에 파티를 떠났다"는 문장은 "Mary는 파티를 떠났다"와 "피곤했기 때문에"의 두 개의 절로 구성되어 있다. “Mary는 파티를 떠났다” 문장에는 오직 하나의 절만 있다. “Mary는 파티를 떠나고자 하였다” 문장은 “Mary는 ~하고자 하였다”와 “파티를 떠나다”의 두 개의 절로 구성되어 있다. 여기서 후자는 전자 속에 종속되어 있으며 ~하고자 하였다는 동사의 직접 목적어가 된다. 이 두 개의 절은 서로 밀접하게 연결되어 있어서 종종 하나의 분출로 들린다.

다음의 사례는 7세 아이 언어의 일부인데, 각 행은 분출 단위로 이루어져 있다. 절의 일부를 떼어 각각 하나의 분출로 언급된 1b와 1e를 제외하고 대부분의 분출이 한 절의 길이이다.

1a. There was a hook (난처한 상황이 있었어요)
1b. on the top of the stairway (계단 꼭대기에서)
1c. an' my father was pichin me up (아빠가 나를 데리고 갔어요)
1d. an' I got stuck on the hook (나는 꼼짝 못하고 있었어요)
1e. up there (위층 거기서)
1f. .an' I hadn't had breakfast (나는 아침을 먹지 않았어요)
1g. he wouldn't take me down (아빠가 나를 데리고 내려가지 않으려 했어요)
1h. until I finished all my breakfast (아침을 다 먹을 때까지)
1i. cause I didn't like oatmeal either (왜냐하면 난 오트밀이 싫었거든요)

영어에서 이런 분출 단위가 어떻게 기능하는지 이해하기 위해 우리는 언어학적 개념—기능어, 내용어, 정보, 강세, 억양, 행과 연—간의 밀접한 연관성을 논의할 필요가 있다.

기능어와 내용어

*내용어*content words는 말의 주된 부분—명사, 동사, 형용사—이다. 이런 범주의 언어는 그 수가 매우 많으며, 타 언어로부터 차용하거나 새로운 단어를

창안함으로써 새로운 언어를 쉽게 추가할 수 있다는 점에서 "열린 범주"라고 명명된다.

기능어function words(때로는 문법어라고도 불린다)는 보다 작은 범주이다. 이 범주의 언어는 상대적으로 그 수가 적으며 타 언어로부터의 차용이나 새로운 단어 창안에 저항한다는 점에서 "닫힌 범주"라고 명명된다. 한정사(예, 영어에서 the, a/n, this/that, these/those가 한정사에 해당되며 관사라고도 한다), 대명사(예, 영어에서 he/him, she/her, it, himself, herself), 전치사(예, 영어에서 in, on to, of), 수량형용사(예, 영어에서 some, many, all, none) 등의 범주가 기능어에 속한다.

기능어는 구, 절, 문장에서의 내용어가 어떻게 서로 연관되어 있고 개별 정보가 대화의 전반에 맞도록 어떻게 변화되는가를 보여 준다. 예컨대, 한정사 "the"는 화자와 청자가 이미 알고 있는 정보임을 암시한다. 대명사는, 해당 참조물이 이미 언급된 것으로 대화 문맥상 혹은 화자와 청자가 공유한 지식에 기초하여 (무엇을 가리키는지) 쉽게 식별된다. 전치사는 명사와 명사절을 다른 단어와 연결한다(예, 영어에서 전치사는 "lots of luck"에서 luck을 lots에 연결하고 있고, "ideas in my mind"에서 my mind를 idea와 연결한다). 부사에 대해서는 언급하지 않는데 복잡하고 정해진 규칙이 없기 때문이다. 부사의 기능은 종종 기능어와 내용어 중간에 해당한다.

기능어는 내용어가 어떻게 서로 연관되어 있는가를 보여 주기 때문에 기능어를 통해 내용어가 어떤 범주인지, 내용어가 의미하는 바가 무엇인지 등을 알 수 있다. 그 예로 Lewis Carroll의 「jabberwocky」 시[1]의 첫 연을 살펴보자:

---

1) 1871년 Lewis Carroll이 쓴 『거울 나라 앨리스』에 나오는 넌센스 시다. 작가가 언어를 창조하거나 혼성어portmanteau를 사용하여 의미를 표현하였다. 이 시의 원문은 다음과 같다:

Twas Bryllyg, and the slythy toves
Did gyre and gymble in the wabe:
All mimsy were the borogoves;
And the mome raths outgrabe,

날이 저물 무렵 매끈촐싹 토우브; 저스름이 내릴 때 팔긋팔긋한 토우브 떼가 언덕 허리를 동글게 할퀴며 파내려 갔다; 운덕배기에서 땅을 긁어 푸헤치네
불쌍하고 가녀린 보로고브 새; 모두 변참했네
보로고우 떼가길 잃은 라쓰는 끽끽거렸다; 엄잖은 라쓰들은 얼부짖었네

각주의 원문을 보면 밑줄 친 것은 기능어이다. 복수 접미사에도 밑줄이 그어져 있는데, 이는 단어와 분리되어 있지는 않지만 기능어 역할을 하기 때문이다. 이 시에서 Carroll은 실제 영어 기능어를 사용했지만 내용어를 알 수 없다(내용어의 배열만으로 내용어를 어떻게 알 수 있겠는가?). 이 텍스트에서 절반의 단어를 알 수 없음에도 불구하고 영어민은 문장의 문법을 설명하기 위해 그리고 알 수 없는 내용어가 어떤 내용어 범주(명사, 동사, 형용사)에 속하는지를 알기 위해 기능어를 사용할 수 있다. 영어민은 이런 알 수 없는 단어가 무엇을 뜻하는지, 무엇을 참조해야 하는지도 알 수 있을 것이다. 우리는 위의 연이 다양한 모습으로 재잘대거나 움직이는 생명체가 있는 바깥 풍경을 묘사하는 것으로 해석할 수 있다.

정보

기능어는 의사소통의 실제 내용을 덜 전달하기 때문에 내용어보다 정보상으로 덜 두드러진다고 할 수 있다. 기능어가 확실히 유용하긴 해도 전보를 사용해 본 사람이라면 누구나 알듯이 종종 기능어가 없어도 (의사소통이) 가능하다.

따라서 두 종류의 정보를 대별해 보자. 먼저, 상대적으로 새롭거나 예측 불가능한 정보를 "정보상 눈에 띄는informationally salient" 것으로 명명할 것이다. 문장에서 내용어의 실제 의미는 내용어가 무엇인지 정확히 알지 못한다면 예측하기 어렵다. 우리는 Carroll의 시에서 "토우브 떼가toves"가 아마도 활발하게 움직이는 작은 생명체일 것이라고 막연히 알지만 정확히 무엇인지 알

길이 없다. 따라서 내용어는 기능어보다 정보상 더 많이 두드러진다.

둘째, 이미 알려지고 예측가능한 정보를 "정보상으로 눈에 덜 띄는 informationally less salient" 정보로 명명할 것이다. 기능어를 자주 들어 보지 않은 사람이라도 문장 어디에 기능어가 있어야 하며 어떤 단어가 올지를 예측할 수 있다. 예컨대, "남자아이는 많은 생각 갖고 있다Boy has lots ideas"라는 문장을 듣는다면, 누구를 남자아이로 지칭하는지(영어의 경우 boy 앞에 한정사 the가 누락되어 있다) "생각" 뒤에 목적격 조사 "을"이 누락되어 있음을(영어의 경우, lots 다음에 "of"가 누락되어 있다) 알 수 있다. 하지만 "그 남자는 많이 갖고 있다" 문장에서는 무엇을 많이 가지고 있는지 내용어를 예측할 수 없다. 그러므로 기능어는 종종 내용어보다 정보상으로 덜 두드러진다.

일반적으로, 내용어와 기능어 간의 구분은 정보의 두 가지 형태의 구분과 같다. 하지만 이분법적인 용어를 떠나 더 혹은 덜 두드러진 정보 간의 구별은 의사소통의 실제 맥락에서만 가능한 것이다.

강세와 억양

영어에서 정보의 두드러짐은 강세에 의해 표시된다. 바꿔 얘기하면, 말의 분출 단위에서 다양한 강세 패턴으로 억양 곡선을 만든다. 이러한 용어들이 무엇을 뜻하는지 아래 짧은 대화[2]를 살펴보자:

1. 화자 A: 근래 좋은 책을 읽어 보셨습니까?
   화자 B: 글쎄요, 나는 최근에 충격적인 책을 읽었어요.
   [책을 묘사하는 대화가 계속된다.]

---

2) 예시문의 원문은 다음과 같다:

Speaker A: Have you read any good books lately?
Speaker B: Well, I read a shocking book recently.

화자 B가 대답을 구성하는 방식은, B 반응의 맥락인 화자 A의 발언에 의해 일부 결정된다. B의 문장이 어떻게 만들어졌는지 잠깐 생각해 보자. 영어권의 경우 단어 강세에 따라 두드러지는 단어의 정보가 다르다.

강세는 물리적인 개념이 아니라 심리적인 개념이다. 영어권 사람은 말의 분출 단위에서 다양한 정도의 강세를 (무의식적으로) 듣거나 사용할 수 있다. 그러나 이는 하나의 일관된 방식으로 외관상 드러나는 것이 아니다. 강세는, 증가된 음의 높이나 길이의 조합에 의해 혹은 단어의 주된(강조되어 악센트가 주어지는) 음조pitch의 변화(음을 높이거나 낮추기, 천천히 높이거나 천천히 낮추기 등)에 의해 물리적으로 표현된다. 이들 중 한두 개가 매우 복잡한 방식으로 다른 것을 대체하여 사용될 수 있다.

어떤 경우라도, 영어권 사람은 무의식적으로 강세를 사용하고 인지한다. 그리고 약간의 훈련으로 강세에 대한 의식적인 지각이 가능하다(대개 강세를 무의식적으로 사용하고 인지하지만, 몇몇 사람들은 강세의 차이를 의식적으로 더 잘 지각할 수 있다). 다른 단어보다 더 많은 강세를 가진 단어는 더 두드러지게 들린다(강세를 가진 단어는 종종 더 크게 발음된다. 하지만 영어권 사람은 단순히 발음이 길거나 음조 변화를 갖는 단어 역시 더 크게 발음되는 것으로 인식할 수 있다).

B의 반응에서 말의 분출 단위가 어떻게 들리는지 가정해 보자. 첫 번째 단어인 "글쎄요"는 아무 내용이 없고 단순히 화자 B의 반응을 화자 A에 연결할 뿐이므로 상대적으로 낮은 음조와 낮은 크기의 강세로 들릴 수 있다. 하지만 "글쎄요"라는 단어가 다른 상황에서도 덜 중요한 것은 아니다; 실제로, 그러한 단어는 담화에서 여러 문장에 걸쳐 정보를 담거나 연결하는 기능을 한다. "글쎄요"는 B 발화의 분출 단위에서의 첫 단어이며 B의 대화 순번 시작이기 때문에 B 음성의 기본 음조에 가까운 음조로 언급될 것이다(아마도, B의 순서 시작을 나타내기 위해 A의 말이 끝나는 지점에서 B의 기본 음조보다 약간 더 높을 수 있다).

A가 질문한 맥락에서 B 문장에서의 주어가 누구인지 충분히 예측가능하

며 이는 기능어에 해당된다. 따라서 정보상 두드러지지 않고 낮은 강세—겨우 들릴 정도의 음 높이, 화자 B의 기본 음조에 가까운 음조—로 표현될 것이다. 내용어인 "읽었어요"도, 화자 A의 이전 질문에서 언급된 내용 때문에, 예측가능하다. B의 말에서 "책"이란 단어도 마찬가지다. 이들 단어는 매우 낮은 정도의 강세를 지닌다. 이들 단어는, 의미 단어로서 의미를—그러나 새로운 정보인 "충격적인"보다 확실히 적은 의미를—전달하며 기능어인 "글쎄요" "나" "하나의(부정관사)"보다 더 많은 의미를 가진다. 부정관사인 "a" 역시 정보상 덜 두드러지며 강세가 거의 없다. 화자는, "읽었어요"와 "책"과 같은 단어를 기본 음조보다 약간 높이거나 낮춤으로써 혹은 "나"와 "하나의(부정관사)" 단어에 비해 상대적으로 소리를 높임으로써 강세를 표현할 것이다.

한편 "충격적인" 단어는 문장에서 가장 예측불가하며, 정보상 두드러진 새로운 정보다. 화자는 문장에서 이 단어에 가장 많은 강세를 주어 이 단어를 두드러지게 만들 것이다. 말의 분출 단위에서 가장 큰 강세를 가진 단어나 구는 목소리의 올림이나 내림과 같은 음조의 변화(경과음, pitch glide로도 명명된다)로 표현된다.

화자가 "충격적인"의 단어에 목소리 음색을 미끄러지듯 올리거나 내리기 시작하며 뒤따르는 단어인 "책"과 "최근에"에 같은 경과음을 지속함으로써 음색을 변화시킨다. 물론, 화자가 선택하는 음조의 변화가 무엇이든, 즉 내리든, 올렸다가 내리든, 내렸다가 올리든, 그러한 변화들은 의미를 갖는다(예컨대, 화자의 음조는 질문에서 미끄러지듯 올라가거나 특정 진술문에서 낮아질 수 있다). 일단 여기서는 그 차이에 대해 다루지 않겠다.

"충격적인" 단어에서 시작되는 경과음은 "충격적인"이 억양 단위의 강조 the focus of the intonation unit임을 나타내는 것이다. 억양 단위intonation unit[3]는

---

3) 억양 단위는 "하나의 억양 윤곽에서 나타나는 발화의 길이"(Chafe, 1988, 1994)라고 정의되며, 억양 단위의 구획 기준은 "억양의 통일성(coherent contour), 단위의 시작에서 기본 피치(pitch), 다시 시작(reset), 단위의 시작에서 휴지(pause), 단위의 시작에서 빠른 음절의 연쇄(anacrusis), 단위의 끝에 장음(lengthening)"이다(남길임, 2009; 전영욱, 2003). 전영욱

경과음 전의 모든 단어이며, 경과음이 진행되는 동안 수반되는 모든 단어이다. 다음에 나타날 억양 단위는 경과음이 끝날 때 시작한다. 종종 억양 단위간에 약간의 멈춤(혹은 망설임)이 있으며 마지막 억양 단위의 기본 음조보다 다음 억양 단위의 첫 단어(내용어든 아니든 상관없이)를 약간 올리거나 내리는데, 이러한 약간의 멈춤이나 음조의 변화는 청자에게 새로운 억양 단위가 시작했음을 이해하는 열쇠가 된다.

A에 대한 B의 반응에서 "최근에"란 내용어는 다소 불필요하다(많이 두드러지지는 않는다). 왜냐하면, 이는 A의 질문에서 언급되지 않은 표현이지만 A가 사용한 "근래" 단어로 함축되기 때문이다. 따라서 "최근에"는 "읽었다" "책"의 내용어보다 약간의 강세만을 갖고 있을 것이다. 화자는 "충격적인"에서 시작되는 경과음의 일부로서 "최근에"를 경과음으로 발음할 때 "최근에"를 조금 더 크게 발음하고 주 모음(예, recently의 영단어에서 cent)을 약간 더 올리거나 내려서 얘기할 수도 있다.

(2003)이 제시한 억양 단위의 예를 보면 다음과 같다:

화자 A: 칠사 칠오 둘 중에 누가 올 것 같아?
화자 B: 이 분이 칠오야? 이 분이 칠오 아니고?
화자 A: 아니 나도 잘… 이 분인 거 같은데 정확히 말을 안 해 줬어 아무도

위의 대화가 실제로는 아래와 같이 이뤄질 것이다:

칠사 칠오↘
둘 중에 누가 올 것 같아?↗
이 분이 칠오야?↗
이 분이 칠오 아니고?↗
아니 나도 잘,↘
이 분인 거 같은데 정확히 말을 안 해 줬어↘
아무도↘

위의 억양 단위 예에서 보듯, 억양 단위는 실제 담화에서 억양, 소리의 높낮이, 길이, 휴지(休止) 등 운율적인 요소가 실현되는 운율 단위(prosodic unit)이다. 또한 억양 단위는 화자의 의식에 순간 떠오른 정보가 발화된 것으로 화자의 의식에서 정보의 흐름을 보여주는 단위이다. 하나의 문장이 하나의 억양 단위로 표현되기도 하지만 여러 번의 억양 단위에 걸쳐 표현되기도 한다.

아래는 화자 B가 어떻게 발화했는지 시각적으로 표현한 것이다.

shock
ing
read book cent
Well re
I a ly

물론, 이 문장을 다른 뉘앙스로 전달하는 다양한 방법들이 있다.

마지막으로 영어의 억양에서 중요한 특징을 보자. 영어에서 억양 강조(경과음)가 마지막 절의 내용어에 놓인다면(예로, "저 예쁜 빨간 꽃"의 "꽃"에 억양 강조를 둔다면), 주목을 끄는 새로운 정보는 그 단어이거나 구절 전체가 될 것이다(즉, "꽃"이거나 전체 구절인 "저 예쁜 빨간 꽃"). 물론, (대화) 맥락에 따라 어느 경우인지 정해질 것이다. 만일 억양 강조(경과음)가 절의 마지막이 아닌 다른 곳에 위치한다면, 그 단어는 명백하게 새 정보가 된다(예로, 억양 초점이 "빨간"에 있다면 명백한 새 정보는 "빨간"이 된다). 위 예에서 "충격적인"은 절의 마지막 단어가 아니며("충격적인 책"의 명사구에서 형용사) 따라서 명백하게 새로운, 두드러진 정보이다.

억양 초점(경과음)이 문장의 마지막 단어(내용어)에 놓일 때, 화자가 의도한 두드러진 새 정보가 그 단어인지, 앞의 단어인지, 그 단어가 속한 구절인지 알 수 없어진다. "이번 여름에 Mary는 15권의 할당된 책을(*의역*: 책 읽기를) 끝냈다"와 같은 발화에서, 화자가 "책"에 경과음을 시작한다면 새로운 명백한 정보는 "책"("Mary는 15개의 할당된 무엇을 끝냈나요?" 질문에 대한 대답), "할당된 책"("Mary는 15개의 무엇을 끝냈나요?" 질문에 대한 대답), "15권의 할당된 책"(Mary는 무엇을 끝냈나요?" 질문에 대한 대답)이 될 것이다. 왜냐하면, "책"은 "15권의 할당된 책"이라는 명사구의 일부이기 때문이다.

주요 새 정보는 "15권의 할당된 책을 끝냈다"가 될 수도 있다. 왜냐하면 이 구는 "책"와 함께 구성된 동사구이며, "책" 단어를 포함하고 있기 때문이다("Mary는 무엇을 했습니까?" 질문에 대한 대답). 실제로, 영문장인 "Mary finished fifteen assigned books"에서 "책"은 문장의 마지막 단어이기 때문에, 이 문장에서 모든 것이 새로운 주요 정보가 될 수 있다("무슨 일이 있었나요?" 질문에 대한 대답). 물론, 실제 맥락에서 무엇이 새로운 주요 정보인지 아닌지가 명백해질 것이다.

결국 발화가 언급된 상황은, 청자의 지식에 대한 화자의 가설과 함께, 문장에서 각 단어와 구절의 정보상 두드러짐의 정도를 결정하곤 한다. 그러나 화자는 정보의 두드러짐이나 단어 혹은 구의 중요성을 부각하기도 하고 중시하지 않을 수도 있다. 그리고 청자의 배경지식에 대한 화자의 가설(추측)이나 맥락의 특정 내용을 무시할 수도 있다. 이것은 화자가 단순히 맥락에 반응하는 것이 아니라 오히려 적극적으로 맥락을 만들어 내고 다루고 있음을 보여주는 것이다. 화자가 과도하게 청자에 대한 정보나 맥락의 내용을 무시할 경우 이상하거나 문맥에 맞지 않는 말을 하게 될 수도 있다.

기능어의 정보는 상황에 따라 중요할 수 있으며 이 때 기능어에 더 큰 강세가 있을 수 있다. 다음의 예[4]에서 대화 맥락을 고려해 보자:

2. A: Mary가 그녀의 남편을 (향해 총을) 쐈니?
   B: 아니, 그녀는 당신의 남편을 쐈어!

이 대화 맥락에서, "당신의"에 의해 전해지는 정보는 예측불가능하며 새롭고 두드러진 정보이다. 따라서 이 단어에 강세가 있다(실제로, "당신의"는 "그녀의"와는 대조적이며 놀라운 정보이므로 추가 강세를 둔다). 2B에서 주어진 맥락(2A)을 고려할 때 "당신의"는 억양 단위의 강조가 될 것이다. 화자가 뭔가를 대조하거나 강조하고자 할 때 추가적인 강세(보다 더 극적인 음색의 변

---

4) 예문의 원문은 다음과 같다:

Speaker A: Did Mary shoot her husband?
Speaker B: No, she shot YOUR husband!

화나 크기 등으로 표시됨)를 둘 수 있는데 이를 강조 강세emphatic stress라고 명명한다.

행

말을 구성하는 작은 분출은, 억양 곡선으로 강조되는 하나의 새로운 정보를 갖고 있다(예를 들면, 예 1의 "충격적인"과 예 2의 "당신의"가 이에 해당된다). 분출 후에 흔히 쉼, 주저함 혹은 속도상 약간의 끊김이 있다.

은유적으로 말하자면, 마음은 눈과 같은 기능을 가진 것으로 생각할 수 있다(Chafe, 1980, 1994). 예를 들면, 지난 여름 방학 동안 무슨 일이 있었는가와 같이, 말하고 싶은 정보의 크기를 생각해 보자. 이 정보는 내 머리 속에(장기 기억 속에) 저장되어 있다. 지난 여름 방학에 대해 말하고 싶을 때, 화자의 마음의 눈(의식의 능동적인 집중/주의)은 당시 여름 방학에 관한 전체적인 정보의 일부만을 들여다볼 수 있다.

유사하게, 큰 장면(예로, 작품이나 풍경)을 보고 있다면, 나의 눈은 한 번에 작은 크기의 시각적인 정보를 응시하거나 고정할 수 있다. 장면의 여기저기를 잠깐 잠깐 흥미를 지니고 멈추어 응시하면서 눈은 전체 배경 위를 빠르게 오간다(실제로 특정 장면, 책의 지면, 그림을 보는 사람들의 눈을 관찰해 보라). 마음의 눈은 한 번에 적은 분량의 정보에 집중하고, 이를 언어로 해독하며 말의 작은 분출 단위로 표현한다. 말에서 개별의 작은 덩어리chunk는 마음의 눈 초점에 비유될 수 있으며 두드러진 정보의 주요 부분을 담고 있다.

그러한 덩어리chunk(지금까지 분출spurts로 언급됨)는 정보 기능을 강조할 때 "생각 단위idea units"로 불리고, 억양의 특성을 강조하고자 할 때 "어조 단위tone units"로 명명되기도 한다. 생각 단위나 어조 단위는 행lines을 설명할 때 필요한 것이므로 여기서 언급하고자 한다.

행의 기능을 이해하기 위해 아래 예를 살펴보자. 아래 예는 7살 아프리카계 미국 여아의 이야기 시작 부분이다(이 장의 서두에 이야기의 일부분이 소개되었다). 각 행은 분리되어 번호가 매겨져 있다. 각각의 행에서 강세를 가지고 주요 음조 변화를 동반하는—이에 따라 새롭고 가장 두드러진 정보를 전달하는—단어나 구는 밑줄이 그어져 있다(한 단어 이상이 밑줄 그어진 경우, 구의 마지막 단어에 경과음이 발생한다. 그 절이 얼마나 두드러진 정보인가는 문맥으로부터 결정된다):

3a. last yesterday (어제)
3b. when my father (아빠가)
3c. in the morning (아침에)
3d. an' he ⋯ (아빠가⋯)
3e. there was a hook (난처한 상황이 있었어요)
3f. on the top of the stairway (계단 꼭대기에서)
3g. an' my father was pickin me up[5)] (아빠가 나를 데리고 갔어요)
3i. an' I got stuck on the hook (나는 꼼짝 못하고 있었어요)
3j. up there (위층 거기서)
3k. an' I hadn't had breakfast (나는 아침을 먹지 않았어요)
3l. he wouldn't take me down (아빠가 나를 데리고 내려가지 않으려 했어요)
3m. until I finished all my breakfast (아침을 다 먹을 때까지)
3n. cause I didn't like oatmeal either (왜냐하면 난 오트밀이 싫었거든요)

밑줄 친 단어나 구(절이 묶일 수밖에 없는 기능어 제외)는 새로운 정보를 포함한다. 첫째 행(3a)은 이야기의 사건이 어제 일어났음을 알려 준다(아이의 언어에서 "어제"는 "얼마 전"을 의미함). 두 번째 행(3b)은 다음에 이어질 이야기에서 주된 캐릭터인 아버지를 소개한다. 세 번째 행(3c)은 이야기(꼼짝 못하게 된 이야기)가 시작되는 부분이다. 네 번째 행(3d)은 말을 더듬는 부분

5) "pick up"은 동사와 전치사가 결합된 것으로 하나의 어휘 단위다. 경과음은 "pick"에서 시작된다.

인데 아이가 무엇을 말할지 계획하는 모습을 보여 준다(모든 발화에는 그러한 말더듬이 있음). 다섯 번째 행(3e)은 어떤 곤란한 상황이 있었는지 소개하며, 여섯 번째 행(3f)은 어디에서 그런 상황이 발생했는지 보여 준다. 일곱 번째 행(3g)은 꼼짝 못하게 된 원인행동을 소개한다. 3b에서 이미 언급된 덕분에 "아빠"는 현재 오래된 정보이며 3g에서 아빠에 강세가 적게 주어진다. 따라서 이미 오래된 정보인 "(나의) 아빠"는 새 정보(데리고 가는 행동)를 포함하는 행 "아빠가 나를 데리고 갔어요"의 일부이다. 여덟 번째 행(3h)은 이전 일의 결과, 즉 꼼짝 못하게 된 결과이다.

행의 나머지 부분들도 같은 방식으로, 한 번에 하나의 눈에 띄는 정보를 드러내며 기능한다. 성인은 (인식의 중요한 부분을 언어로 변환하는 능력 덕분에) 좀 더 긴 행을 말할 수 있지만 모든 발화가 전부 긴 것은 아니다.

아이가 말하기를 시작하고 충분한 정보가 만들어졌을 때(이 때문에 그 일부가 오래된 정보가 되었을 때) 각 행은 하나의 절 길이가 되곤 한다. 3i를 제외하고 3f 행 이후의 모든 행이 하나의 절이다. 아이는 위에서 인용한 부분 이외에도 계속 말했는데 더 많은 행이 하나의 절이었다. 모두 그렇지는 않지만 발화에서 대부분의 행은 한 절의 길이이다. 흥미롭게도 행의 길이는 말하는 스타일에 따라 다른데 한 절 길이의 행을 많이 포함하는 발화의 스타일도 있다.

독자가 텍스트를 읽을 때 마음속으로 텍스트의 문장을 말한다. 독자는 텍스트를 마음속으로 읽으면서 텍스트를 행으로 나누는 방법을 선택한다(마음속으로 읽을 수 있는 능력 때문에 실제 말하는 것보다 행이 다소 더 길 수 있다). 그러한 선택은 텍스트에 의미를 부여하는 일(해석)의 일부이며 행으로 나누는 여러 선택은 다양한 해석으로 이어질 수 있다. 정도에 따라 차이는 있지만 작가는 독자가 행으로 나누어 읽는 과정을 유도(안내)해 볼 수 있으며 완전히 결정할 수는 없다.

예컨대, 학술지 서두에서 임의로 발췌한 아래 두 문장을 보자. 처음 마음속으로 읽은 행의 경계에 "/" 표시를 해 두었다:

> 대화에서/기억하기의 사회적 구조화가 나의 주제이다. 개인적으로나 집단적으로 관련 있는/과거 경험을 사람들이 어떻게 다루는가/를 조사하는 것이 나의 구체적인 관심사이다(Middleton, 1997, p. 71).[6)]

첫 문장에서 "대화에서"는 분리된 행으로 취급할 수 있다. 아마도, 기억하기는 많은 경우 사회적으로 조직화될 수 있으나 대화는 그 중 하나이며 Middleton의 관심사이기 때문이다. 두 번째 문장을 행으로 나눈 방법은, 첫 번째 문장에서 이미 알려진, Middleton의 주된 주제와 관련된다(저자의 관심사는 "대화에서 기억하기의 사회적 구조화"이며 이는 "(이 주제)를 조사하는 것이 나의 구체적인 관심사이다"에 의해 재언급됨). 두 번째 문장은 다음 두 가지 부분으로 구성된다: "과거 경험을 사람들이 어떻게 다루는가" 행과 "개인적으로나 집단적으로 관련 있는" 행이다. 즉, 작가는 기억을 다루려 하며, 기억은 개인이나 집단 현상으로서 다루어진다. Middleton의 논문 제목에서 이 두 가지 부분이 언급되었고 콜론(:)을 이용하여 두 개의 주제로 분리되어 있다. 행은 글로 쓰이든 구술되든 텍스트의 정보 구조를 반영한다.

연

발화의 각 행에 포함된 정보는 화자가 말하려는 모든 것을 다루기에 그 단위가 너무 작은 경우가 대부분이다. 행이 표현하는 의식의 몇몇 초점을 좀 더 큰 정보의 관점에서 조망할 필요가 있다. 즉, 화자가 마음속에 의식의 단일 초점보다 더 큰 덩어리를 갖고 있으며 몇몇 의식의 초점이 더 큰 덩어리의 단

---

6) 원문은 다음과 같다:

"My topic is the social organization of remembering/ in conversation. My particular concern is to examine/ how people deal with experience of the past/ as both individually and collectively relevant."

(출처: Middleton, D. (1997). The social organization of conversational remembering: Experience as individual and collective concerns. Mind, Culture, and Activity. 4(2), 71–85.)

일 정보를 구성한다.

앞서 살펴보았던 소녀의 이야기 도입 부분을 다시 살펴보자. 의식의 초점(행)은, 이어질 이야기에서 주된 행동들을 상황화하고 맥락화하기 위해 독자들이 알 필요가 있는 배경, 즉 맥락을 구성하거나 이야기의 시작을 구성한다. 이러한 행은 전체 이야기 내에서 더 큰 단일 정보(여기서는 맥락)를 구성한다. 그러나 이러한 정보 내에서도 더 작은 하위단위의 정보가 있다: 어린 소녀는 여러 행에 걸쳐 하나의 주제(예컨대, 곤란에 빠지는 주제)를 표현했고 또 다른 여러 행에 걸쳐 다른 주제(예컨대, 아침식사 하기의 주제)를 표현하였다. 단일의 관심, 사건, 이미지, 관점, 혹은 주제를 위해 일련의 행 세트를 사용한 것이 "연stanza"이다.

아래는 행과 연의 관점에서 소녀의 이야기의 도입 부분을 나열한 것이다.

이야기의 맥락:

연 1 (곤란에 빠짐):

4a. <u>last yesterday</u> (어제)

4b. when my <u>father</u> (아빠가)

4c. in the <u>morning</u> (아침에)

4d. an' he··· (아빠가···)

4e. there was a <u>hook</u> (난처한 상황이 있었어요)

4f. on <u>the top of the stairway</u> (계단 꼭대기에서)

4g. an' my father was <u>pickin me up</u> (아빠가 나를 데리고 갔어요)

4h. an' I got <u>stuck</u> on the hook (나는 꼼짝 못하고 있었어요)

4i. <u>up there</u> (위층 거기서)

연 2 (아침식사 하기):

4j. an' <u>I hadn't had breakfast</u> (나는 아침을 먹지 않았어요)

4k. he wouldn't take me down (아빠가 나를 데리고 내려가지 않으려 했어요)

4l. until I finished all my breakfast (아침을 다 먹을 때까지)

4m. cause I didn't like oatmeal either (왜냐하면 난 오트밀이 싫었거든요)

각 연은 특정 시간과 장소에서 일어난 일의 상태, 사건, 중요한 일에 관한 행을 그룹화한 것이다. 각 연은 주요 인물, 주제, 이미지, 관심사 혹은 관점을 강조할 수 있다. 시간, 장소, 인물, 사건 혹은 관점이 변할 때 새로운 연이 시작된다. 각 단위가 시에서의 연과 같아서 이 용어를 사용한다.

연결된 발화는 상자 안의 상자들과 같다. 대부분 단일의 절로 구성된 의식의 초점(행)은 묶여져서, 이야기의 맥락과 같은 더 큰 단일의 정보를 구성한다. 이러한 큰 단위의 정보는 각기 사건, 일의 상태, 주요인물 등에 관한 연으로 구성되어 있다. 화자가 말하기를 계획할 때 능동적으로 정보를 그룹화 혹은 재그룹화하는 방법을 결정하더라도, 정보의 이런 구분은 화자의 머리 속에 정보가 저장된 방식과 관련되어 있다.

거시구조

과세에 대한 논쟁, 나의 여름 방학에 관한 이야기, 혹은 부의 재분배에 대한 설명처럼 보다 방대한 양의 정보는 각기 나름의 특징적이고도 높은 수준의 조직을 갖고 있다. 즉, 더 큰 크기의 정보는, 우리의 몸이 부분(얼굴, 몸통, 손, 다리 등)으로 구성된 것처럼, 특징적인 부분들로 구성되어 있다. 이러한 부분은 몸이나 정보를 구성하는 가장 큰 단위의 부분이다. 이 부분은 좀 더 작은 부분(몸의 부분은 피부, 뼈, 근육으로 구성되어 있고 정보를 구성하는 부분은 연과 행으로 구성되어 있다)을 갖고 있다. 논의된 소녀의 이야기 맥락은 이야기의 큰 조직에 해당한다. 즉, 이야기의 몸통 부분에 해당한다.

아래는 소녀의 이야기 전체를 적은 것이다. 이야기의 각기 큰 몸통을 로마 숫자로 순번 매겼고 제목을 붙였다. 이야기의 큰 몸통을 하나로 묶은 것을 거시구조macrostructure라고 부를 수 있으며 미시구조microstructure를 구성하는 행과 연과는 반대되는 개념이다.

소녀의 이야기 패턴을 더욱 분명하게 이해하기 위해, 행과 연을 표현하는 방식을 약간 바꾸었다. 소녀의 이야기에서 다양한 형태의 머뭇거림이나 말더듬(머뭇거림이나 말더듬은 모든 언어에 존재하며, 화자의 머리 속에서 말하기 계획이 진행되고 있음을 보여 줌)을 모두 제거하였다. 또한 아래 소녀의 이야기에서 행이 완전한 절이 아닐 때 다른 절의 일부로 포함시켰다(예로 "어제 아침에"는 이야기의 범위를 결정짓는 시간 부사이며 연 1에 남겨 놓음). 이렇게 구성된 것은 이상화된 행idealized lines으로 명명된다.

이상화된 행은, 우리가 사람들의 발화에서 의미 있는 패턴을 찾고자 할 때 그리고 발화의 기본 주제와 발화가 조직된 방법을 파악하고자 할 때 유용하다. 이상화된 행을 사용하는 것이 실제 발화의 외부 패턴을 무시함을 의미하는 것은 아니다. 실제로 말하기를 어떻게 계획하고 있는가, 연의 경계가 어디에 존재하는가, 화자가 거시 수준에서 정보를 어떻게 보는가 등의 단서로서 머뭇거림, 쉼, 말더듬, 미완성된 절의 행을 활용할 수 있다. 실제 분석에서 우리는 실제 행과 이상화된 행 사이를 끊임없이 오간다.

7살 소녀의 이야기

I. 맥락

연 1

1. Last yesterday in the morning (어제 아침에)
2. There was a hook on the top of the stairway (계단 꼭대기에서 난처한 상황이 있었어요)
3. an' my father was pickin' me up (아빠가 나를 데리고 갔어요)
4. an I got stuck on the hook up there (위층 거기서 나는 꼼짝 못하고 있었어요)

연 2

5. an' I hadn't had breakfast (나는 아침을 먹지 않았어요)
6. he wouldn't take me down (아빠가 나를 데리고 내려가지 않으려 했어요)
7. until I finished all my breakfast (아침을 다 먹을 때까지)
8. cause I didn't like oatmeal either (왜냐하면 난 오트밀이 싫었거든요)

II. 일의 발생

연 3

9. an' then my puppy came (강아지가 왔어요)
10. he was asleep (강아지가 자다가)
11. he tried to get up (일어나서)
12. an' he ripped my pants (내 바지를 물어뜯고)
13. an' he dropped the oatmeal all over him (오트밀을 여기저기 흘렸죠)

연 4

14. an' my father came (아빠가 왔어요)
15. an he said "did you eat all the oatmeal?" ("오트밀 다 먹었니?"라고 했어요)
16. he said "where's the bowl?" ("그릇은 어딨니?"라고 했어요)
17. I said "I think the dog took it" ("개가 가져간 것 같은데"라고 했죠)
18. "Well I think I will have t'make another bowl"("음, 오트밀 하나 더 만들어야겠구나")

III. 위기

연 5

19. an' so I didn't leave till seven (그래서 7시까지 자리를 뜨질 못했죠)

20. an' I took the bus (그러고는 버스를 탔어요)
21. an' my puppy he always be following me (내 강아지, 항상 나를 따르죠)
22. my father said, "he—you can't go" (아빠가, "강아지, 너는 못가"라고 했어요)

연 6

23. an' he followed me all the way to the bus stop (강아지는 버스정류장까지 나를 따라왔어요)
24. an' I hadda go all the way back (다시 데려다주어야 했죠)
25. by that time it was seven thirty (그 때가 7시 30분이었어요)
26. an' then he kept followin' me back and forth (강아지가 계속 왔다 갔다 하면서 나를 따라왔어요)
27. an' I hadda keep comin' back (난 다시 돌아와야만 했어요)

IV. 평가

연 7

28. an' he always be followin' me (강아지는 항상 나를 따르죠)
29. when I go anywhere (내가 어디든 갈 때마다)
30. he wants to go to the store (강아지는 가게에도 가길 원하죠)
31. an' only he could not go to places where we could go (우리가 갈 수 있는 곳에 강아지만 가지 못해요)
32. like to the stores he could go (강아지가 갈 수 있는 가게여도)
33. but he have to be chained up (개 줄을 묶어야 하죠)

V. 해결

연 8

34. an' we took him to he emergency (우리는 응급실로 강아지를 데려갔어요)
35. an' see what was wrong with him (무슨 문제인지 보고)
36. an' he got a shot (강아지는 주사를 맞았어요)
37. an' then he was crying (강아지는 울었어요)

연 9

38. an't last yesterday, an'now they put him asleep (어제, 그리고 지금도 강아지를 재웠어요)
39. an' he's still in the hospital (강아지는 아직 병원에 있어요)
40. an' the doctor said he got a shot because (의사선생님은 강아지가 주사를 맞아야 한대요 왜냐하면)
41. he was nervous about my home that I had (강아지가 우리 집을 불안해 한대요)

VI. 종결

연 10

42. an' he could still stay but (강아지는 (집에) 있을 수 있지만)
43. he thought he wasn't gonna be able to let him go (의사선생님은 강아지가 집에 갈 수 없다고 생각해요)

소녀의 이야기는, 시간, 공간 그리고 주요인물의 관점에서 상황을 설명하는 상위 구조의 배경setting을 포함한다. 또한 문제의 계기catalyst, 해결이 필요한 위기crisis, 이야기가 왜 재미있으며 이야기할 만한지를 분명하게 만드는 평가

evaluation, 문제의 해결resolution, 이야기를 끝내는 종결부coda로 구성되어 있다. 이야기의 각 부분은, 평가와 종결부를 제외하고, 두 개의 연으로 구성되어 있다. 어떤 문화나 연령대의 그룹이 이야기를 하든지 간에 모든 이야기에는 구조가 있다. 하지만 하나의 문화 그룹에 속하지만 다른 문화 그룹에는 속하지 않은 이야기의 구조 역시 있다. 예컨대, 이야기의 해결에 앞서 평가를 한 꾸러미 제공하는 것은 십대나 성인보다 어린아이들 사이에서 흔한 일이다. 성인은 그러한 평가를 이야기 전체에 걸쳐 고루 분포시키거나 도입 부분에 평가를 배치하곤 한다.

미국의 몇몇 아프리카계 십대나 성인은, 행동적 기능performance을 주로 평가하며, 청자로 하여금 이야기의 요점을 막연하게 듣기보다는 그 요점에 집중하도록 평가를 표현하곤 한다. 물론, 그러한 문화정보가 유일한 것은 아니며, 어느 문화에서도 그러하듯이, 다양한 아프리카계 미국 문화가 있다(몇몇 아프리카계 미국인은 아프리카 문화와 다르며 다른 문화에 속할 수 있다). 타 그룹 역시 문화가 유사하거나 중복된다.

아프리카계 미국인 문화의 특징을 지닌 이 이야기의 또 다른 측면은, 유일한 방식은 아니긴 해도, 연에서 언어 패턴의 병렬 구조가 상당 부분 있다는 점이다. 예로, 연 3에서 "강아지가 왔어요" 말한 후에 강아지에 대해 네 가지를 언급하고 연 4에서 "아빠가 왔어요" 말한 후에 관련된 사람들에 대해 네 가지를 말하는 방식을 보자. 아버지와 강아지의 병렬(대응)적인 나열은, 젊은 원기왕성한 생명체로서의 강아지와, 질서와 훈육의 장소로서의 어른 세계(가정과 아버지) 간의 갈등을 보여 준다. 일곱 살 소녀로서의 화자는 자유롭고 싶어하는 욕구와 학교에 가서 궁극적으로 어른 세계에 입문해야 하는 책무 간의 갈등에 사로잡혀 있다.

아이들이 허락되지 않은 곳을 가고 싶어하거나 원하지 않는 곳을 가야만 하는 것처럼, 평가와 관련된 연으로부터 유추하건대, 강아지 이야기는 소녀가 갈 수 없는 곳을 자유롭게 가고 싶어한다는 것을 드러내는 것일 수도 있다. 21행에서, 소녀는 "내 강아지, 항상 나를 따르죠"라고 언급하고 평가에서도 반복하여 말한다. "naked be"는 행동이 습관적이라는 것(정기적으로 발생하는 것)을 의미하는 아프리카계 미국인의 영어 방언 유형이다. 여기서는, 소녀를 따라오려는 강아지의 요구가 처음이거나 이따금 일어나는 일이 아니라 강아지의 본성상 매번 발생하는 사건을 의미한다. 이는 해결되어야만 하는 문제이다.

강아지와 어른 세계 간의 갈등 해소는 의사(어른)가 강아지에게 예방주사를 맞히고 강아지를 잠들게 하는 병원에서 발생한다. 즉, 가정과 강아지 간의 갈등에서 어른의 기준이 이겨야 함을 보여 준다. 소녀는 왜 강아지를 가질 수 없는지, 왜 질서, 책무, 훈육의 어른 세계로 사회화되어야만 하는지를 실제 갈등을 통해 보여 준다(아마도, 연 1에서 곤란함은 극적인 장치일 수 있다. 연 1은 소녀의 부모가 소녀에게 가정에서 규율을 요구함을 알리는 단순한 시도이며, 소녀는 그 부당한 대우에 대해 결코 비난하고 있지 않다). 이는 내러티브의 기본 기능이다. 즉, 내러티브는 주 관심사인 문제에 대해 깊이 이해할 수 있는 방식으로 진술된다.

언어학자와 심리학자는 이야기의 위계구조를 이해하는 다양한 방식과 이와 관련된 언어의 유형(해설, 논쟁, 기술)을 제안해 왔다. 하지만 이들은 정보의 각 부분이 다양한 몸통 형태로 마음속에 저장되어 있으며, 정보를 말하거나 쓸 때 종종 부분의 관점에서 정보가 조직됨을 인정했다. 물론 정보를 생산하는 동안 이를 재조직화하며 정보 내에서 구조를 발견하곤 한다.

매크로행

지금까지 행과 연의 예로 어린 소녀의 이야기를 살펴보았다. 행과 연은 아이들의 언어에서 쉽게 발견된다. 성인 언어처럼 한 문장이나 여러 문장에 걸친 복잡한 문장 구조에서는 행과 연의 경계를 발견하기 더 어렵다. 성인은 때론 행과 연을 만들어 통합하고 보다 유연하게 혼합하기 위해 언어의 구문론적인 자원을 사용하기도 한다. 연의 시작은 종종 이전 연과 연결되어 구성되며, 연의 핵심부분은 가운데에 위치하고 연의 마지막은 다음 연과 연관되어 구성된다. 연은 상자라기보다 파도와 같다.

성인은 아이들보다 더 복잡한 언어를 사용한다. 발화에서 문장과 같은 것은 없고, 언어학 단위로서 문장은 글쓰기의 산물일 뿐인 것으로 여겨진다. 나는 이것이 사실이라고 생각하지 않는다. 발화에서의 문장은 글쓰기에서의 문장보다 종종 느슨하게 구성되고 덜 단단하게 묶이거나 통합된다. 사람들은 두 개 이상의 행을 묶어 문장으로 만들기 위해 영어의 구문론적인 자원을 끊임없이 사용한다. 나는 발화의 이러한 문장들을 매크로행macro-lines이라 명명하고, 행(예로, 억양 단위, 생각 단위, 어조 그룹 등)을 마이크로행micro-lines이라 명명한다. 즉, 발화에서 문장으로 간주되는 것을 매크로행으로 칭한다.

매크로행의 예를 살펴보자. 다음 예는 정신분열증을 앓고 있는 20대 여성의 긴 발화의 일부이다. 면담하는 동안 이 여성은 흰 가운을 입은 의사와 작은 방에 있었다. 일정 시간 동안 의사가 일절 피드백이나 반응을 주지 않은 채로 여성이 자유롭게 말하도록 하였다.

아래에 제시될 언어 샘플은 여성의 정신 상태와 관련하여 의사소통 장애를 보이는지를 판단하기 위해 사용된다. (언어학에 대한 전문지식이 없는) 의사들이 이 여성의 문장이 불안정하고 충분히 일관되지 않다고 결론내리는 것은 (수집된 자료의 제한된 분량을 고려하면) 놀랍지 않다. 나는 사실 이 여성의 문장이 굉장히 일관되고 인간의 발화에 대한 이해를 드러내는 전형적인 예시임을 주장해 왔다. 아래 내용은 여성의 긴 발화에서 처음 두 개의 연을 인용하였다. 순번 매겨진 행의 기본 단위(예로, "1a"와 "1b")는 마이크로행이다. 마이크로행 중에는 미완성의 마이크로행이 포함되어 있다. 각각의 마이크로행의 강조점은 밑줄 그어져 있다. 순번(예컨대, "1"이나 "2")이 있는 각 단위는 매크로행이다(따라서 1a와 1b는 하나의 매크로행을 구성한다).

연 1: 폭풍우로 놀이하기

1a. Well when I was little (음 제가 어렸을 때)

1b. The most exciting thing that we used to do is (우리가 한 일 중 가장 재밌었던 것은)

2a. There used to be thunderstorms (폭풍우가 있곤 했는데)
2b. on the beach that we lived on (우리가 살던 해변가에서)

3. And we walked down to meet the thunderstorms (폭풍우를 보려면 걸어 내려와야 해요)

4a. And we'd turn around and run home (그러고는 돌아서 집으로 뛰어가죠)
4b. running away from the (도망쳐서)
4c. Running away from the thunderstorms (폭풍우로부터 도망쳐서)

연 2: 폭풍우로 형성된 파도로 놀이하기
5a. That was most exciting (그게 가장 재밌었어요)
5b. one of the most exciting times we ever had (가장 재밌었던 순간 중 하나는)
5c. was doing things like that (그걸 한 거예요)

6. Besides having like- (그렇게 한 거 외에)

7a. When there was hurricanes or storms on the ocean (바다에 허리케인이나 폭풍이 올 땐)
7b. The waves (파도가)
7c. They would get really big (파도가 정말 커요)

8. And we'd go down and play in the waves when they got big (파도가 클 때 가서 파도에서 놀지요)

1연을 보자(단락의 문법 상세내용은 그 자체로 중요하지 않다. 여기서 중요한 것은 얼마나 다양한 억양 단위나 마이크로행이 서로 관련되어 있는가이다). 1a는 통사적으로 주절인 1b에 종속되는, 시간을 나타내는 절이다. 그리하여 1a와 1b는 함께 하나의 문장을 구성한다. 2a와 2b는 명백히 한 문장의 일부이다. 왜냐하면 2b는 2a의 동사("to be")의 논점이기 때문이다. 3은 두 개의 절로 된 문장("걸어 내려와야 해요"와 "폭풍우를 보려면")이며 단일의 억양 단위(마이크로행)로 얘기된다. 4b는 불완전한 마이크로행이며 4c에서 완전하게 얘기된다. 4c는 진행 중인 절(-ing 절)이며 주절인 4a에 종속되어 있다.

2연을 보자. 5a는 불완전한 마이크로행이다. 5b는 5c에 포함된 술부의 주어이며, 이 둘은 하나의 문장을 구성한다. 6은 잘못 시작된 말이며 이는 지속되지 않고, 7a는 주절인 7b/c에 종속된, 시간을 나타내는 절이다. 7b에서 화자는 "파도wave"를 "파도가 정말 커요" 문장의 주어로 하는, 하나의 분리된 마이크로행을 만들고, 이 주어는 그 다음 마이크로행에서 완전환 문장 내에 대문사 주어("파도가 정말 커요")로 반복된다. 이 패턴은 발화에서 흔한 것으로 좌향 전위left dislocation라 명명된다. 8은 두 개의 절로 구성된 하나의 문장("가서 파도에서 놀지요"와 "파도가 클 때")이다. 화자는 이 문장을 하나의 마이크로행이 아닌 두 개의 마이크로행(억양 단위)으로 말하기를 결정하였다.

많은 구어에서, 문법적인 연관성이 다소 느슨할지라도, 다양한 마이크로행(억양 단위)을 구문론적으로 서로 연관시켜 문장(매크로행)을 찾아낼 수 있다. 분석가들은 억양 단위(마이크로행)가 문법적으로 묶인 방식을 검토할 때 전체 매크로행을 살펴본다.

매크로행의 예를 더 살펴보자. 다음 예는 교육연구기관에 의해 지원되는 프로젝트의 첫 공식 회의 내용이다. 기관 연구자들, 학부 학생과 대학원 연구조교, 6명의 초등학교 교사, 대학 교수, 두 명의 교육과정 컨설턴트가 이 회의에 참석하였다. 이 회의의 목적은 회의가 열리는 지역의 학교에서 역사를 가르치는 기관-대학-학교 합동 프로젝트를 개시하기 위함이다. 아래 텍스트는, 회의와 프로젝트를 주관하는 기관 연구자의 오프닝 인사말이다(전문은

Gee(1993) 참조):

1a. I'm sort of taking up a part of (~의 일부를 담당했죠)
1b. coordinating this project (이 프로젝트를 조직하는 일)
1c. bringing the two schools together (두 학교를 모아)
1d. and trying to organize (조직하는)
1e. well what we're going to do in these meetings (음 이 회의에서 할 일을)[7)]

2a. what it means (내 말 뜻은)
2b. for teachers and researchers and historian and curriculum people (교사, 연구자, 역사가 그리고 교육과정 운영자가)
2c. to come on and try to organize a team (팀을 조직하려는 것)
2d. and students interested in history and other things (그리고 역사와 기타 관심 있는 학생도)
2e. to try to organize a team to get a piece of curriculum (교육과정을 ~하게 하는 팀을 조직하려는 것)
2f. essentially up and running and working in the schools (학교에서 운영하고 작업할)[8)]

1b는 물론 1a 전치사의 목적어이다. 1c와 1d는 1a/b의 주절에 종속된 등위절 coordinate clauses(두 절이 "and"로 연결되었다)이다. 1e는 1d에서 "조직하다"

7) 1연의 의역은 다음과 같다:

저는 두 학교를 모아 이 모임에서 할 일을 조직하고 프로젝트를 조직하는 일의 일부를 담당했죠.

8) 2연의 의역은 다음과 같다:

"제 말 뜻은, 교사, 연구자, 역사가, 그리고 교육과정 운영자가 팀을 이루고, 학교에서 역사와 기타 관심을 가진 학생들이 참여할 교육과정을 위해 팀을 조직하려는 거예요."

동사의 보조물이다("음"을 사용하여 1d와 느슨하게 통합되어 있다).

2연의 모든 내러티브는 1e를 개작한 것이다. 2연의 모든 내러티브는 1연의 문장에 대한 동격구로 보일 수 있으므로 1연과 2연은 하나의 매크로행으로 쉽게 이해되어 모두 1연으로 분류할 수 있다. 2b는 2a와 함께 쓰일 내용의 일부이다. 2c는 2b 주어의 술부(동사구)에 해당한다. 2d는 "팀"과 연합된 절로 대략 이해될 수 있으며, 따라서 "팀"과 함께, 2c "조직하다" 동사의 직접목적어이다. 2e는 2c의 개작본이고 보충물이다. 마지막으로 2f는 2e 동사 "~을 할"의 보어에 해당한다(여기서 구문론은 "to get (동사) the curriculum (목적어) up and running and working (보어)").

이것은 발화에서 문장이 얼마나 느슨하게 통합되어 있는가를 보여 주는 완벽한 예이다. 언어의 문법은 마이크로행을 연결하고 청자가 억양 단위intonation units(마이크로행)에 걸쳐 정보를 통합하고 연결하는 방법의 단서를 표시하기 위해 사용된다.

화자는, 여러 가지 면에서, 말할 때 이런 연결을 찾고 수정하곤 한다. 다양한 이유로, (문장 내에서) 개성이나 사회 관계나 기관 관계를 살펴보면 위 텍스트의 화자가 나중의 회의나 심지어 첫 회의의 남은 일에서 책임지는 사람이 되고 싶지 않음이 분명하다. 그녀가 "음 이 회의에서 할 일을"을 조직하고자 한다고 말하면서, 회의가 아니라 "내 말 뜻은" 일을 수행하기 위해 참여자들 전원의 팀을 "조직하려 하는 것"으로 2의 전 발화에 걸쳐 이전 말(회의)을 수정하였다. 물론, "내 말 뜻은"은 의미상 1d의 동사 "조직하다"와 맞지 않고 다만 고쳐 말한 후 1e에서 동사의 직접목적어 역할을 막연하게나마 수행하고 있다.

이는 우리가 실제 말하거나 소통할 때 문법, 의미, 조직organization이 "일관되게" 나타나는 현상의 좋은 예이다. 이 텍스트의 세세한 부분(예, "이 프로젝트를 조직하는 일"이라고 하지 않고 "이 프로젝트를 조직하는 일의 일부를 맡아"라고 하거나, "팀을 조직하는" 대신 "팀을 조직하려는"이라고 표현하는 것)에는 분석에 유용한 것들이 많은데, 이 세세한 부분을 이해함으로써 개인,

사회, 기관의 요인들이 어떻게 작용하는가를 밝히고 이런 요인에 대한 이해나 의문을 다른 증거와 연관 지을 수 있다.

의미 조각내기

행, 매크로행, 연, 그리고 거시구조는, 화자가 구조와 의미를 어떻게 연합하는가를 드러내어 주므로 중요하다. 이는 화자가 의미를 어떻게 조각내고 조직하는지를 보여 준다. 동시에 분석가들이 이들 단위로 텍스트를 나누는 방법은 텍스트에서 의미가 어떻게 만들어지는지에 대한 가정을 드러낸다. 분석가들은 텍스트에서의 의미 패턴에 따라 분석을 한다.

분석하려는 언어의 억양, 의미, 담론 특성에 근거하여 행, 매크로행, 연, 거시구조들이 텍스트의 어디에 위치한다고 생각하는지, 그 외 자료로부터(예를 들면 더 큰 맥락, 다른 텍스트, 면담, 민족지학 정보 등) 화자의 의미에 대해 알고 있는 것이 무엇인지 질문해 본다. 텍스트의 전체 주제나 의미에 대해 떠오르는 생각에 근거하여 그러한 구조적인 판단을 한다. 텍스트를 깊이 이해하고 주제와 의미에 대해 새로운 예측을 해 보기 위해 분석 중에 드러나는 구조(예, 행과 연)를 사용한다. 텍스트의 어조, 문법, 담화적 특징을 더 깊이 조사하거나 텍스트의 더 깊은 의미를 보면 우리가 구분한 몇몇 단위가 잘못되었을 수 있다.

마지막으로, 텍스트의 행과 연 표현은, 위의 강아지에 대한 7살 소녀의 이야기에서처럼 두 가지 기능을 갖고 있다. 먼저, (텍스트의 행과 연은) 소녀가 말하는 동안 의미를 "배열하는" 패턴을 나타낸다. 둘째, 텍스트에 부여하는 의미를 표현하고 이미지화한다. 분석가로서 우리는, 텍스트와 텍스트의 맥락에 부여하는 모든 맥락화된 의미와 형상화된 세계를 행과 연의 표현과 연관지어야 한다.

추천문헌

Bolinger, D. (1989). *Intonation and its uses: Melody in grammar and discourse.* Stanford, CA: Stanford University Press. [A classic book on intonation by a man who was a master of the field]

Brazil, D., Coulthard, M., & Johns, C. (1980). *Discourse intonation and language teaching.* London: Longman. [An older book, but, nonetheless, still the best introduction to intonation and its uses in discourse]

Chafe, W. L. (1979). The flow of thought and the flow of language. In T. Givon, Ed., *Syntax and semantics 12: Discourse and syntax.* New York: Academic Press, pp. 159–81. [Chafe's work is seminal on how language in use relates to the organization of language in the mind]

Chafe, W. L. (1980). The deployment of consciousness in the production of a narrative. In W. L. Chafe, Ed., *The pear stories: Cognitive, cultural, and linguistic aspects of narrative production.* Norwood, N. J.: Ablex, pp. 9–50.

Chafe, W. L. (1994). *Discourse, consciousness, and time: The flow and displacement of conscious experience in speaking and writing.* Chicago: University of Chicago Press. [One of the best books ever written on discourse. Good discussion of idea unites and the organization of language in use]

Gee, J. P. (1985). The narrativization of experience in the oral style. Journal of Education, 167: 9-35 [Reprinted in C. Mitchell & K. Weiler, Eds., *Rewriting literacy: Culture and the discourse of the other.* New York: Bergin & Garvey, 1992, pp. 77–101]. [Explicates my approach to lines and stanzas in analyzing African-American children's language]

Gee, J. P. (1986). Units in the production of discourse, *Discourse Processes,* 9: 391–422. [Explicates the notion of lines and stanzas]

Gee, J. P. (1991). A linguistic approach to narrative. *Journal of Narrative and Life History* 1:15–39. [Explicates my approach to narrative]

Gee, J. P. (2012). *Social linguistics and literacies: Ideology in Discourses.* Fourth Edition. New York: Routledge. [Updates material in my articles cited above]

Halliday, M. A. K. (1989). *Spoken and written language.* Oxford: Oxford University Press. [Classic book on the nature of and contrasts between speech and writing]

Halliday, M. A. K. & Greaves, W. (2008). *Intonation in the grammar of English.* London: Equinox Publishing. [Best technical book on intonation and its uses in discourse available]

Huddleston, R. & Pullum G. K. (2002). *The Cambridge grammar of the English language.* Cambridge: Cambridge University Press. [An excellent descriptive grammar. The most comprehensive account of English grammar available today]

Hymes, D. (1981). *In vain I tried to tell you: Essays in Native American ethnopoetics.* Philadelphia: University of Pennsylvania Press. [Important work on the organization of lines and stanzas in Native American languages]

Hymes, D. (1996). *Ethnography, linguistics, narrative inequality: Toward an understanding of voice.* London: Taylor & Francis. [Collection of some of Hymes's work on lines, stanzas, and narrative]

Labov, W. (1972a). The logic of nonstandard English. In *Language in the inner city.* Philadelphia, PA: University of Pennsylvania Press, pp. 201–40. [Classic work on African-American Vernacular English and is relation to Standard English]

Labov, W. (1972b). The transformation of experience in narrative syntax. In *Language in the inner city.* Philadelphia, PA: University of Pennsylvania Press, pp. 354–96. [Labov's approach to the analysis of oral narratives is now standard]

Labov, W. & Waletzky, J. (1967). Narrative analysis: Oral versions of personal experiences. In J. Helm, Ed., *Essays on the verbal and visual arts: Proceedings of the 1966 Annual Spring Meeting of the American Ethnological Society.* Seattle, WA: University of Washington Press, pp. 12-44 [Classic article explicating a much used approach to linguistic narrative analysis]

Quirk, R. Greenbaum, S., Leech, G., & Svartvik, J. (1985). *A comprehensive grammar of the English language.* London: Longman. [An outstanding technical functional grammar based on actual English usage]

제11장

담론 분석의 예 1

담론 자료의 예

이 장과 다음 두 장은 책에서 제시한 조사 도구의 예시를 다룰 것이다. 9장에서 지적한 바와 같이 실제 담론 분석은 이상적인 모델ideal model로 완전히 실현되지 않는다. 실제 분석에서는 특정한 만들기 작업에 좀 더 집중하거나 특정한 조사 도구를 더 엄밀하게 사용하기도 한다. 모든 과학이 그러하듯 담론 분석은 사회적 활동이므로 다른 누군가가 담론 분석에서의 이러한 빈틈을 메워 주리라 희망하고 믿는다.

이 장에서는 완전한 담론 분석을 시도하지 않았다. 게다가 담론 분석을 실행하기 위해서 따라야 하는 고정된 절차가 있다고 제안하고 싶지 않다. 다만 이 장에서는 앞서 제기된 많은 논의점과 관련하여 몇 가지 사례를 제공할 것이다.

여기서 사용할 자료는 나의 연구팀이 십대 중학생들과 수행한 장기 면담의 일부이다. 우리의 면담은 특정 형식을 취하고 있는데 먼저 십대들에게 그들의 삶, 가정, 공동체, 관심사, 학교에 관하여 질문을 했다. 우리는 이를 면담의 '생애 영역'이라 부른다. 두 번째는 십대들에게 인종주의나 성차별주의와 같은 사회 이슈에 대한 '이론 같은' 설명이나 의견을 제안하도록 요청했으며 이는 면담의 '사회 영역'이다. 여기에 추가하여 우리는 십대들의 일상생활, 가정생활, 공동체 생활, 그리고 또래그룹 내에서의 생활 등을 따라다니며 학교, 가정, 공동체에 대한 자료를 수집했다.

십대와 십대의 환경에 익숙한 연구 보조자들이 십대들을 개별적으로 면담하였다. 십대들은 모두 면담자들을 학교에 속한(실제로 대학에 속한) 사람이라고 인식하였다. 사실, 우리는 십대들이 각각 이런 정체성에 어떻게 적응하는지에 관심이 있었다. 우리는 또한 유사한 방식으로 십대들의 담임선생님과 대학 교수들을 대상으로 동일한 문제에 대해 어떻게 말하는지 알아보고자 면담하였다.

이 장에서는 두 세트의 면담에 대해 집중하고자 한다. 첫 번째 세트는 "노동자 계층 가정" 출신의 십대들과의 면담이다. 이들은 모두 Massachusetts에 위치한 후기산업 도심지에 거주하고 있었는데 이 곳은 전통적인 노동자 계층의 직업이 빠르게 사라지고 있는 지역이다. 또 다른 세트는 소위 중·상위 계층 가정 출신의 십대들과의 면담이다. 이 십대들은 Massachusetts 외곽 지역에서 엘리트 공립학교에 재학 중이며 부모 모두 혹은 한쪽이 의사, 변호사 혹은 대학 교수 직업을 갖고 있다.

이분법적인 구분이 이미 명확하므로 두 그룹을 대조하려는 것은 아니다. 다양하고 복잡한 연속체들이 분명히 작용하고 있다. 하지만 이런 구체적인 구분은 오늘날 신자본주의, 첨단기술의 글로벌 세계에서 중요한 논의의 시작점이 될 수 있다. 선진국에서 전통적인 노동자 계층 출신의 젊은이들이, 저비용 지역으로 직업이 아웃소싱되고 노동조합의 감소로 좀 더 나은 일자리의 심각한 부족에 직면해 있다. 그들은 부족한 자원으로 인해 어려움에 처한 학교에 재학하고 있다. 한편, 부유한 외곽 지역과 준교외 지역에 살고 있는 많은 학생들은, 덜 부유한 도심지 학생의 학교와는 다른, 정보화된 글로벌 세계의 문화 자본cultural capital을 가진 학교에 재학 중이다.

새로운 세계 자본주의는 이들 두 집단을 공동의 시민성co-citizenship을 공유하지 않은 문화의 일원으로 빠르게 전환시키고 있다. 부유한 집단은 전 세계 유사한 엘리트들과 점진적으로 더 많은 소속감을 느끼게 되었으며 본국에 있는 덜 부유한 집단들에 대한 책임감을 덜 느끼고 있다. 물론, 그러한 소속감은 공유된 형상화된 세계figured worlds, 사회 언어social languages 그리고 거대 담론Discourses의 산물이자 원인이다. 동일한 현상이 세계 곳곳에서 발생하고 있다.

"사회 계층"이라 명명하는 것은 위의 단락에서 전하고자 하는 내용 그 이상은 아니다. 담론 분석에서는 이분법적인 분류를 위해서가 아니라 연속선상의 양 극단이 지닐 수 있는 유사점이 무엇인지 살펴보기 위해 두 비교집단을 들여다보곤 한다. 그러면 보다 미묘한 차이가 있는 복잡한 그림으로부터 새로운 생각을 얻을 수 있을 것이다.

사회 · 문화적으로 맥락화된 정체성을 함께 구성하기

9장에서 7가지의 만들기 작업building tasks은 담론 분석을 통해 조사하고자 하는 맥락의 7가지 구성요소임을 논의했었다. 세 번째 만들기 작업인 정체성에 대해 살펴보면서 분석을 시작하고자 한다. 사회적으로 의미 있는 정체성이 언어를 통해 상호 구성되는 과정(언어로 정체성이 구성 · 수행되며 동시에 정체성에 따른 언어가 사용된다)을 살펴보고 이것이 맥락화된 의미, 사회 언어, 형상화된 세계 그리고 거대 담론과 어떤 연관이 있는지 살펴보고자 한다. 만들기 작업 3과 관련하여 다시 언급할 것이 있다:

> 만들기 작업 3. 정체성: 맥락화된 의미, 사회 언어, 형상화된 세계, 상호텍스트성, 거대 담론, 거대 담화는 정체성(사회적으로 의미 있는 종류의 사람으로)을 수행하고 묘사하는 데 어떻게 사용되는가?

사회적으로 맥락화된 정체성은 일상에서의 대화처럼 면담 중에 상호-공동으로 구성된다. 예컨대, 다음 짧은 면담을 보자. 첫 면담은 노동자 계층의 십대들이 사는 지역의 유명한 대학 교수와의 면담이다. 또 다른 면담은 많은 노동자 계층 십대들을 지도하는 중학교 교사와의 면담이다. 이 두 추출된 면담에서 각각 번호가 부여된 행은 10장에서 언급한 매크로행macro-line이다. 하나의 매크로행이 다른 매크로행에 의해 중단되어 분리된 두 부분을 2a와 2b로 명명하였다.

대학 교수(여성)와의 면담

<u>면담자</u>: …사회에서 일어나는 인종차별주의를 어떻게 보십니까? 있는 그대로 이야기하죠.

1. 음, 글쎄요, 다양한 차원에서 대답할 수 있겠습니다. (면담자: 네에)
2a. 음, 가장 거시적인 수준에서, 음, 그럴 것 같아요, 음, 음,
3. 음모론처럼 들리도록 말하고 싶지 않아요, (면담자: 음)
2b. 하지만 저의 기본 생각은, 음, 유색인의 삶이 더 이상 사회와 관련 있지 않다는 거예요. (면담자: 음)
4. 음, 경제적으로 이들에 대한 수요는 없을 거예요. 왜냐하면 값싼 노동으로 대체될 수 있는 제3의 국가가 있기 때문이죠. (면담자: 네)

중학교 교사(여성)와의 면담

<u>면담자</u>: 8학년생들이나 선생님이 사회과 수업에서 다룬 사회 현안을 학생의 일상에서 실제 겪었던 인종차별 경험이나 현실의 권력 관계와 연결하시는지 궁금해요.

1. 음, 주거에 대해 얘기해요
2. 저소득에 대해 얘기해요. [⋯]에 대해 얘기해요.
3. 제가 얘기했어요. “얘들아, 자, 보자”
4. 제가 얘기했어요. “너희들이 스스로 돌보지 않는 지역을 시에서 돌봐줄 것 같니?” (면담자: 네)
5. 제가 얘기했어요. “너희들 중 댄버리 길Danburry Street에 가 본 사람이 얼마나 되니?”
6. 학생들은 손을 들죠.
7. 제가 얘기했어요. “워싱턴 길Washington Avenue에 가 본 사람은?”
8. 거기가 큰 집들이 있는 곳이죠.
9. 제가 얘기했어요. “얼마나 많은 가구가 앞마당에 있니?” (면담자: 음) “아마 아무것도 없을걸”
10. 제가 얘기했어요. “얼마나 많은 쓰레기가 주변에 널렸니? 없어”

11. 제가 얘기했어요. "얼마나 많은 집이 스프레이로 칠해져 있었어? 얼마나 많은 집이 부서져 있고, 망가진 차들이 있었니?"

교수는 면담 내내 경제나 국가 수준의 정치학 관점에서 사람, 사건, 활동, 실제, 그리고 거대 담론을 다루었다. 교수는, 그녀의 지역에서의 구체적인 인종 문제 사례를 잘 지적했지만, 인종 문제를 지역을 넘어서서 전 세계적인 일로 다루었다. 하지만 이러한 전 세계 수준의 목소리는 면담자와 공동으로 구성되었는데 면담자는 중학교 교사와 면담할 때보다 훨씬 더 이론적이고 추상적이며 전 세계적인 관점에서 질문(모든 면담에서 동일한 기본 주제에 관한 질문)을 했다.

중학교 교사 역시 동일한 면담자와 면담을 했으나 면담자와 교사는 다른 방식으로, 즉 보다 지역적이고 사회적으로 맥락화된 정체성과 목소리를 함께 만들었다. 연구자는 학교 교사가 대학 교수와는 다르게 지역적인 목소리만 가질 것이라고 가정했다. 교사들은 인종, 문해, 학교 관련 현안에 대해 좀 더 전 세계적인 국가 차원에서 말하도록 요청받지 않는다.

짧은 면담임에도 우리는 중학교 교사와 대학 교수의 서로 다른 형상화된 세계를 가정해 볼 수 있다. 교수는 보다 더 크고, 깊고, 일반적이며 전제가 되고 숨겨진 원인을 파악하기 위해 일반적인 학문의 형상화된 세계를 적용하는 것으로 보인다. 교사는 사람들의 문제가 기관이나 정치, 집단 간의 사회관계에 의한 것이 아니라 개인 행동으로부터 비롯된다는 관점에서 형상화된 세계를 적용하는 것으로 보인다.

대학 교수의 언어와 중학교 교사의 언어를 자세히 들여다보면, 이들은 서로 다른 사회 언어를 실천하기 위해 다른 언어 자원을 활용하고 있음을 알 수 있다. 대학 교수는 개인이나 지역 현실로부터 거리를 두는 전 세계적이며 추상적인 방식으로 말하기 위해, 보다 더 학문적인 단어(예, 다양, 수준, 거시, 음모론, 유색인종, 관련이 없는, 경제, 제3세계, 값싼 노동력)를 사용하였고, 더 명확한 논쟁적인 구조와 더 복잡한 문법(예, "거시적인 수준에서 나는 …

라고 생각합니다" 혹은 "저의 기본 생각은, 유색인의 삶이 더 이상 사회와 관련 있지 않다는 거예요")을 사용하고 있다.

중학교 교사는, 교사와 학생 각각의 입장을 연출하는 대화를 하면서, 덜 학문적인 단어(예, 낮은 수입, 큰 집, 쓰레기, 부서진 차)와 덜 복잡한 구문(예, 매크로행 4의 관계절을 제외하면 위의 추출된 면담에서 절을 이어 주는 종속어의 예가 없다)을 사용한다. 교사는 극적이고 개인적이며 자신의 현장 경험을 맥락화하는 방식으로 말한다.

여기서, 중학교 교사와 대학 교수가 두 개의 구별되는 거대 담론 내에 언어의 의미를 맥락화하기(위치시키기) 위해, 구별되는 사회 언어와 형상화된 세계를 사용하는 방식을 알 수 있다. 중학교 교사는 학교와 지역사회의 실제 현실을 반영한 교사의 거대 담론을 사용하여 말하였다. 한편, 대학 교수는 학문 영역과 제도가 반영된 명확히 학문적인 거대 담론으로 말하였다(하지만 저자 역시 교수의 글로벌한 정체성을 "학문 영역"과 "제도" 용어로, 교사의 지역적인 정체성을 "학교"와 "지역사회" 용어로 구성하고 있음).

사회적으로 맥락화된 정체성 만들기와 서로 다른 세계 구성하기

여기서는 십대들과의 면담으로부터 도출된 전제를 살펴보고, 이 전제를 지지하는 자료들을 살펴보려고 한다. 자료를 살펴보면서 다음과 같은 결론에 잠재적으로 도달할 수 있다: 면담에서 노동자 계층 십대들은 일상의 사회적, 대화적 상호작용과 밀접한 방식으로 자신의 정체성을 구성하는 언어를 사용하였다. 면담에서 중·상위 계층 십대들은 일상의 사회관계로부터 분리되어 가정, 학교, 사회 제도의 기준에 의해 규정된 일종의 성취 공간 내에서 개인의 생애사를 표현하는 방식으로 자신의 정체성을 구성하는 언어를 사용하였다. 게다가, 중·상위 계층의 십대들이 개인적인 흥미나 두려움을 드러내지 않기 위해 논리적인 주장의 추상적 언어를 사용하는 반면, 노동자 계층 십대들은 자신의 가치, 흥미와 주제를 표현하기 위해 개인화된 내러티브 언어를 주로 사용하였다(대학 교수와 중학교 교사 간의 차이와는 다른 차이점이다).

노동자 계층 십대와 중·상위 계층 십대들이 서로 다른 사회적으로 맥락화된 정체성을 언어로 구성하는 방식을 이해하는 방법 중 하나는, 그들이 언제 자신을 "나"라는 주 인물로 표현하는가를 살펴보는 것이다. 이러한 진술을 "나-진술문"이라고 명명하자(예컨대, 교수와의 면담자료에서 "나는 유색인종의 삶이 사회와 무관하다고 생각한다"). "나"에 수반되는 술부, 즉 십대들이 자신에 대해 어떻게 표현하는지 관점에 따라 서로 다른 나-진술문을 분류할 수 있다. 다음과 같은 나-진술문들을 고려해 볼 수 있다:

a. 십대들이 생각하고 알고 있는 것에 대해 말하는 "인지적인 진술문" (예, 나는 …라고 생각해요, 알고 있어요, 추측해요.)
b. 십대들이 바라거나 선호하는 것을 말하는 "정서적인 진술문" (예, 나는 …을 원해요. 좋아해요.)
c. 십대들이 자신의 상태나 행동을 말하는 "상태와 행동의 진술문" (예, 나는 다 컸어요. 되받아쳤어요. 요금을 납부했어요.)
d. 십대들이 할 수 있거나 해야만 하는 것을 말하는 "능력과 한계의 진술문" (예, 나는 그들에게 어떤 것도 말할 수 없었어요. 신문 배달을 해야만 해요.)
e. 사회 주류의 성취, 업적, 우수한 성적과 관련된 모든 활동, 바람, 노력을 나타내는 "성취 진술문" (예, 도전할 거예요. MIT나 Harvard 대학으로 진학하고 싶어요.)

위의 나-진술문의 유형은 명백히 무작위로 선택되지 않는다. 우리는 전체 면담을 모두 고려하여 가장 중요하고 흥미롭다고 판단되는 유형을 선정하였다. 표 11.1에 제시된 것처럼 7명의 십대들의 면담에서 언급된 나-진술문의 전체 횟수로부터 각 유형의 빈도를 구하여 서로 다른 유형의 나-진술문의 분포를 표현하였다(표 11.1에서 Sandra의 나-진술문의 32%가 "나는 그것들이 싫어요"와 같은 "정서적인 진술문"으로 이루어져 있음을 알 수 있다). Brian의 사례에 대해서는 차후에 설명하도록 하겠다.

담론 분석에서 숫자(횟수)를 설명하자면, 숫자는 그 자체로 유의미하지 않다. 담론 분석에서는, 이 책에서 지속적으로 주장하는 바인데, 수량화하는 것이 주된 일이 아니다. 숫자는 십대들의 대화의 자세한 사항이나 내용을 세밀하게 조사하는 과정에서 조사할 수 있는 여러 가설을 세우는 데 참조된다.

표 11.1에서 정서, 능력-제한, 상태-행동 나-진술문의 총계를 계산했고 다른 한편으로는 인지와 성취 나-진술문의 총계를 계산하였다. 첫 번째 조합을 분류 A라고 명명했고 두 번째 조합을 분류 B라고 명명하였다. 이런 조합을 만들면서 흥미로운 점을 발견하였다. 노동자 계층의 십대들은 분류 A 점수가 높았고 분류 B 점수가 낮은 반면, 중·상위 계층 십대들은 분류 A 점수가 낮았고 분류 B 점수가 높았다. 왜 이런 결과가 나오게 되었을까? 노동자 계층의 십대들은 상호작용의 사회, 정서적인 언어로 자신을 구성하는 반면 중·상위 계층의 십대들은 정보, 지식, 주장, 성취 측면으로부터 자신을 만들

표 11.1 십대들의 나-진술문 사용 분포

	노동자 계층			중·상위 계층			
	Sandra	Jeremy	Maria	Brian	Emily	Ted	Karin
분류 A							
정서	32	21	28	7/5	8	12	13
능력-제한	7	7	7	5/6	1	4	2
상태-행동	39	49	40	44/36	24	18	7
총계 (A)	**78**	**77**	**75**	**57/48**	**33**	**28**	**22**
분류 B							
인지	22	23	23	28/34	54	50	65
성취	0	.5	2	15/18	13	22	13
총계 (B)	**22**	**23**	**25**	**43/52**	**67**	**72**	**78**

었다.

각각의 분류에서 십대들이 실제 말한 것은 얼마나 자주 말했는가보다 더 중요하다. 연구에서 우리는 노동자 계층 십대와 중 · 상위 계층 십대가 1인칭으로 말할 때, 같은 나-진술문을 사용할 때조차 다른 내용을 말하는 것을 발견하였다. 아래 Sandra와 Maria(노동자 계층), Emily와 Karin(중상위 계층)의 면담의 생애 영역에서 발췌한 인지적인 나-진술문이나 정서적인 나-진술문의 전형적인 예를 보자.

인지적인 나-진술문

Sandra(노동자 계층)

나는 (남자친구와의 관계가) 좋다고 생각해요.

나는 (집을) 나와야 한다고 생각해요.

나는 (자신이 타인들을 웃게 했던 것들이) 재미있다고 생각하지 않아요.

Maria(노동자 계층)

나는 그들이 규칙을 깼다고 생각해요.

나는 어른들과 거의 같다고 생각해요.

하지만 어른들은 제가 할 수 있도록 하지 않는 것 같아요.

Emily(중 · 상위 계층)

난 현재는 (주거 중인 마을에 지내는 것이) 괜찮다고 생각해요.

난 대학 갈 기회가 더 많다고 생각해요.

난 그녀(Emily가 동경하는 여행 리더)가 세상에서 가장 괜찮은 사람이라 생각해요.

Karin(중 · 상위 계층)

난 (부모님이) 내가 성공하기를 원한다고 생각해요.

난 그걸 성공으로 여겨요.
난 나를 이해하지 못하는 사람을 정말 모르겠어요.

정서/바람 나-진술문

Sandra(노동자 계층)
이렇게 말하고 싶을 것 같아요. "아닐 것 같아. 어떻게 네가 할 수 없었을까?"
그녀 옆에 앉고 싶지 않아요. 그녀가 나를 안거나 그런 걸 원치 않아요.
(그들[그녀의 친구들]이 내게 대답해요) 듣고 싶어요.

Maria(노동자 계층)
고모와 함께 어울리고 싶어요.
성인들과 어울리고 싶어요.
집에서 나가고 싶어요.

Emily(중 · 상위 계층)
유럽 가고 싶어요.
MIT(매사추세츠 공과대학)에 진학하고 싶어요.
짐을 싸서 바깥에 나가는 것을 좋아해요.

Karin(중 · 상위 계층)
다른 사람들이 나를 어떻게 생각하는지 관심 없어요.
꽤나 성취감을 느껴요;
나의 일(미래에 할 일들)에 익숙해지고 싶어요.

노동자 계층 십대들의 인지적인 진술문(여기에 인용한 자료뿐 아니라 전체 자료에 걸쳐)은 거의 대부분 대화와 상호관계의 맥락을 가정하고 있다. 예컨대, Sandra는 면담에서 다른 사람들이 자신의 남자친구를 좋아하지 않고 집을 나가야 하는 사람이 누구인지에 대한 논쟁이 있었음을 명확히 밝혔다. 또 다른 예로 Maria가 "나는 어른들과 거의 같다고 생각해요"라고 말할 때 자신의 독립 문제에 대해 부모와 대립하는 것에 대한 반응임을 분명히 보여 주었다.

중·상위 계층 십대들의 인지적인 진술문은 명백히 드러나거나 암묵적으로 가정된 논쟁 구조를 가진 설명문이다. 물론, 중·상위 계층 십대들이 자신이나 타인을 직접적 혹은 간접적으로 평가했다. 예컨대, Emily는 "난 현재는 (주거 중인 마을에 지내는 것이) 괜찮다고 생각해요"라고 말할 때 면담에서 어떤 말에 대한 반응인지 명확하지 않다. 다만 성공 목표로 나아가는 자신의 생애사 자취에 대한 평가일 뿐이다. Karin이 "난 (부모님이) 내가 성공하기를 원한다고 생각해요"라고 말했을 때, 그녀와의 면담에서 그 문제가 문제제기나 논쟁에 대한 반응인지 알 수 있는 근거가 없었다. Karin은 그녀의 부모가 그녀를 적극적으로 지지하고 잘 이해해 주고 있음을 반복해서 얘기했을 뿐이다.

십대들의 정서적인 나-진술문과 행동에 관한 나-진술문을 보면, 중·상위 계층 십대들이 자신의 미래나 어른 세계에서의 성취, 성공, 명예를 직·간접적으로 추론할 수 있는 방식으로 관계나 활동을 이야기하곤 하였다. 한편, 노동자 계층의 십대들은 미래를 염두에 두지 않고 자신들이 관여한 활동이나 관계에 대해 말하는 것으로 보인다. 예컨대, 중·상위 계층 십대들의 두 면담을 보면, Emily의 면담에서 유럽으로 배낭여행을 간 것과, 면담 전체에 걸쳐 언급된 활동이 MIT와 같은 유명 대학에 입학하는 데 도움이 될 자기소개서의 내용임을 분명히 하였다; Karin은 면담 전체에 걸쳐 현재 그녀의 바람, 감정, 활동이 성취와 성공 관점에서 미래와 어떤 관련이 있는지에 집중하였다.

이상의 논의를 더 살펴보기 위해 Maria(노동자 계층)와 Karin(중·상위 계층)의 행동을 언급한 나-진술문의 대표적인 예를 보자(Karin의 몇몇 행동은 실제로 성취 나-진술문으로 분류되었다). 말과 관련된 행동을 분리하여 아래와 같이 목록화하였다:

Karin(중 · 상위 계층)

행동

여름 동안 (보스턴에) 많이 갔었어요
커뮤니티 센터에 갔어요
다른 인종을 지닌 사람들을 만나 왔어요
많은 스포츠를 즐겨요
일주일 동안 두 번 밤에 체육관에 가요
그것을 꽤 잘해요

가끔 Fanueil hall에 가요
주말마다 친구들과 어울렸어요
학교에 가요
Holiston에서 테니스를 쳤어요
한 것(과제)을 확인하곤 하죠

말

내 인생을 바꾼 사건을 말하자면…
그 사람들의 절반에 관해 얘기해 왔어요
하지만 듣기는…

늘 얘기하죠
(Rodney King에 대해) 들었어요
그들이 그걸 선택하지 않았다고 말하는 건 아니에요

Maria(노동자 계층)

행동

그녀를 봤어요
뭔가 옳은 일을 할 때
(십대들이) 배회하는 것을 봤어요
요리를 할 거예요
한 아이에게로 갔어요
그녀가 요리하는 것을 도울 거예요

뉴욕으로부터 돌아와서
이쁜 것을 봤어요
설거지를 해요
비디오를 봐요
에이즈에 관한 프로젝트를 했어요
그녀에게 가서 울었어요

말

그녀에게 많이 얘기했어요
항상 그녀에게 얘기하죠
월요일에 물었어요
"죽을 거야" 싶었어요
"왜 내가 그걸 했지?" 싶어요

"원치 않아"라고 느껴요
한 주에 한 번은 요청해요
물어볼 거예요
그냥 "좋아"라고 할 거예요
그녀에게 많이 말하지 않아요

Karin의 행동과 활동은 제도나 개인의 성취와 연관 있으나 Maria의 경우에는 그렇지 않음이 분명했다. 외부 제도나 성취와 가장 관련 있는 Maria의 언급은 "에이즈에 관한 프로젝트를 했어요"이다. 흥미롭게도, Maria는 자신보다 덜 성숙하였다고 여기는 어린 여동생과의 관계나 태도를 말할 때 이를 언급하였다("작년에 에이즈에 관한 프로젝트를 했어요…. 우리는 테이블에 콘돔을 올려두었는데 내 동생은 내내 소리를 지르며 웃었어요")

말과 관련하여 Karin이 사용한 동사는 대부분 인지적이었는데 평가나 주장이었다(예, "그 사람들의 절반에 관해 얘기해 왔어요" "그들에게 알릴 거예요"ㅡ말하는 것에 대한 Karin의 몇 안 되는 이야기는 모두 가상의 청중을 향한 논쟁의 일부이거나 면담에서 사회 영역에 관한 것). Maria는 자신을 화자로 묘사하는 데 면담의 많은 부분을 할애했고 그녀의 말은 보다 더 많이 대화체였다(혼잣말할 때조차 방금 전 대화에 반응하고 있었다).

노동자 계층의 십대가 중·상위 계층 십대보다 소통에 더 초점을 둔다는 또 다른 증거는 중·상위 계층 십대보다 더 많은 대화체를 사용한다는 점이다. 각 십대들의 면담 전사자료에서 드러난 대화체 행의 비율을 아래 표 11.2에 나타내었다("행"은 여기서 "행과 연"에서 마이크로행을 의미하며 기본적으로 절이나 억양 단위임. 9장 참조):

표 11.2 각 면담자료에서의 대화체 행의 비율

Sandra	Jeremy	Maria	Brian	Emily	Ted	Karin
57%	35%	36%	19%	17%	12%	8%

지금까지 지적한 차이점을 간단히 요약하여 이 주제에 대해 결론을 내리자면, 중·상위 계층 십대들은 인지적 주장, 평가, 분석, 성취에서의 활동, 현재와 미래 간의 연결 등에 집중하였다. 노동자 계층 십대들은 사회적, 신체적, 대화적 소통에 초점을 두었다.

십대들이 사회적으로 맥락화된 서로 다른 정체성을 언어로 형성하는 것뿐만 아니라 서로 다른 세계를 구성하고 있음을 이해하는 것이 중요하다. 그들에게 실제 세계the material world와 제도 세계the world of institution는 서로 다르다. 면담 전체에서 어떤 내용이 더 뚜렷하게 나타날지 알 수 있는 몇 가지 예를 앞서 살펴보았다: 중·상위 계층 십대들의 면담은, 직·간접적으로, 기준, 가치와 목표를 위해 가족, 학교, 공동체, 어른 그리고 십대들 간의 협력(그리고 신뢰)이 필요함을 표현하였다. 더 중요하게는, 중·상위 계층 십대들에게 있어서 세계란(그들이 면담에 참여하면서 구성한 세계에 의하면), 가족, 학교, 그리고 기관이 지위와 경력 면에서의 성공적인 삶으로 이어지는 경로를 만드는 공간이다. 노동자 계층 십대에게 있어서 세계란(그들이 면담 동안 구성한 세계에 의하면), 학교나 다른 제도들이 직접적으로 덜 영향을 주는 가족, 또래그룹, 그리고 일상의 사회적 소통 영역이다.

사회 언어

나를 주어로 말하는 것은, 사람들이 언어를 통해서 정체성을 구성하는 많은 방법 중 하나이다. 그러나 사람들이 그렇게 하더라도, 언어로 다른 정체성을 구성하는 것은 다른 사회 언어를 함의한다. 우리가 서로 다른, 사회적으로 맥락화된 정체성을 수행하고 실행하며 인지하는 것은 다른 사회 언어(특정 사회 언어는 특정 거대 담론에 내재되어 있다)를 통해서이다.

노동자 계층 십대가 중·상위 계층 십대보다 더 많은 대화체를 사용한다는 것을 밝힌 바 있다. 그리고 이는 십대들이 면담에서 사용한 사회 언어의 차이점 중 하나이기도 하다. 실제로는 각 십대들이 면담 중 다양한 시점에서 다양한 사회 언어를 사용했다. 그럼에도 중·상위 계층 십대의 면담과는 다르게, 노동자 계층 십대의 경우 대화체가 두드러진 사회 언어를 사용하였다. 중·상위 계층 십대가 "의견과 주장을 펼치는 일"에 더 많이 할애하였다는 사실도 대화체와의 차이점이다(여기서 주장은 논쟁이 아니라 논쟁의 근거가 되는 내용을 의미함). 의견과 주장을 펼치는 일에는 꽤 구별되는 형식의 언어가 사용된다.

면담에는 추상적이고 학문적인 질문에 의거한 두 번째 영역이 있는데(우리는 이 면담을 "사회 영역social part"이라 명명함), 면담대상자 모두가 특히 이 영역에서 일반적이거나 추상적인 의견이나 주장 펼치기를 할 것으로 기대했었다. 실제로 중·상위 계층 십대의 면담은 기대한 것과 같았으나 노동자 계층 십대의 면담은 그렇지 않았다. 의견과 주장 펼치기가 상당히 일반적이고 추상적인 언어로 이뤄질 것이라는 우리의 기대는 학문적인 거대 담론으로 인한 편견임이 드러났다. 노동자 계층 십대는 생애 영역의 면담에서 하듯 사회 영역의 면담에서도 자주 사회적이고 개인적인 사건과 감정을 말하였다. 중·상위 계층 십대의 "의견과 주장 펼치기"는 사회 영역의 면담뿐만 아니라 생애 영역의 면담에서도 나타났다. 중·상위 계층 십대의 "의견과 주장 펼치기"는 실제로 자주 개인적인 동기나 주제가 담겼지만 상당히 일반적인 언어로 표현되었다.

따라서 중·상위 계층 십대는 면담의 두 영역에서, 상대적으로 거리를 둔 일반적인 방식으로 자신의 생각을 표현하고 논증하는 데 면담의 대부분을 할애하였다. 예컨대, 중·상위 계층의 두 학생을 살펴보면, 의견과 주장 펼치기를 위해 Brian의 경우 면담의 34% 행을 사용했고 Karin의 경우 44% 행을 사용하였다. 노동자 계층 십대와의 면담에서는 이런 경우가 매우 드물었다.

면담을 좀 더 깊이 살펴보면, 중·상위 계층 십대는 "의견과 주장 펼치기"를 할 때 노동자 계층 십대가 전형적으로 사용한 것보다 더 거리를 둔 언어로 지극히 개인적인 관심사나 걱정을 수사학적으로 표현하곤 하였다. 적어도, 이들은 "거리를 둔 주장"과 개인적인 관심사·가치·선호하는 주제·동기와의 관련성을 꽤 잘 의식하고 있는 것 같았다. 예컨대, 먼저 인종차별에 대한 Jeremy(노동자 계층)와 Brian(중·상위 계층), Karin(중·상위 계층)의 대화를 보자. 지면상 행으로 나누지 않고 전사자료를 연결하여 표현하였다:

Jeremy

면담자: … (사회에서) 인종차별이 있나요?

유색인종을 안, 안 좋아해요. 스페인사람들을 대부분 안 좋아하지만 좋아하죠, 그들 중 몇몇을 좋아해요. 왜냐하면 마치 당신이, 그 사람들이니까, 그들은 모든 부와 재산을 얻어요. 글쎄요, 백인도 그걸 그리고 모든 걸 얻지요. 하지만 나는 단지, 그러고 나서 그들은 자신의 상황이 열악하다고 생각해요. 그들은 마치, 그들 역시 영어로 말해야만 해요, 그냥 그런 거죠.

Brian

면담자: 히스패닉 의사와 아프리카계 미국인 의사가 상대적으로 적은 이유가 무엇이라고 생각하십니까?

… 글쎄요, 그들은 아마 차별받겠죠, 하지만, 하지만 그 사람들이 생각하는 것만큼 그렇게 나쁘지 않아요, 한때 그랬던(나빴던) 거죠. 왜냐하면, 음, 저는 (이 문제를 해결하기 위해) 노력하는 어떤 사람에 대한 텔레비전 프로그램에서 이 문제를 봤어요. 대학과 그리고 몇 학교에서 백인 학생을 몇 명 받아들일지 제한을 두었죠. 그리고 그 제한, 그리고 이 학교들은 흑인 그리고 남미계 학생들을 몇 명 받아들일지, 제한을 늘리기 시작했죠. 그래서 많은 백인 학생이(목소리톤을 올리면서) 점점 흑인이나 남미계 학생보다 더 나은 학점을 받지만, 그들은 단순히 흑인이거나 남미계라서 입학을 하죠. 그래서, 제 생각엔 그런 이유도 있는 것 같아요.

Karin

면담자: … 정말 정말 가난한 이웃이, 음, 혹은 빈민가 학교, 그리고, 음, 당신이 그 학교를 다니는 사람이고, 성공하거나 되고자 하는 무엇이든 될 수 있는 기회가 있다고 가정해 봅시다.

> 좋은 학교 제도에서 하는 만큼은 아닐 거예요. 다를 수도 있겠지만, 그들은 못할 거라는 걸 알아요. 만일 그들에게 돈이 충분치 않다면, 학업에 투자하기도 충분치 않을 테고 아마 교사나, 음, 좋은 물품과 교재 그리고 모든 걸 지불할 수 없을 거예요. 그래서 아마 그들은 같은 기회를 갖지 못할 거예요. 그러나 모든 사람이 원하고자 하는 사람이 되는 데에, 음, 동등한 기회를 가졌다고 믿어요.

Jeremy(노동자 계층)는 사적인 표현을 하였고 소수자 그룹과의 거리를 두지 않은 관점을 사실적인 논거보다 우선시하였다. Brian은, 처음에는 같은 방식으로 사적인 표현을 하지 않았지만 유명 대학에 진학하고 성공적인 경력을 "이루는 것"에 대해 걱정 가득한 면담에서 자신의 대답을 사적으로 표현하였음은 의심의 여지가 없었다("많은 백인종" 표현에서 감정적인 톤이 올라가는 것 참조). Brian은 자신의 계획과 바람에 부정적인 영향을 주는 차별철폐조처를 두려워하는 것이 걱정임을 표현할 수 있었지만 그렇게 하지 않았다.

Karin(중·상위 계층)은 자신의 학교가 얼마나 좋은지 그리고 이는 자신의 미래에 얼마나 중요한지를 많은 시간을 할애하여 설명한 후에, 가난한 학교와 성공 간의 관계에 대해 대답하였다. Karin은 먼저 가난한 학교가 아이들의 성공 가능성을 기회를 낮출 것이라는 주장을 했는데 이 주장은 자신의 학교와 미래에 관한 관점과 일치하는 것이었다. 그러나 이후, 모든 사람이 되고자 하는 대로 될 수 있는 동등한 기회를 가진 걸로 믿는다고 이전 주장과 모순되는 의견을 표현하였다. Karin이 성공적인 미래를 위한 희망과 두려움을 이야기하는 데 면담의 대부분의 시간을 할애하였다는 사실을 고려해 보면, "그들은 아마 같은 기회를 갖지 못할 거예요"라는 말이 "나와 같은 정도의 기회"를 의미하는 것임을 쉽게 알 수 있다. Karin의 "거리를 둔" 주장은 (그녀가 찾는) 중요성과 탁월성의 근거를 기회의 문제나 최악의 경우 불공정성의 문제로 보는 것과 같았다.

Jeremy나 Maria처럼 중·상위 계층 십대들은 (모두들 면담에서 말했듯이)

사적인 표현방식으로 말할 기회가 드물고 문화적인 다양성을 경험할 일도 드물다. 교육사회학자 Basil Bernstein은 Jeremy와 Maria가 제한된 코드로 말하고 있다고 볼 것이다. 그러나 모순되게도 그들의 사회·문화적인 다양성이 제한되어 있고 중·상위 계층 십대의 경험이 제한적이기 때문에 그렇다고 볼 수 있다. 사실, 중·상위 계층 십대의 언어는 전체적으로 보다 정교하였는데, 왜냐하면 그들은 일상의 의사소통으로부터 거리를 두고 성취나 성공과 관련된 자신의 말을 조절하며, 가끔 개인의 흥미나 관심사를 직접 언급하지 못하고 추상적인 주장어로 자신의 세속적인 관심사를 숨기기 때문이다.

내러티브로 의미 구성하기

내러티브narratives는 의미를 만드는 중요한 도구이다. 사람들은 종종 내러티브 안에 관심이 되는 문제나 문제를 해결하려는 시도를 담는다. 사회적으로 맥락화된 정체성을 구성하기 위해 맥락화된 의미와 거대 담론의 모델이 내러티브에서 어떻게 구현되는지 살펴보고자 한다. 다음 장에서 내러티브에 관해 더 많이 설명할 것이다. 여기서는 표 11.1에 제시된 Brian의 두 숫자(예로, 7/5)를 설명하고자 한다. 첫 번째 숫자(예로, 7%)는 면담 전체에서 특정 나-진술문이 차지하는 퍼센티지이고 두 번째 숫자(예로, 5%)는 면담에서 긴 내러티브를 제거했을 때 특정 나-진술문이 차지하는 퍼센티지이다. 중·상위 계층 십대는 노동자 계층 십대보다 대화체를 덜 사용함을 위에서 확인하였다. Brian의 긴 내러티브는 중·상위 계층 십대의 외부자로부터 내부자로의 이동에 관한 것이다.

아래에는 Brian의 대답과 면담자의 추가 질문에 대한 Brian의 내러티브를 제시하였다. Brian의 반복적이고 습관적인 표현어 "하곤 하였다"를 굵게 표시하였다. 현재 분석에 필요하지 않으므로 Brian의 면담을 행과 연으로 구분하지 않았다(행과 연 분석은 다음 장에서 다룰 것이다):

면담자: … 인생을 상당히 바꾼 일이 있었습니까?

아 음, 5학년과 6학년 때, 쉬는 시간에 돌발적인 행동을 하**곤 했어요**. 마치 미친 것처럼 별난 사람처럼 뛰어다니**곤 했죠**. 반에서 가장 미움받는 아이였어요. 왜냐하면 제가 멍청이였기 때문에, 그리고 뛰어다니**곤 했고**, 마치, 마치 그러**곤 했죠**. 쉬는 시간에 테더볼 놀이를 했어요. 질 때마다, 그리고 누군가가 속임수를 쓰면, 제가 화를 내**곤 했죠**.

뛰어다니**곤 했고** 모두가 나를 놀리며 모이곤 **했죠**. 하지만, 하지만 그런 후 마치, 한참 뒤에, 저는 제가 왜 망할 짓을 하는가, 모든 사람은 저를 미워하는데 하고 깨닫고, 그래서 멈췄죠. 그리고 그런 후에, 지금은 어떤 문제도 정말 없어요. 저는 그냥 그런, 몰라요.

면담자: 중요한 일이 있었나요, 한 번은 정말 나빴던 순간이, 그리고 그 이후로 당신이 깨닫게 된—

아뇨, 사실 아니예요, 저는 그냥—5학년 때 정말 안 좋았어요, 그러나 6학년 때 활력이 떨어졌죠. 그래서 그런 후 7학년, 아무 문제 없었고 그런 후 올해 아무 문제 없었어요.

면담자: 그래서, 그게 원인이라고 느끼나요, 잃어 버리는 게 싫어서? 그러니까 언제—제 말은 더 어렸고—

아뇨, 아뇨, 싫어하는 건, 게임에서 불공정한 걸 싫어해요, 그리고 전 단지 그걸 정말 싫어해요.

면담자: 누군가가 속인다면?

예 그러면 엄청 화가 나요, 왜냐하면 게임할 때마다, 얘네들은 제가 돌발적인 행동을 한다는 걸 알아요, 그래서 얘네들은 모여서 제가, 공을 치려고 할 때 제 옷을 잡거나 그러려고 하죠. 그래서 전 (열 받아요).

실제 관심사를 깊이 이해하기 위해서는 노력이 필요한데 Brian의 이야기는 논리적으로 일관되지 않아서 더욱 그러하다. 깊은 이야기에서 사람들은 논리적인 일관성에 초점을 두지 않고 오히려 특정 주제를 예시화하거나 개발하는 데 집중한다. Brian은 자신을 따돌림받는 사람으로 묘사하였다. 그는 "하곤 하였다"와 같이 반복된 표현으로 그의 따돌림받는 행위와 지위가 Bourdieu의 용어인 아비투스habitus임을 강조하고 있다.[1] 그는 "속임수"나 "게임에서 불공정한" 것 때문에 매우 화가 났다.

Brian의 회복은 갑작스럽고 개인적이며 의식적인 성취의 순간으로 묘사되고 있다. 개인적인 노력을 토대로 갑작스레 그는 "멈췄다"("불공정"한 것은 멈출 필요가 없음을 참조하라). 그러나 면담자가 Brian의 변화가 갑작스러운 것인지 물었을 때 그는 그렇지 않다고 하였다(일 년 혹은 이 년이 걸린 것처럼 보인다).

Brian의 면담에서 그는 중·상위 계층 십대들과 같았고, 자신과 타인에 대한 심도 있는 평가, 오늘의 활동과 내일의 성공 간의 연결, "성취 공간"으로의 이동에 관해 말하는 데 시간을 할애하였다. Brian의 담화는 어떻게 그가 "받아들여질 만"하고 "가치 있는" 사람("바른" 아비투스를 가진 사람)이 되기 위한 의식적인 계산과 개인적인 노력으로 자신을 변화시켰는가에 관한 이야기이다. 그러한 회복의 순간은, 사실, 서구 문화권에서 남성 자서전적인 이야기의 전형이다(Freccero, 1986). 개인의 노력뿐 아니라 감정을 극복하는 이성에 강조를 두어, Brian은 미 중·상위 계층 자본주의 문화의 전통 가치를 실천에 옮겼다.

동시에, "옛날의 Brian"("하곤 했던" 사람)은 경쟁에서—불공정한 경쟁에서조차—감정을 지나치게 보여 줄 수 없다는 것을 배웠다. 중·상위 계층 앵

1) 아비투스란 구체화된 사회적 존재로서 세상에 존재하는 습관적인 방식을 의미함.

글로 중심의 문화에서 감정을 과장되게 표현하는 사람은 “손해를 본다”. 경쟁에서 불공정함에 대해 분노하지 않기를 배운다면 Brian은 사회의 보다 더 큰 불평등으로 인해 분노하지 않을 것이며 실제로 그의 면담에서 그러하였다. Brian의 변화에 관한 이야기는—이 이야기는 긴 이야기에서만 발견되었는데—중·상위 계층 십대의 이야기이며, 중·상위 계층의 아비투스에 관한 Brian의 가설이고, 장기간에 걸친 규범화와 사회화가 실현된 과정이다.

추천문헌

Gee, J. P. (2000). Teenagers in new times: A new literacy studies perspective. *Journal of Adolescent & Adult Literacy*. 43: 412–420.

Gee, J. P. (2002). Millennials and Bobos, Blue's Clues and Sesame Street: A story for our times. In Donna E. Alvermann, Ed., *Adolescents and literacies in a digital world.* New York: Peter Lang, pp. 51–67.

Gee, J. P. (2006). Self-fashioning and shape-shifting: Language, identity, and social class. In D. Alverman, K. Hinchman, D. Moore, S. Phelps, & D. Waff, Eds., *Reconceptualizing the literacies in adolescents' lives.* Second Edition. Hillsdale, New Jersey: Erlbaum, pp. 165–186.

Gee, J. P., Allen, A-R, & Clinton, K. (2001). Language, class, and identity: Teenagers fashioning themselves through language, *Linguistics and Education*. 12: 175–194.

Gee, J. P. & Crawford, V. (1998). Two kinds of teenagers: Language, identity, and social class. In D. Alverman, K. Hinchman, D. Moore, S. Phelps, & D. Waff, Eds., *Reconceptualizing the literacies in adolescents' lives.* Hillsdale, New Jersey: Erlbaum, pp. 225–245.

제12장

담론 분석의 예 2

사례 연구: Sandra

이 장에서는 앞 장에서 논의된 연구의 연구 대상자 십대들 중 한 명의 사례를 깊이 들여다보고자 한다. 이 장에서 만나 볼 여학생은 백인의 노동자 계층 십대 한 명인 "Sandra"(가명)이다. Sandra는 자신의 환경(이런 환경에서는 Sandra와 같은 십대들이 꽤 많은 현실의 문제들을 보이고 있었다)에서 특별한 문제 없이 활동적이며 쾌활한 연구 참여자였다. 면담자는 심리학에서 박사학위과정을 밟고 있는 중·상위 계층 백인 여성 대학원생이었다. Sandra는 면담자가 Sandra의 가정과 학교에서의 십대 삶에 관심 있는 것으로 알고 있었다.

이 장에서 Sandra와의 면담에 대한 주 관심사는 그녀의 많은 담화 중 하나를 분석하는 것이다. 하지만 Sandra의 전체 면담의 큰 맥락에서 내러티브를 분석하고자 한다. 면담과 내러티브의 나머지 분석과의 상호 연관성, 적용 범위coverage나 수렴convergence과 같은 기준에서(언어의 다양한 측면에서 알 수 있는 대로, 언어적인 세밀한 부분까지 포함하여) 타당성을 확보할 방법에 초점을 두고자 한다.

전체 면담을 고려하고 3, 8, 9장에서 논의한 만들기 작업building tasks의 2가지를 반영하여 Sandra의 면담을 분석하고자 한다. 즉, 연관성 만들기 작업과 기호 체계와 지식 만들기 작업이다. 연관성 만들기 작업부터 살펴보자:

> 6. *연관성*: 어느 상황에서도 어떤 것이든 특정 방식으로 서로 연결(혹은 분리)되어 있거나 연관(혹은 무관)되어 있다.

맨 먼저 할 일은 서로 관련 있는 주제, 이미지 혹은 동기를 찾기 위해 전체 면담을 읽는 것이다. 관련 있는 주제는 면담의 부분을 서로 연결하고 전체의 일관성과 구조를 형성한다. 그렇게 함으로써 주제는 Sandra의 세계에서 상호 연관된 것은 연관된 대로, 연관이 없는 것은 없는 것대로 특정 내용를 만들어 낸다.

Sandra의 면담 전체에서 나타나는 세 가지 관련된 주제motif가 있다. 이 주제 모두는 Sandra가 자신의 세계에서 경험들을 서로 연관된 것으로 보는가 아니면 분리된 것으로 보는가와 관련 있다. 사실, 연관성과 분리는 Sandra의 면담과 세계관의 주된 주제이다. Sandra는 맥락화된 의미를 상호 공유하고자 많은 단어와 구절을 사용하였다. 아래에 "분리", "돌보지 않음" "언어와 웃음" 명칭하에 예를 들어 보았다. 이런 예들은 Sandra의 세 가지 주된 주제이다. "돌보지 않음"은 분리의 한 형태이며 "언어와 웃음"의 많은 예들에서 정서적인 언어, 난센스, 소음 그리고 웃음이 권위적이고 상처가 되는(비판하는) 언어로부터 분리되는 방법임을 보여 주었다. 이러한 세 가지 주제는 Sandra의 면담 전체에 걸쳐 연관된 줄거리connected threads를 구성한다:

> **주제 1:** *분리.* 예: Sandra의 남자친구는 일로 비난을 받지만 "아무 일도 없었던 것처럼 꾸중 듣지 않는다"; Sandra는 아버지께 "엿먹어"라고 말해도 "꾸중 듣지 않는다" ("그들(부모)는 이혼했기 때문에 방법이 없다"); Sandra의 친한 친구는 "아무 이유 없이" 아버지에게 벌을 받는다; 그녀의 친한 친구의 아버지는 친구에게 그녀가 벌여 놓지 않은 난장판을 청소하도록 시킨다; Sandra의 남자친구는 그가 만든 난장판을 청소하길 거부하지만 요청받지 않은 마당 청소를 하러 간다; Sandra는 "자신이 하지 않은 일로 인해 항상 곤란을 겪는다"; 알코올 중독의 이웃은 그녀에게 아기 돌보는 일에 너무 많은 돈을 지불한다; Sandra는 약속이 취소된 아기 돌보기 약속을 "잊는 것을 잊고" 제 시간에 어찌되었거나 나타나고, 사람들은 어찌되었거나 외출한다; Sandra는 밤마다 감정적으로 "이상해"지지만, 이유를 정말 알 수 없다; Sandra는 부모와의 좋은 관계가 "어색"하기 때문에 부모와 친밀해지기를 원치 않는다; Sandra는 "소년이어야만 했지만" 입양 대리인이 Sandra의 부모에게 Sandra가 소녀라고 말하지 않았다; 어머니는 무슨 일이 있었는지 알지 못한 채 자매를 꾸중

하였다; 친구는 Sandra에게 Sandra의 가장 좋아하는 드레스 중 하나가 못생겼다고 말했으며 구세군에게 주라고 제안하였다(Sandra는 여전히 갖고 있다); Sandra의 할머니는 "그녀가 보살펴야 할 일거리 things"이지만 "최근 괴짜가 되었다"; Sandra의 친구는 파티에서 그녀를 놀렸지만 그녀는 무엇이 재미있는지 이해할 수 없었고, "알 길이 전혀" 없었다.

주제 2: *돌보지 않음.* 예: Sandra의 남자친구는 욕을 하고 담배를 피우며 그의 "엄마는 무관심하다"; 그는 마리화나를 피우고 "아무도 (그를) 상관치 않는다"; 그는 "집에서 체포되었고 어쨌든지간에 출소하였다"; Sandra와 그녀의 친구는 사사건건 남자친구를 비난하였다; Sandra는 "아무도 그[그녀의 남자친구]를 좋아하지 않거나" 그녀의 아버지가 그[그녀의 남자친구]를 "싫어하는 것"을 "상관치 않았다"; Sandra의 친한 친구는 입양되었으나 "그녀는 상관치 않았다"; Sandra의 친한 친구는 거울에 글자를 썼고 "그녀는 상관치 않았다"; 사람들이 그녀를 "매춘부"라 해도 "그녀에게는 아무 문제가 아니었다"

주제 3: *언어와 웃음.* 예: Sandra 자매의 약혼남은 그가 그녀를 싫어한다고 말했고 그런 후 그녀에게 약혼반지를 주었다; Sandra 자매의 약혼남은 그녀를 위협했지만 그는 "단지 장난치는 것일" 뿐이다; Sandra는 결혼 피로연에서 사람들이 보는 가운데 "입 닥쳐, 이 방귀쟁이야"라고 버럭 소리지르고 나서 무엇을 이어서 말해야 할지 몰랐다. Sandra는 종종 "수영장 필터"를 "수영장 빌터"라고 말한다; 그녀가 좋아하는 사람은 그녀에게 "나의 문제에 대해 듣고 싶은 옳은 대답"을 준다; Sandra의 할머니는 "널 사랑해" 대신 "네게서 냄새가 나"처럼 그녀를 웃기기 위해 "우스꽝스러운" 것을 말한다; Sandra의 큰언니는 좋은 것을 말하고 나서 "그것을 헐뜯는다"; Sandra의 친한

> 친구의 어머니는, "사람들에게 담배를 사주고" "말을 거의 하지 않으려 하기" 때문에 "멋있었고" "우리는 그녀에게 말 걸곤 하였다"; 누군가가 Sandra의 기분을 상하게 할 말을 하면 "그 사람이 나의 기분이 좋아질 만한 말을 할" 때까지 "부들부들 떨었다"; Sandra의 남자친구와 할머니는 그녀 기분을 좋게 했으나 그녀의 어머니는 "바보 같은 말을 하였다"; "Sandra를 흑인이라 생각하고" 욕하며 주먹을 Sandra의 얼굴에 갖다 대고 "내 손에 대고 얘기해, 내 얼굴은 이해 못해"라고 말하는 백인 소녀를 만나면 Sandra는 "니 손에 입이 있다면 거기다 얘기할게"라고 답한다; Sandra는 남자친구가 "재밌고" "나를 웃게 하므로" 그를 좋아한다; 그녀의 친한 친구는 자신이 인지하지 못하는 재밌는 것을 하여 Sandra를 웃게 만든다; Sandra의 친한 친구는 재밌는 소리를 내어 Sandra를 웃게 만든다; 그녀의 친한 친구는 실제 피우지 않는 담배를 피우는 척하여 Sandra를 웃게 만든다.

분석의 타당성을 확보하기 위해 위와 같은 주제motif를 활용할 수 있다. 예컨대, 주제 내에서 단어와 구절로부터 혹은 별개의 감정에 관한 유사한/다른 주제로부터 "내적 신뢰도"를 얻을 수 있다. Sandra의 맥락화된 의미와 형상화된 세계에 대한 가설을 만들기 위해 위와 같은 주제를 사용할 수 있다. 위 전사자료뿐만 아니라 다른 전사자료를 더 살펴보아 이 가설을 검토해 볼 수 있다.

근본적으로 분석의 타당성은, 다른 전사자료뿐만 아니라(적용범위coverage) 유사한 결론에 도달할 수 있게 하는 자료를(수렴convergence) 이해할 수 있도록 위 주제로부터 아이디어를 어떻게 얻는가에 있다. 저자도 언어구조의 세밀한 부분을 놓친 중요한 주제가 없는지 살펴보기 위해 많은 담론분석가들과 함께 결론을 점검해 왔다(동의agreement). 타당성은 결코 한 번에 얻어질 수 없음을 기억해야 한다. 다른 사람이 우리 자료 혹은 유사한 자료로 작업할 때 우리의 결론을 지지하거나 수정하거나 도전할 수 있다. 타당성은 사회적인 것이다.

위에서 목록화한 대로 Sandra가 사용한 많은 단어와 구절은 위의 세 가지 주제로 군집화될 수 있으며 이 단어와 구절은 맥락화된 의미를 담고 있다. 바꿔 말하면, 이 주제는, 면담에서 Sandra가 경험한 세계를 묘사한 대로, 연결과 분리를 만드는 작업과 관련되어 있다. 하지만 세 번째 주제인 웃음과 언어는 기호 체계와 지식의 만들기 작업과 관련 있다:

> 7. 기호 체계와 지식: 어느 상황에서나 한 개 이상의 기호 체계와 앎의 방식은 특정 방식으로 실행되며 추구되고 가치가 부여되거나 무시된다.

주제 3에서 Sandra는 학교와 같은 곳에서 일반적으로 중요하게 여겨지는 언어의 표현적 기능representational function을 부정하는 것 같다. 표현적 기능이라 함은 언어가 "외부 바로 그곳에 있는"(때문에 그것을 "다시-나타내는re-resent") 세계와 직접적으로 연결되고, 사람들이 어떻게 느끼고 무엇을 필요로 하며 그들의 개인적인 의견이 어떤가는 상관이 없는 것을 의미한다. Sandra에게 언어란 몇몇 권위자authority figure(예, 그녀의 자매, 어머니, 아버지 혹은 확장하여 그녀의 교사)가 지지하는 사실이거나 진실이므로 Sandra는 언어를 그저 "바보 같고" "일을 망치는" 방법으로 여긴다.

그리고 Sandra는 사회적이고 유대적이며 정서적인 언어의 기능을 의미 있게 사용한다. 바보 같지만 "옳다고 느끼며" 기분을 좋게 하는 언어만이 효과적인 언어이다. Sandra는 자신에게 "내 문제에 대해 듣고 싶은 대답"을 말하는 사람들과만 교제하길 원한다. Sandra는 "아무 말 하지 않거나" "바보같이" 말해도 그녀의 할머니처럼 그녀에게 사랑스럽게 말하는 어른과만 교제하고 싶어한다.

만들기 작업 7번의 경우, Sandra는 특정 형태의 언어, 즉 정서적이고 친절한 언어를 중시하며, 또 다른 형태의 언어, 즉 객관적이고 지적이며 사실에 기반한 권위 있는 언어를 중시하지 않는다. 이는 세상과 타인을 알아 가는 방식과 관련 있을 뿐만 아니라 Sandra가 좋아하거나 싫어하는 사람과 교제하는 방식과 관련 있다. Sandra가 이 만들기 작업을 수행하는 방식이나 면담의 다른 부분으로부터 Sandra의 형상화된 세계에 대한 아래 가설을 세워 볼 수 있다:

> **Sandra의 언어에 대한 형상화된 세계**figured world: 객관적이고 사실을 전하는 언어, 특별히 객관적이고 사실을 전하며 판단하는 언어는 냉담하고 믿을 수 없는 사람인 "권위자" 인물의 영역이다. 그러한 언어와 대조적으로, 사회적인 유대관계에서 주로 사용되며 사람의 정서적인 요구에 답하며 사실을 주거나 판단하는 데 사용되지 않는 언어는 친절하고 믿을 만한 사람이나 친구의 영역이다.

Sandra의 형상화된 세계와 존재 방식에 비추어 보면 그녀는 "권위 있는 표현authoritative representation을 거부하고 있음을 알 수 있다. 이 거부disabowal는 권위 있는 표현에 반대하거나 권위가 없는 사회적인 상호작용을 중시하는 것과 관련 있다. Sandra의 면담으로부터 위의 형상화된 세계를 가정했지만 이 세계가 기능하는 정도와 범위에 대한 더 많은 자료를 모을 수 있다. 예컨대, 이 형상화된 세계가 Sandra와 교사/학교 간의 관계에서 어떻게 기능하는지 예로써 살펴보는 것도 흥미로울 것이다. Sandra가 학생에게 관심 갖는 교사를 좋아하며(예, 밤에 아르바이트로 일하는 학생이 수업 중 자는 것을 이해하는 교사) 친절하지 않고 학문적인 내용만 강조하는 교사를 싫어하는 것은 Sandra의 형상화된 세계의 증거가 된다.

형상화된 세계는 단지 한 사람에 속한 것이 아니다. 형상화된 세계는, 과도하게 단순화되었다 하더라도 유용한 방식으로 현실과 경험을 이해하고자 하는 사회 그룹에 의해 공유된다. 따라서 Sandra의 형상화된 세계는 그녀의 세계 내에서의 또래나 타인과 공유된다고 가정해 볼 수 있다. 자료 수집 범위를 확장하여(다른 노동자 계층 아이들로부터 수집한 데이터를 살펴보고) 이 가설을 검토해야 한다. 실제 많은 Sandra의 또래들이 그녀의 형상화된 세계("문화 모델cultural model")를 갖고 있으며 권위자에 대한 관점이 이에 포함되어 있다.

문화인류학자 John Ogbu는 미 도심 공립학교 학생을 대상으로 한 연구에서 교사와 학생의 관계에 대한 서로 다른 형상화된 세계가 적용되고 있음을 주장하였다. 몇몇 학생들은(더 나은 삶을 위해 자발적으로 미국에 온 이민가족 출신의 학생), 교사와 학생의 관계에서 중요한 것은 교사가 학생에게 전달할 유용한 지식과 기술이라는 "실용적이며 공리주의적인" 모델을 갖고 있었다. 교사가 학생이나 학생의 가족 혹은 학생의 문화 그룹을 좋아하든 말든 그건 전수되어야 할 지식이나 기술보다 덜 중요한 것이다.

어떤 학생(아프리카계 미국인, 미국 원주민 그리고 라틴계들처럼 미국에 의해 점령된 영토에 거주하거나 강제로 미국으로 이송된 조상을 둔 가족 출신의 학생)은, 교사와 학생의 관계에서 중요한 것이 교사가 학생, 학생의 가족 그리고 학생이 속한 문화 그룹을 좋아하고, 존경하며, 배려하는 것임을 강조하는 "돌봄caring" 모델을 갖고 있었다. 이 모델에서 지식과 기술의 전수는 돌보는 관계에서 이루어져야 한다. 이 학생들은 그들을 돌보지 않고 존중하지 않으며 믿을 만하지 않은 교사와 학교와의 관계로부터 이탈하는 경향을 보였다.

Sandra는 비록 자발적으로 미국으로 온 조상을 둔 저소득층의 백인 소녀이지만 아프리카계 미국인 다수가 지닌 돌봄 모델을 가지고 있었다. 사실, 그녀는 좀 더 일반적인 돌봄 모델을 갖고 사람과의 소통에서 언어 형태에 이 모델을 적용하고 있었다(권위적이고 사실에 관한 언어 vs. 정서적이고 사회적이며 돌봄의 언어).

Sandra의 형상화된 세계를 보여 주는 간단한 예를 보자. "당신이 느끼기에 당신을 이해 못하는 사람이 있다고 생각하십니까?" 면담자 질문에 Sandra는 어머니에게 꾸중 들은 후 여동생과 드라이브 갔던 긴 이야기를 시작하였다. 대화 경험 외에("동생은 한 번도 그와 같이 얘기한 적이 없어요") 동생이

Sandra의 인생과 관련하여 "사실"을 알고 "권위 있는" 충고(예, 남자문제나 안전한 섹스에 관하여)를 했던 것을 말하였다. Sandra는 면담의 다른 부분에서 친구와 섹스에 대해 자유롭게 대화를 한다고 했지만, 여동생의 충고는 "와, 이상했어요"라고 반응하였다.

Sandra가 동생—혹은 그 문제와 관련하여 다른 사람—에게 원하는 것은 그녀의 정서적(인지적이 아닌) 관점을 고려하고 평등한 사회 소통의 일부로서 치유하고 유대관계를 맺는 언어이다. 이와는 동떨어진 "권위 있는 말"은 (Sandra에게) 이해가 안 되는 것이다. 그래서 Sandra는 동생에 대해 "동생은 옳은 답을 줘요, 내가 듣길 원하는 대답요 … 그런데 계속 이야기하니 더 이해가 안됐어요, 이해가 안 되요"라고 말하였다. 즉, 그녀의 동생은 공감적이고 정서적인 방식으로 답을 하려 했지만 사실과 어른스러운 충고를 주고자 좀 더 권위에 기반한 대화를 했음을 의미한다.

Sandra의 내러티브

이 장에서 Sandra와의 면담 중 하나를 자세히 보면서 그녀의 주제 관련 자료와 아이디어를 살펴보고자 한다. Sandra의 내러티브 중 하나를 보는 것은 그녀의 실제 언어와 "목소리"의 자세한 내용을 더 잘 이해하는 방법이다.

면담을 시작할 때 Sandra는 남자친구를 데려왔다. 면담자가 "어떤 남자친구인가요?"라고 물었을 때 Sandra는 산만하게 연속된 이야기로 대답하였다. 하지만 Sandra의 내러티브 방식은 전형적으로 "구두체"였다. 스토리텔링의 특징을 살펴보면 Sandra의 다양한 이야기는 하나의 잘 조직화되고 통일된 이야기를 구성하고 있다.

Sandra의 이야기를 아래에 제시하였다. 하위 이야기와 하위-하위 이야기로 명명하는 것은 뒤이어 제시될 분석에서 설명될 것이다. 이 이야기는 이상화된 행과 연idealized lines and stanzas으로 표현되었다:

이야기: 탁자 바꾸기

배경

연 1

1. [한숨] 그는 친절해요.
2. 그는, 그는, 그는, 괜찮아요
3. 어떻게 설명해야 할지 모르겠어요.
4. 음, 만일 당신 기분이 안 좋다면, 그는 어떻게든 당신을 기운 내게 할 거예요.
5. 그는, 당신을 웃게 하거나 그렇게 할 거예요
6. 그리고 당신은 웃지 않고는 못 배길 거예요, 너무 재밌어서

하위 이야기 1: 물건 부수기

하위-하위 이야기 1: 선풍기 부수기

설명

연 2

7. 그는 그러는 것 같아요, 오늘 그의 엄마가, 그녀가 그걸 쳤어요, 그는, 그는, 그는 엄마와 다투고 있었어요,
8. 그는 엄마한테 욕설을 하고 그런 걸 했죠,
9. 그는 그런 사람이에요
10. 그리고 그의 엄마도 별로 개의치 않아 해요.

연 3

11. 그는 담배를 피워요,
12. 그의 엄마는 상관치 않아 해요,
13. 그는 마리화나를 피우고, 모든 걸 피워요, 아무도 관심 없어요.
14. 왜냐하면 그들은 그를 멈추게 할 수 없으니까요,

15. 그는 어쨌거나 할 거예요
16. 집에서 체포가 되고 어쨌거나 출소했죠.

하위-하위 이야기 1을 적절히 시작하기

연 4 [시작됨]

17. 그래서 그들은 그냥, 그래서 어제 그는 싸웠죠
18. 그녀는 갈퀴를 잡고
19. 그녀는 그를 엉덩이 뒤에서 치려고 그렇게 다가갔어요.

연 5 [별도로 설명]

20. 그녀는 그를 때리지 않았어요,
21. 때리려고 하지 않았을 거예요
22. 그녀는 그냥 물건으로 그를 살짝 쳤어요,
23. 실제로 진짜 때리지는 않았을 거예요

연 4 [계속됨]

24. 그녀는 그냥 갈퀴로 그와 놀았을 거예요,
25. 그렇게 다가가서,
26. 그도 그녀에게 그랬죠.

연 6

27. 그가 그랬고, 그녀도 갈퀴를 이렇게 들고
28. 그는 그녀를 밀었죠
29. 그리고 갈퀴가 선풍기 위로 떨어졌어요.
30. 크르르 거렸어요, 그렇게.
31. 그는 웃기 시작했어요,

연 7 [별도로 설명]

32. 그가 웃을 때 모두가 웃었어요

33. 왜냐하면 그가 웃는 모습이 우스웠어요,

34. 하하하하 이렇게요!

35. 그는 마치 여자애처럼 그렇게 웃었어요.

36. 그는 웃겼어요.

연 8

37. 그리고 그의 엄마가 가서 말했어요, "뭐하니 마이크?"

38. 그리고 이렇게 말했어요, "뭐하니? 왜 웃고 있니?"

39. 그리고 말하길 "세상에, 부서졌어, 부서졌어!"

40. 그리고 선풍기가 부서져서 완전히 완전히 화가 났어요.

41. 그리고 갈퀴를 치웠어요,

연 9

42. 그리고 그녀는 방으로 갔어요

43. 그리고 이렇게 얘기했죠, "웃지 마, 웃지 마",

44. 그리고 그는 계속 웃었어요.

45. 그냥 재밌었어요.

하위-하위 이야기 2: 탁자 부수기

설명

연 10

46. 그리고 그는 탁자를 부쉈어요.

47. 그리고 그는, 마치 게임을 할 것 같았어요,

48. 저와 켈리와, 그와 켈리의 남자친구,

49. 그냥 재미죠
50. 왜냐하면 그냥 이상했거든요,

연 11

51. 우리는 아무 문제 없었어요,
52. 그는 욕 들을 일을 했는데
53. 아무 일도 없었어요.
54. 그는 벌받지 않았어요.

연 12

55. 그래서 우리는 늘 모든 이유로 그를 욕해요.
56. 그는 상관치 않죠,
57. 그는 그래요, "자, 계속하자, 아무 문제 아니야"

하위-하위 이야기 2를 적절히 시작하기

연 13

58. 그리고 우리는 탁자를 끌었어요
59. 그리고 그는 그 위에 앉아서, 뛰다가 앉기로 했죠
60. 그가 안한 거예요,
61. 놓친 거죠

연 14

62. 그리고 탁자가 덜컹! 거렸어요
63. 그리고 그게 깨졌죠.
64. 그게 유리 테라스 같은 거였는데
65. 그게 뿌찍! 하면서 여기저기로 흩어졌어요.

연 15

66. 그가 그랬어요, "아 안돼!"
67. 켈리는 마치, 켈리가 그랬어요, "무슨 일이야, 무슨 일이야? 뭐했어 마이크?"
68. 그가 그랬죠, "탁자 깨뜨렸어",
69. 그녀는 "아-[한숨]" 그랬죠

하위 이야기 2: 손에 떨어진 창문 유리조각으로 생긴 보상금

연 16

70. 그는 변호사로부터 보상금을 받았어요
71. 왜냐하면 작년에 자신의 손목을 베었기 때문이에요
72. 아무 이유 없이요,
73. 그에게 떨어진 창문 유리조각 같은 걸로 그랬어요,

연 17

74. 음, 어쨌든, 바로 음 여기 그의 손에 떨어져 베었어요.
75. 그리고 거기엔 상처가 났죠
76. 그리고 음, 피가 났어요
77. 그래서 그들은 그를 급히 병원으로 데려갔어요,
78. 피가 멈추지 않았어요,
79. 그래서 꿰맸어요.

연 18

80. 그리고 그들은 그가 소송할 수 있다고 말했어요,
81. 그리고 그들은 5,000달러를 받았어요.
82. 그들은 2주 전에 받아서

83. 그는 그녀에게 새 탁자를 사 줬어요.

배경

연 19

84. 그는 괜찮아요.
85. 그는, 그는 돌보는 걸 잘해요,
86. 그는 정말 다정해요

Sandra는 "반복의 원리the principle of the echo", 즉 많은 문화에서 구전의 중요한 장치인 앞선 표현을 뒤에서 반복하거나 모방하는 방법에 따라 자신의 말oral text를 조직하였다. 그림 12.1에서 시각적 은유를 사용하여 그녀의 말을 "박스 안의 박스"로 표현하였다. Sandra의 말 구조에서 가장 눈에 띄는 반복적인 특징을 표시하여 개요화하였다(몇몇 독자에게 그림 12.1은 Sandra 이야기의 분석을 읽기 전에는 혼란스러울 수 있다. 그렇다면 건너뛰었다가 나중에 다시 읽을 것을 권한다).

Sandra의 전체 말은, '남자친구는 친절하다'의 반복되는 틀에 의해 구조화되었다. 주된 이야기는 두 개의 하위 이야기로 구성된다. 첫 번째 이야기(하위 이야기 1)는 남자친구가 사고로 부서뜨려 생긴 손실에 관한 이야기이다. 두 번째 이야기(하위 이야기 2)는 어떤 물건(예, 창문 유리)이 갑자기 그를 향해 깨어져(예, 손목을 다침) 남자친구가 보상금을 탄 이야기이다. "부정적인 사건"으로 인해 "손실"의 것이 보상되는(예, 탁자) 또 다른 부정적인 사건으로 연결된다. 물론 "부족/손실"의 "보상"은 구어-중심 문화권에서 전형적인 이야기 결말 장치이다. 첫 번째 이야기(하위 이야기 1)는 두 개의 이야기로 구성되어 있다. 첫 번째(하위-하위 이야기 1)는 선풍기가 부서지는 이야기이고 두 번째 이야기(하위-하위 이야기 2)는 탁자가 부서지는 이야기이다.

두 개의 부서지는 이야기(선풍기와 탁자) 간에 상당히 유사한 부분이 있다. 두 이야기 모두 남자친구의 행동은 언제나 벌받지 않음을 표현한 설명 연 expository stanzas으로 시작된다. 이 연 다음에는 남자친구와 관련된 "장난치기" 이야기가 소개된다. 그런 후 각각의 사건에서 물건이 떨어지고 소리가 난다. 첫 번째 사례에서 부서지는 사건 이후 남자친구에게 "너 뭐하니?"라고 물었고 두 번째 사례에서 남자친구에게 "뭐하니?"라고 물었다. 이 질문 모두 대답이 없다. 선풍기 이야기에서 남자친구 어머니가 남자친구에게 그만 웃으라고 주의를 주지만 여기에 대한 답이 없는 채로 마무리된다. 탁자 이야기에서 남자친구 동생의 비언어인 한숨으로 마무리된다. 첫 번째 이야기의 남자친구 웃음은 두 번째 이야기의 여동생 한숨으로 반복된다.

이 두 가지 부서지는 이야기는 손실(선풍기, 탁자)을 만든 남자친구의 사건에 관한 것이다. 이 이야기는 남자친구가 연루된 또 다른 사건의 이야기(하위 이야기 2)로 이어지는데, 이어지는 이야기는 장난이 아니라 심각한 상해(사물이 부서지는 것이 아닌 사람이 다치는 이야기)이다. 그리고 그 사건은 손실이 아닌 획득(보상금)과 보상(새 탁자)으로 끝맺는다. 선풍기 이야기에서 남자친구 어머니가 그만 웃으라고 할 때 남자친구는 어머니에게 신경 쓰지 않는다. 창문 이야기에서 남자친구 어머니가 새 탁자를 요구하지 않아도 남자친구는 새 탁자를 보상하였다. 그러한 "반전"과 "부정적인" 일은 강력히 통합 혹은 연결하는 장치이다. 이 유사 구조는 텍스트에 특정 "등가 논리"로 작용한다. 여러 연stanzas은 반전 혹은 직접적이거나 느슨한 정도의 유사함으로 연결된다.

Sandra와의 면담에서 언어학자로서 나의 관심사 중 하나는 이것이다: 많은 아프리카계 미국인 아이들, 십대들 그리고 어른이 극단적으로 잘 구성된 "구두 화법"의 이야기를 말할 수 있음은—비록 이 화법으로는 학교에서 특히 학령 초기에 성공적으로 적응할 것이라고 보지 않지만—잘 알려져 있다. 구두 화법의 이야기는, 성경 이야기나 호머의 서사시 같은 서구 구전 문화의 고전 스타일이나 James Joyce와 Virginia Woolf와 같은 현대 작가의 시나 산문 문학과 맥을 같이한다. 구두 화법의 이야기는 아프리카계 미국 문화와 아프리카 문화로 특징지어진다.

백인 노동자 계층 사람들, 특히 아이들과 십대들의 "자연적으로 나타나는"(예, 학교에 기반하지 않은) 담화 능력에 대해 아는 것이 거의 없다. 그나마 언급되는 내용은 꽤 부정적인 것이다. 나는 Sandra의 사례를 계기로 이 생각이 재평가되길 기대한다.

구조: 연 1: 남자친구는 친절하다.

이야기: 탁자 바꾸기

하위 이야기 1: 물건 부수기

하위-하위 이야기 1: 선풍기 부수기

연 2~3:	설명: 남자친구가 무엇을 해도 아무도 상관치 않는다
연 4:	엄마가 남자친구와 장난치다가 다음의 일이 생겼다:
연 6:	선풍기가 넘어져 소음을 냈다: 크르르
	남자친구가 웃는다
연 7:	남자친구가 웃는다
	남자친구가 소리내었다: 하하하하하!
연 8:	엄마가 물었다: "뭐하니 마이크?"
연 9:	엄마가 남자친구에게 웃지 말라고 말한다
	남자친구는 계속 웃는다

하위-하위 이야기 2: 탁자 부수기

연 10~12:	설명: 남자친구는 무엇을 해도 곤란에 빠지지 않는다.
연 13:	남자친구는 소녀들과 장난치다가 다음의 일이 생겼다:
연 14:	탁자가 넘어지고 소음을 냈다: 덜컹! 뿌지직!
연 15:	Sheena가 물었다: "뭐하니 마이크?"
	Sheena는 소리를 낸다: 한숨

하위 이야기 2: 떨어진 창문 유리조각으로 생긴 보상금

이야기의 끝: 남자친구는 탁자를 바꿨다("그는 그녀의 새 탁자를 사 줬어요")

구조: 연 19: 남자친구는 친절하다.

그림 12.1

Sandra의 이야기는 위에서 논의한 많은 제목과 주제를 드러내고 있다(남자친구 행동의 간접적인 결과; 요청하지 않았는데 탁자가 보상됨); 권위적인 언어의 효과성 부인(어머니의 주의에 대답이 없음, 그녀의 질문과 여동생의 질문에 대답이 없음, 여동생과 동료의 한숨뿐임); 웃음, 소음과 물리적이고 사회적인 행동의 소통 세계; 사실과 지식이 아닌 사건과 놀이의 세계; 중요한 것은 타인에게 주는 정서(예, 웃음)라는 세계.

Sandra의 주어 진술문(여기서는 논의되지 않았음)으로부터 분석된 Sandra의 주제와 가정은 Sandra의 면담을 더 깊이 이해하는 데 도움이 될 것이다. 또한 담론 분석은 Sandra의 주제로부터 도출된 가정들을 추가적으로 지지하는 데 근거가 될 것이다. 지금까지 살펴본 내용은, 적용 범위coverage(자료의 한 부분으로부터 얻은 생각을 다른 부분까지 확장하여 이해할 수 있는가 하는 문제)이며 수렴convergence(자료의 새로운 부분으로부터의 아이디어가 다른 부분에서도 지속적으로 지지되는가 하는 문제)이다. 자료의 언어학적인 세부 내용으로부터 우리의 분석을 지지할 근거를 찾을 수 있다.

마지막으로, 우리가 이해한 것은 Sandra가 자신의 정체성 작업identity work의 일환으로 "권위 있는 표현"과 "공감적인 사회 소통" 간의 대별을 주제화하였다는 것이다. "권위 있는 표현"의 영역은 학교와 관련 있으므로, 학교가 그녀의 언어와 정체성을 이해하고 거기에 적응하지 않더라도, Sandra의 정체성 작업은 그녀의 학교에 저항하여 이루어질 것이다.

추천문헌

Gee, J. P. (1997). Thematized echoes, *Journal of Narrative and Life History* 7, 189-196.

Gee, J. P. (2006). Self-fashioning and shape-shifting: Language, identity, and social class. In D. Alverman, K. Hinchman, D. Moore, S. Phelps, & D. Waff, Eds., *Reconceptualizing the literacies in adolescents' lives.* Second Edition. Hillsdale, New Jersey: Erlbaum, pp. 165-186.

제13장

담론 분석의 예 3

담론 분석의 마지막 예를 위해 3장에서 다룬 대학 교수와 학교 교사가 함께 한 프로젝트 자료로 돌아가 보자. 이 장에서, 이후 사건들이 원자료에서 일어난 일을 더 깊이 이해할 수 있게 하는지를 알아보기 위해 3장 자료 이외의 것도 볼 것이다. 이 장의 목적은 앞서 논의한 만들기 작업building task을 분석하고 조사 도구tools of inquiry를 활용하는 과정에서 생기는 여러 질문과 이슈를 살펴보는 것이다.

3장의 자료는 역사학 전공의 대학 교수Sara Vogel의 면담자료이다. 이 교수는 구술역사를 가르치는 중학교 교사들과 함께 일하고 싶어하였다. 그녀는 중학생들이 거주하는 도시와 지역 역사를 조사하기 위해 학생들로 하여금 친척이나 이웃과 면담하도록 하였다. 동시에 그녀는 지역 학교에서 유사한 대규모 장기 프로젝트를 진행하기 위해 연방정부의 지원금을 신청할 지원서를 쓰고 있었다.

그 교수가 가르치는 대학은 소규모 상위권 사립대학Woodson 대학이며 최근 중공업 부문의 국제적인 경쟁에서 상당히 뒤처진 노동자 계층 산업도시Middleview에 위치해 있다. 역사적으로 대학관계자와 일반인 간에 도시에서의 지위와 의무를 두고 갈등이 있었는데, 구체적으로는 대학과 도시 간의 갈등, 특별히 대학에서 가르치는 사람과 공립학교에서 가르치는 사람 간의 갈등이었다. 대학 교수들은 그 도시에서 태어나지 않았고 늘 그곳에 머무는 것이 아니라 다른 도시로 이직하기도 한다; 공립학교 교사의 경우 대부분은 그곳에서 태어나 그곳에서 정착한다.

3장에서 다룬 자료는 프로젝트의 첫 번째 공식 회의에 관한 것이다. 역사 전공의 교수, 두 명의 대학원생, 지원금을 얻기 위해 교수와 교사 간 협력을 보조할 그룹 대표(이는 유능한 대학원생이며 Ariel이라 부를 것이다), 교육과정 컨설턴트 두 명과 교사들이 이 회의에 참여하였다. 교육과정 컨설턴트는 지역 역사박물관에서 일한 경력이 있는 전문가였다. 그리고 이들은 학생들을 위해 역사 교육과정을 설계하는 전문가였으며, 학교 교육과정에 대해 잘 알지 못하는 대학 교수와 Ariel을 위해 자금 제공자에 의해 고용되었다. 3장에서의 자료는 교사 중 한 명Karen Jones의 대화이다. Karen은, 회의를 주재하는 Ariel에게서 첫 번째 공식 회의 전에 프로젝트 배경을 사람들에게 설명하도록 요청받았다.

앞서 본 대로, 역사전공 교수는 Karen의 학교에서 교육과정 코디네이터 Mary Washington에게 자신의 프로젝트와 관련하여 도움을 구했고 자신이 학교 현장에 가 볼 수 있도록 요청하였다. 교육과정 코디네이터는 대부분 교사 경력이 있지만 학교 교사에게는 교사이기보다는 행정가로 여겨진다(최소한 Middleview에서는 그렇다):

1. 작년에, Mary Washington, 여기 교육과정 코디네이터가 Woodson 대학의 Sara로부터 한 통의 전화를 받았습니다.
2. 그리고 내게 전화해서 말했습니다.
3. "Woodson에서 온 어떤 사람이 있는데 역사학과에 소속되어 있습니다.
4. 그리고 그 사람은 Middleview의 흑인 역사에 관한 연구에 흥미를 가지고 있습니다.
5. 또 그 사람은 학교가 참여하기를 원하고 있어요.
6. 여기 그녀의 전화번호가 있습니다
7. 전화해 주세요."
8. 그래서 나는 그녀에게 전화를 정말 했습니다.
9. 그리고 우리 둘 다 Woodson에서 열리는 여름 협회에 온다고 기대했습니다.
10. 나는 거기에 참석을 했습니다.
11. 그러나 Sara는 그렇게 할 수 없었습니다.

이 자료를 보면 Karen은 Sara가 자신에게 직접 연락한 것이 아니라 자신의 학교 교육과정 코디네이터에게 연락한 것에 대해 언짢아함을 추측할 수 있다. Karen은, Mary가 자신에게 Sara를 돕도록 명령한 것처럼 표현했다. 3장에서 보았듯이 Karen의 말은, Karen이 처음 일을 시작할 때조차 Sara가 수행하는 데에 실패한 반면(예, 여름 캠프에 방문하기) 자신은 "명령"이 주어졌을 때 그렇게 수행했음(예, 전화를 하고 기관에 방문하기)을 강조하고 있다.

어떻게 사람들을 명명하고 직함을 붙이는가는 참여자들에게 논쟁의 여지가 있을 수 있지만 여기서는 주로 미국 이름의 첫 번째 이름으로 사람들을 명명하겠다. Karen과 Jane은 교사, Sara는 역사가(교수), Mary는 교육과정 코디네이터, Ariel은 회의 의장이자 지원 대리인, Shirley와 Cynthia는 교육과정 컨설턴트(역사박물관 출신의 전문가)이다.

몇 주간 모임을 가진 후에, Karen과 다른 교사들이 프로젝트 시작부터(Sara가 교사 자신들이 아닌 교육과정 코디네이터를 통해 아이들을 만난 것) 언짢은 일이 있었음을 회의에서 직접적으로 보여 주었다. 모임을 시작할 때 교사들은 이 프로젝트가 무엇인지 모르겠고 혼란스러우며 프로젝트에 대해 종잡을 수 없다고 말하였다. 그러면서 계속해서 말하길 Sara가 얼마 전에 지원금을 얻기 위한 연구계획서를 자신들이 아닌 교육과정 코디네이터 Mary에게 보여 주었음을 지적하였다. 그 연구계획서는 현재 프로젝트를 지속할 자금 마련을 위해 연방사무국 대리인에게 보여 주고자 쓰여진 것이다. 교사들은 지원금을 본 적이 없었다며 다음과 같이 말하였다: "연구계획서에 실제 참여자로서의 교사에 대한 언급이 없어요" 연구계획서는 누군가에게 용역을 지불할 내용을 포함하지만 교사들은 무보수로 프로젝트에 참여하는 것으로 되어 있는 것 같다. Jane이 계속해서 다음과 같이 말하였다:

> 당신은 교육과정 계획자를 위한 지원금을 얘기했어요. 하지만 Shirley와 Cynthia가 하는 일인 것 같아요. 당신은 대학원생이나 학부생들에 대해서도 말하죠. 이들 역할을 지원할 것 말이에요. 하지만 이 지원서에는 실제 교사들에 대한 지원 내용이 없어요.

Shirley와 Cynthia는 역사박물관 출신의 교육과정 컨설턴트이다. Sara는 "당신의 걱정을 알게 되어 다행이네요"라고 대답하면서 "어떤 자료가 필요한지 혹은 우리가 지원금을 타기 위해 무엇이 필요한지를 알기 위해 교사와 교육과정 계획자가 함께 구성된 위원회가 필요해요"라고 인정하였다. Sara의 대답 이후 Jane의 다음과 같은 긴 대답이 이어졌다. Jane은 Sara와 Karen과의 통화 내용을 전해듣고 아래와 같이 말했다. 아래 텍스트에서 논의를 위해 연(번호로 순번 매김)을 명명하였다:

Jane:

연 1

교육과정 코디네이터가 아닌 교사에게 물을 필요가 있다.

1a. Well I think (글쎄요, 내 생각엔)[1)]

1b. One thing you need to recognize
(당신이 알아야 할 것이 하나 있어요)

1c. about the structure of the Middleview schools (학교 구조에 대해)

1d. is that if Joanne, Linda, Karen, and I (만일 Joanne, Linda, Karen과 제가)

1e. or any combination thereof (혹은 이들 조합으로)

1f. are involving our classrooms (우리 학급에 관여하고자 할 때)

1g. we are the people who need to be asked
(문의를 해야 할 사람은 바로 우리들이에요)

1h. and to be plugged into it. (연결되어야 하며)

2a. Joe[a curriculum coordinator from another school] does

---

1) 1a~1h까지 의역하면 다음과 같다:

글쎄요, 내 생각엔 당신이 Middleview 학교 구조에 대해 알아야 할 것이 하나 있어요. 만일 Joanne, Linda, Karen과 제가 혹은 이들 중 어느 그룹으로든 우리 학급 일을 하고자 할 때 당신이 접촉하여 문의를 해야 할 사람들은 바로 우리에요.

(Joe[교육과정 개발자]는)[2)]

2b. um as curriculum coordinator for Freeland Street
(음 Freeland Street의 교육과정 코디네이터로서)

2c. does not have the right to commit Joanne Morse
(Joanne Morse에게 부탁할 권한이 없어요)

3. Not Lucy Delano. (Lucy Delano에게도 없구요)

4a. Nor does Mary [Washington] (Mary [Washington]도 마찬가지로)

4b. have the right to commit (부탁을 하거나)

4c. or structure the grant for us (우리에게 줄 지원금을 운용할 수 없어요)

연 2

현장에서는 교사들이 아이들을 담당한다.

5a. Uh it becomes a question (음 그건 문제가 되지요)

5b. like Karen said (Karen이 말했듯이)

5c. this isn't her priority area (이건 그녀의 우선순위가 아니에요)

5d. that she want to be in. (프로젝트에 참여하고자 하는 것이)

6a. If it is mine (나의 경우)

6b. or someone else (혹은 다른 사람도 그렇겠지만)

6c. we are the direct people. (우리가 직접적으로 관여하는 사람이에요)

---

2) 2a~4c까지 의역하면 다음과 같다:

Joe[교육과정 개발자]는 Freeland Street의 교육과정 코디네이터로 Joanne Morse에게 부탁할 권한이 없어요. Lucy Delano에게도 없구요. Mary도 마찬가지로 부탁을 하거나 우리에게 줄 지원금을 운용할 수 없어요.

7. In a sense we own the kids (우리가 아이들을 담당하였다는 점에서)

8a. If you want the children to be doing the work
(만일 당신이 아이들과 작업하고자 한다면)

8b. you've got to get the classroom teacher
(담임선생님을 먼저 만났어야 해요)

8c. not the curriculum coordinator or (교육과정 코디네이터가 아니라)

Cynthia:

연 3

미래를 위한 지침

9a. But Jane (하지만 Jane)[3)]

9b. that's why we're doing this project
(그게 우리가 프로젝트를 하는 이유지요)

9c. right? (그렇죠?)

10a. This this is a way to see what possible direction there is
(이건 이건 향후 (프로젝트) 방향을 가늠해 보는 방법이에요)

10b. for the future (미래를 위해)

10c. and that's why in a sense (그리고 그러한 점에서)

10d. we need to work through this.
(이 방식으로 우리가 일할 필요가 있지요)

---

3) 9a~10d까지 의역하면 다음과 같다:

하지만, Jane, 그게 우리가 프로젝트를 하는 이유예요 그렇죠? 이건 향후 (프로젝트) 방향을 가늠해 보는 방법이에요. 그리고 그러한 점에서(아이들의 담임으로 직접 아이들에게 관여한다는 점에서) 우리가 이 방식으로 일해야 하는 이유이기도 하죠.

연 4

이것은 유한한 프로젝트다.

11a. Now this is a finite project. (이건 끝이 있는 프로젝트예요)

Jane:

12. Right. (그렇죠)

Cynthia:

11b. Um that has some funding (음 이 프로젝트는 지원금이 좀 있지만)

11c. but is supposed to end (마무리되어야 하는 거죠)

11d. and at the end of the school year. (학년 말에)

연 5

처음 생각은 잘못되었다.

13a. Um and I think initially (음 그리고 초기에 생각하기를)[4)]

13b. it was conceived (프로젝트가 계획되었고)

14a. and and this was this was an error (뭔가 문제가 있구나)

14b. that was corrected (수정되어야 할)

15a. it was conceived (프로젝트가 계획되었고)

15b. uh as something that would be fairly easy (꽤 쉬운 것으로)

15c. to do in the school (학교에서 하기에)

---

4) 13a~16d까지 의역하면 다음과 같다:

프로젝트가 계획되었고 수정되어야 할 문제가 있구나라고 초기에 생각했어요. 외부로부터 자원이 제공되어 당신이 필요로 할 자료를 주고 당신은 가르치면 되는 것으로, 학교에서 하기 쉬운 것으로 계획되었죠. 하지만 당신이 할 수 없다는 걸 당신은 알아요.

16a. Um that outside outside could've (음 외부에서 외부에서)

16b. resources come in (자원이 제공되고)

16c. and give you'd the stuff you need (당신이 필요로 할 것들을 주고)

16d. and then you could teach it. (그리고 가르칠 수 있을 거라고)

17. But you know that you can't do that.
(하지만 당신이 할 수 없다는 걸 당신은 알아요)

연 6

교육과정 개발은 어렵다.

18a. There's a there's a big complicated process
(굉장히 복잡한 과정이 있어요)[5)]

18b. of working through the materials (자료로 일하는)

18c. figuring out how to teach it (어떻게 가르칠지)

18d. which is called curriculum development.
(그걸 교육과정 개발이라 부르지요)

19a. And that's what we're involved in now
(그건 지금 우리가 하는 일이에요)

19b. and it's very murky (꽤 어려워요)

19c. and it's very complicated (꽤 복잡하고요)

19d. and we we don't know where we're going

---

5) 18a~19h까지 의역하면 다음과 같다:

어떻게 가르칠지 자료를 작업하는 꽤 복잡한 과정이 있어요. 우린 그걸 교육과정 개발이라 부르지요. 그게 우리가 지금 하는 일이고, 매우 어렵고 복잡해요. 우리는, 우리는 어디쯤 와 있는지 모르겠어요. 불행하게도, 혼자서 작업할 때뿐 아니라 다른 그룹과 함께 작업할 때도, 이건 교육과정 개발의 본질적인 부분이에요.

(우리는 우리는 우리가 어디쯤 와 있는지 모르겠어요)

19e. but that's an innate part of curriculum development
(하지만 이건 교육과정 개발의 본질적인 부분이에요)

19f. unfortunately (불행하게도)

19g. especially when you work with a group of people
(특히 다른 그룹 사람들과 일할 때)

19h. and you're not just doing it yourself.
(그리고 당신 혼자서 할 때뿐 아니라)

연 7

고용된 사수Guns로서의 교육과정 개발자

20a. Um so (음 그래서)

20b. and that's where Shirley and I were hired (Shirley와 제가 고용되었죠)

20c. as sort of the hired guns (고용된 사수같이)

20d. to come in and help facilitate it
(와서 교육과정 개발이 용이하도록 돕게)

20e. because we know you don't have the time
(당신에게 시간이 없다는 걸 알기 때문이죠)

21a. um and and um Sara and Ariel [the representative of the funder chairing the meeting]
(음 그리고 그리고 음 Sara와 Ariel은)

21b. didn't don't' have the experience (경험이 없어요)

21c. of working in the classroom (교실에서 가르쳐 본)

21d. and they teach in a different structure (그들은 다른 방식으로 가르치죠)

21e. which is very different (전혀 다른)

22a. and so (그리고 그래서)

22b. so we're there as the helping hands to give you
(당신을 도와주기 위해 우리가 있어요)

22c. to to help you where you need (당신이 필요로 하는 걸 돕기 위해)

22d. and to act as sort of the interpreters
(일종의 해설자 역할을 수행하기 위해)

22e. and the shapers (그리고 (교육과정) 실체를 만드는 사람으로서)

22f. but in response to what is necessary (하지만 필요로 하는 것에 응하여)

23a. I mean (제 말 뜻은)

23b. we're not coming in to do something that we want to do
(우리가 하고 싶은 걸 하러 온 것이 아니라는 거죠)

24. We're trying to facilitate what you want to do.
(우리는 당신이 원하는 것을 용이하게 하려 하죠)

연 8

프로젝트는 규모가 작다.

25. So but we also don't want to put any pressure
(하지만 우린 어떤 부담도 주고 싶지 않아요)[6]

26. I mean there shouldn't be any pressure.
(어떠한 부담이라도 없어야 한다는 거죠)

---

6) 25~28c까지 의역하면 다음과 같다:

하지만 우린 어떤 부담도 주고 싶지 않아요. 어떤 부담도 없어야 한다는 거죠. 일하기에 재밌고 일이 되도록 해야 해요. 안 될 일은 멈춰야죠. 학기 말에 우리가 얻을 것은 아주 작은 거예요.

27a. There should be something that's fun to do (일하기에 재밌어야 해요)

27b. and what works works (그리고 일이 되도록 해야 하죠)

27c. and what doesn't work goes by the wayside (안 되는 일은 멈춰야죠)

28a. And um that's all it can be (그리고 음 그게 할 수 있는 전부네요)

28b. you know something small (아주 작은 거죠)

28c. that accomplished by the end of the semester.
(이번 학기 말에 성취할 수 있는)

연 9

이는 미래 프로젝트를 위한 예비조사다.

29a. But if it goes into something that is exciting
(하지만 뭔가 재미있으려면)

29b. and has potential (그리고 잠재적 가능성이 있으려면)

29c. and should be continued next year (내년까지 지속되어야 해요)

29d. and should be given to other teachers
(다른 교사에게도 기회가 주어져야 하구요)

29e. and should maybe affect other schools in Middleview
(Middleview의 다른 학교에도 영향을 주어야 하구요)

29f. then that's where Sara's working towards something more long term
(그러면 Sara의 일은 장기간 지속될 수 있을 거예요)

29g. where this could be maybe funded by NEH
(NEH의 지원도 받을 수 있을 거구요)

29h. and to pay teachers (교사에게 수당을 주고)

29i. and to pay for release time (근무외 시간 수당을 주고)

29j. and pay for materials (자료를 구입할 수 있고)

29k. and pay for resources to come in (들여올 재료 비용도 내고)

29l. and make it work on a larger scale.
(더 큰 규모의 일이 되게도 할 수 있을 거예요)

30a. So this is like a little pilot project that is
(이건 아주 작은 예비조사 같은 거예요)
30b. I agree ((교육과정 개발이 어렵다는 것에) 동의해요)
30c. it's very murky (이건(교육과정 개발이) 어렵죠)
30d. and it's very frustrating (그리고 꽤 좌절스러워요)
30e. but I see that as sort of inevitable
(하지만 그건 불가피한 거라 생각해요)
30f. and we can make that work for us
(그리고 우린 우리에게 도움이 되도록 할 수 있어요)
30g. instead of against us. (우리에게 도전이 되도록 하기보다는)

위의 전사에서 각 행은 생각의 단위idea unit(10장의 마이크로행 참조)이다. 같은 번호를 가진 행은 하나의 문장에 준하는 문법 단위이다. 물론 구어에서의 문장은 문어에서의 문장보다 더 다양하고 덜 엄격하게 짜여진 단위로 구성된다. 마침표는 "마지막"인 것으로 들리는(말이 끊기기보다는, 어떤 내용이 이어질 것을 암시하면서 앞서 언급된 것과 체계적으로 통합되지 않은) 억양 곡선intonation contour을 의미한다.

위에 제시된 연은 자료에서 주제가 어떻게 조직되었고 담론 분석에서 지지되는 주장이 무엇인가를 나타낸다. 즉, 위의 전사자료는 "가공하지 않은" 자료가 아니라 이미 우리의 분석을 표현한 "이론에 근거한" 자료이다. 또한 텍스트를 연으로 나눈 방법의 근거로서 심리언어학 연구를 고려해 볼 수 있다(예, 쉼, 주저함, 어조, 역 경계에 대한 청자의 판단 등). 하지만 여기서 연은, 본 저자가 텍스트와 그 의미의 흐름을 어떻게 읽는가(이해하는가)를 독자들이 알도록 하는 지침 역할을 한다. 담론 분석은, 이러한 "읽기"를 보여 주는 것이며, 이는 9장에서 논의한 타당성의 기준대로 성공할 수도 실패할 수도 있다.

위 자료(3장의 Karen의 전사자료)는, 첫 번째 회의에서 Karen이 교사가 아닌 교육과정 코디네이터와 연락한 것을 두고 Sara를 간접적으로 책망함을 보여 준다. 첫 번째 회의에서 교사는 직접적으로 이 문제를 표현하기를 꺼려하였다. 사실, 이후의 회의에서 구성원들이 서로를 더 잘 알았을 때조차 Jane의 직접화법보다 Karen의 간접화법과 애매한 표현이 더 많아졌다.

꽤 긴 자료에서 우리는 분석을 어떻게 시작할 것인가?(텍스트를 연과 행으로 나누고 명칭을 부여하였다는 점에서 이미 분석이 시작되었을지라도) 만들기 작업이나 조사 도구로 분석을 시작할 수 있다. 만들기 작업이나 조사 도구는, 자료로부터 검증해 볼 질문과 가설을 만드는 데 도움을 줄 수 있을 뿐임을 기억하라. 그러면 맥락화된 의미, 즉 언어 사용의 구체적인 맥락에서 단어가 취하는 특정 의미부터 시작해 보자.

1c행의 "Middleview 학교의 구조" 구절에서 구조 단어를 보자. "구조"는 여기서 수많은 다른 것을 의미하지만 가장 그럴듯한 의미 두 가지는 "법에 근거한 행정체계로서의 학교 공식적 위계 구조" 혹은 "사람들이 일상생활에서 실제 어떻게 수행하는가 하는 관점에서 학교의 비공식적 구조"이다. Jane은 Sara에게 Sara가 (정말 교사의 협조를 얻고 싶다면) 후자의 "구조"에 따라 수행해야 하지만, (Mary Washington 교육과정 코디네이터에게 찾아가는) 전자의 "구조"를 따랐음을 얘기하였다. Jane은 Sara가 (모임 중 대화에서 그리고 구성원 간의 실제 업무에서 존중되어야 할) 후자의 비공식적인 "구조"를 이해하기를—교사가 더 많은 힘을 가졌다는 점을 알기를—요구하였다.

7행의 "담당"(소유하다own를 의역함) 단어를 보자. 이 단어는, Jane이 "구조" 단어에 부여한 맥락화된 의미(공식적 위계와 반대되는 비공식적 위계)와 관련하여 부분적으로 특정의 맥락화된 의미를 지니고 있다. Jane에게 있어서 "담당"은 행정가가 아니라 교사가 학생에 대한 접근을 통제함을 의미하는 것 같다. 그녀는, "담당"이라는 단어를 사용하여 교사가 학생에 대해 갖는 관계나 통제(비공식적 구조)를 행정가가 학생에 대해 갖는 관계나 통제(공식적 구조)와 대별하길 원했다.

마지막으로, 9b행에서 "프로젝트" 단어를 보자. 이 행에서 교육과정 컨설턴트인 Cynthia는 그룹이 하는 활동을 두고 "프로젝트"라고 명명하였다. 11a행에서 Cynthia는 프로젝트를 "끝이 있는" 것으로, 즉 단기적이며 언젠가는 종결되는 것으로 특징지웠다. 28b행에서 그녀는, 프로젝트가 "규모가 작은" 것임을 말하였다. 30a행에서 그녀는 "작은 예비조사"라고 명명하면서, 만일 프로젝트가 "흥미로운 것"이 된다면 Sara가 지원한 연구비로 장기간의 프로젝트가 되어 연구가 지속될 수 있다고 보았다. 교육과정 컨설턴트는 프로젝트가 "규모가 작고" "끝이 있으며" "사소한" 그리고 "예비조사"임을 강조하고 있는 것 같다. 왜냐하면 회의 초반 대화에서 교사들이 너무 많은 일을 하게 될 것으로 생각할까 봐 걱정했기 때문이다. 그러나 교사들에게 프로젝트의 중요성과 교사의 일에 대한 과소평가로 보일 우려가 있다. 교사들이 이미 지위와 힘의 문제를 걱정하므로 우려가 현실이다.

중요한 것은, Cynthia는 현재의 "프로젝트"를 Sara의 감독과 지원금으로 운영될 더 큰 프로젝트의 실험("예비조사")으로 맥락화하여 그 의미를 구성하고 있다는 것이다. 현재 교사들은 미래의 더 큰 프로젝트의 구성원이 될 수도 있고 아닐 수도 있지만(Sara가 자원을 결정할 위원회를 제안하였다) 현재 프로젝트가 교사들 자신의 통제가 아닌 누군가(Sara와 교육과정 컨설턴트들)에 의해 운영되는 실험처럼 보이는 문제가 있다(29f행의 "그러면 Sara의 일은 장기간 지속될 수 있을 거예요" 참조). 물론 Cynthia의 프로젝트의 맥락화된 의미는 Jane이 개발한 "구조"와 "담당하다"의 맥락화된 의미와 맞지 않다. Jane의 맥락화된 의미는 연방정부의 "지원금"과 "자원"을 논의할 "위원회" 등으로 특징지어지는 행정적인 과정보다는 교사의 감독과 비공식적인 힘의 구조를 강조한다.

"프로젝트" 단어를 사용하고 회의에서 특정의 맥락화된 의미를 부여하는 문제에서 이 프로젝트는 누구의 프로젝트인가 하는 문제가 있다. 역사가와 컨설턴트의 지원을 받는 교사의 프로젝트인가? 교사의 지원을 받는 역사가와 컨설턴트의 프로젝트인가? 공동의 프로젝트라면 어떤 의미에서 그러한가? 7연에서 Cynthia는 "돕기 위해"(22d행)와 "용이하게 하려"(22e행)의 표현으로 "프로젝트"를 교사가 누군가의 지원을 받아 감독하는 것으로 표현하였다. 하지만 그녀는 같은 연에서 "주다"(22b행) "해설"(22d행) "만드는"(22e행) 용어를 사용하여 교사보다는 컨설턴트에게 보다 주도적이며 감독하는 역할이 있음을 암시하였다.

여기에서 "프로젝트"란 단어는 보다 다양한 의미로 쓰일 수 있다. 그러나 문제는 분명하다. 이 단어가 어떠한 맥락화된 의미를 갖는가는 협의와 논의에 달렸다. 이는 프로젝트 구성원이 회의와 실제 프로젝트 전반에 걸쳐 해결해야 할 문제의 일부이다. 단어의 맥락화된 의미가 대화 주제임을 보여 주는 사례이다. 만일 사람들이 지금-여기 대화에서 그리고 프로젝트 운영에서 단어가 의미하는 바가 무엇인지 동의를 한다면 이 동의는 프로젝트가 있는지 없는지, 있다면 그것은 무엇일지, 프로젝트가 성공했는지 아닌지를 부분적으로 결정하는 근거가 될 것이다("프로젝트"에서의 "성공"은 그룹이 결국에 협상하고 논의할 또 다른 맥락화된 의미가 될 것이다).

여기서 특정 단어의 맥락화된 의미의 사용과 협상은 "정치학"의 문제이다. 누가 감독하고 언제 어디에서 어떻게 사람들에게 역할, 명예, 책무를 할당할 것인가와 같이 사회 재화를 언어로 분배할 때 우리의 만들기 작업 중 하나—소위 정치학—는 실체가 됨을 알 수 있다.

물론, 여기서 모든 만들기 작업—중요성, 활동, 정체성, 관계, 정치학, 연결 그리고 지식을 만드는 일—은 명백히 위태로워 보인다. 교사보다 교육과정 코디네이터에게 더 의미 있는 것은 무엇인가? 그룹 구성원은 어떤 실제와 활동을 하는가? 교사, 교수 그리고 컨설턴트들은 이 회의에서 어떤 정체성을 수행하는가? 사람들과 그들의 정체성 간의 관계는 무엇이며 무엇이어야 하는가? 이 상황에서의 정치학(누가 언제 어디서 어떤 지위와 힘을 갖는가)은 무엇인가? 연구계획서의 연구비 지원에서 배제된 교사에게 연락하지 않았던 것과 교육과정 코디네이터에게 연락한 것 간에는 어떤 연관성connection이 있는가? 언제 그리고 어디에서 교사의 지식은 교수와 컨설턴트의 지식보다 더 혹은 덜 중요시되는가? 이 모든 문제는 대화를 통해 만들어졌다.

맥락화된 의미는 형상화된 세계를 보여 준다. 왜냐하면 사람들은 나름 특정의 형상화된 세계를 운영하고 있기 때문에 단어에 특정 맥락화된 의미를 부여한다. "구조"와 "담당"의 단어에 Jane이 부여한 맥락화된 의미는 Jane이 사용하는 형상화된 세계(이론, 이야기, 모델)의 일부를 보여 준다. 하지만 전사자료의 다른 영역도 살펴봐야 한다.

1연에서 Jane은 만일 학급에서 일하고 싶다면 행정가가 아니라 교사들에게 문의할 필요가 있음을 얘기하였다. 이 연은 Jane이 "구조" 단어에 "현지 운영에 기반한 행정이나 위계"가 아니라 "비공식적" 것으로서의 맥락화된 의미를 부여한 연이다. 2연에서 Jane은, Karen이 영어를 가르치므로 역사가 그녀의 주 전공이 아님을 지적하였다. 한편 Jane은 역사를 가르치므로 *자신의* 주 전공이다. 학교 학생들이 (영어가 아니라) 역사 관련 일을 하게 하려면 (영어가 아니라) 역사를 가르치는 교사(즉, Jane)에게 문의해야 한다("우리는 직접 관여하는 사람"의 Jane 말 참조). 물론, 교육과정 코디네이터인 Mary는 Jane이 아니라 Karen에게 Sara와 통화하도록 얘기했으며 그렇게 함으로써 "규칙"을 어겼다. 실제 Karen은 첫 회의에서(3장에서 살펴본 내용임) 역사가 자신의 전공이 아니라 Jane의 전공이므로 Jane에게 가서 이 일을 논의하였다고 말한 적 있다(Karen이 항상 자신의 영어 수업에서 학생들로 하여금 친척들과 과거에 대해 면담하도록 하며 이 활동은 역사학에서의 "구전"에 해당하는 것임에도 불구하고).

따라서 2연에서 Jane이 "우리가 아이들을 담당하고 있다는 점에서"라고 말했을 때 이는 각각의 교사가 아이들을 "담당"할 뿐만 아니라 역사가 주 전공인 사람이 어떠한 역사 프로젝트이든지 이를 수행하는 모든 아이들을 "담당"함을 의미한다. Karen이 Jane의 역사 수업이 아닌 영어를 가르칠 때는 더욱 그러하다. 학교에서 역사 관련 일을 하고자 한다면 Jane에게 직접 이야기할 필요가 있을 것이다. Jane의 관점에서 Sara가 여러 학급에서 역사 관련 일을 하고자 한다면 Mary나 심지어 Karen이 아니라 Jane에게 먼저 연락했어야 했다.

이 모든 자료를 고려해 볼 때 아래와 같은 형상화된 세계를 운영함을 가정해 볼 수 있다:

> Middleview 학교의 비공식적인 운영과 절차로, 행정가가 아닌 교사들이 학급 아이들에 대한 접근을 감독한다. 교사의 주 전공은 학생들의 전공 관련 일에서 학생에 관한 특별한 권리와 책임을 결정하는 근거가 된다.

행정가로부터 승인을 받아야 하는 학교 공식적 행정 방침과 관련된 형상화된 세계는 다를 수도 있다. 다를 수도 있는 이상, Sara와 같은 사람은 먼저 (아마도 부분적으로나 전적으로 비공식적인 절차를 기반으로) Jane에게 연락을 시도한 후에 교육과정 코디네이터인 Mary Washington이나 다른 행정가(예, 교장이나 관할구역별 행정가)로부터 공식 승인을 받아야 할 수도 있다.

Jane의 형상화된 세계가 그녀의 머리 속에 어떻게 존재하는지 우리는 알 길이 없다. 실제, 그녀는 자신의 형상화된 세계를 의식적으로 표현한 적이 없을 수도 있다. 만일 그녀가 표현하였다면 다른 상황에서는 다르게 그 세계를 표현했을 수도 있다. Jane의 형상화된 세계는, 그녀가 근무하는 학교와 그녀의 전공에서 학교 관련자들이 어떻게 일해야 하는지에 관한 비공식적인 "이론"이다. 그녀는, 물론, 앞서 예시한 이론 외에 그녀의 학교, 학교 관계자, 그리고 학업에 관한 여러 이론들을 가지고 있을 것이다.

형상화된 세계는, 사람들이 주어진 상황에서 어떻게 움직이는지에 관한 이론이다. 형상화된 세계는 다양한 상황에서 다양한 이론에 의해 운영되고 있다. 본 사례에서 Jane은 자신의 이론 혹은 모델이 프로젝트의 원래 취지에 의해 도전받고 진행과정에서도 문제가 있었기 때문에 형상화된 세계를 꽤 직접적으로 표현하였다. 다른 경우에는, 주어진 상황 내에서 사람들이 말하는 내용과 방식으로부터 형상화된 세계를 유추해야 할 수도 있다.

조사 도구의 또 다른 측면은 "상호텍스트성intertextuality", 즉 구어나 문어의 일부를 다른 곳에서 인용하거나 특정 방식으로 피하면서 단어를 사용 혹은 재사용하는 방법이다. 얼핏 보기에 상호텍스트성은 위의 전사자료에서 드러나 보이지 않는다. 그러나 다시 보면, 상호텍스트성으로 볼 수 있는 흥미로운 것이 있다. 아래에 반복하여 기술한 6연 전사자료를 보자:

18a. There's a there's a big complicated process
(굉장히 복잡한 과정이 있어요)
18b. of working through the materials (자료로 일하는)
18c. figuring out how to teach it (어떻게 가르칠지)
18d. which is called curriculum development.
(그걸 교육과정 개발이라 부르지요)

19a. And that's what we're involved in now
(그건 지금 우리가 하는 일이에요)
19b. and it's very murky (꽤 어려워요)
19c. and it's very complicated (꽤 복잡하고요)
19d. and we we don't know where we're going
(우리는 우리는 우리가 어디쯤 와 있는지 모르겠어요)
19e. but that's an innate part of curriculum development
(하지만 이건 교육과정 개발의 본질적인 부분이에요)
19f. unfortunately (불행하게도)
19g. especially when you work with a group of people
(특히 다른 그룹 사람들과 일할 때)
19h. and you're not just doing it yourself.
(그리고 당신 혼자서 할 때뿐 아니라)

교사들은 프로젝트가 산만하고 명확하지 않다고 주장하였다. 그들은, 프로젝트를 운영하는 사람들—역사학자 Sara뿐 아니라 지원금을 제공하는 사람들, 교육과정 컨설턴트—에게 이 문제에 대한 책임이 있다는 것을 암시하였다. 프로젝트가 산만하고 명확하지 않다는 주장은, 연구비를 위한 연구계획서에서 교사가 배제되었다는 사실을 논의하는 시작점이었다. 6연에서 교육과정 컨설턴트 중 한 사람인 Cynthia는 프로젝트에 대해 교사가 느끼는 혼란을 "교육과정 개발"로 명명하였다. 그리고 "교육과정 개발"이 "어렵고" "복잡하다"고 말하였다. "우리가 어디쯤 와 있는지 모르겠다"는 사실은 "교육과정 개발의 본질적인 부분"이다.

Cynthia는 그녀의 분야—교육과정 개발—에서 어려운 과정에 "교육과정 개발"이란 이름을 붙였다. 이름 붙이기를 통해 (교사들이 책임지우고자 하는) 프로젝트 리더의 개인적인 책임감의 영역에서부터 교육과정의 전문가 수행 영역으로 옮겨왔다. Cynthia가 자신의 분야에서의 (그녀가 직접적인 상호텍스트성을 할 수도 있는) 단어들을 사용하지 않았지만 자신의 분야에 이름 붙임으로써 "우리가 어디쯤 와 있는지 모르겠는" 고통스러운 과정을 설명할 단어가 자신의 분야에 있음을 보여 주었다. Cynthia의 이름 붙이기는 프로젝트를 개인적 책임으로 돌린 교사의 암묵적인 표현을 능가하는 것이었다. 이것은 상호텍스트성의 단순한 예이지만 꽤 강력하게 기능한다.

이름 붙이기 과정은 여러 만들기 작업을 수행하는 것임을 알 수 있다. 만들기 작업 7인 "기호 체계와 지식"에서 Cynthia는 일상 경험으로부터의 교사의 지식과 언어보다 교육과정 전문가의 언어와 지식에 더 가치를 두었다. 하지만 다른 만들기 작업은 1번 의의(예, 혼란스러움은 실패가 아니라 교육과정 개발로서 의미가 있는 것이다); 3번 정체성(예, 교사 정체성 대 교육과정 컨설턴트 정체성); 4번 관계(예, "교육과정 개발"이라 언급하지 않고 프로젝트와 그 리더들과 갖는 관계); 5번 정치학(예, 누가 이 혼란이 궁극적으로 무엇을 의미하는지 알고 모르는가에 관한 사회 재화); 6번 연관성connections(예, Sara의 행동과 교사가 지각한 혼란의 관계, 그리고 이 관계가 어떻게 특징지

워져야 하는가의 문제).

조사 도구의 다른 측면은 거대 담화Conversation, 즉 사회 그룹이나 사회에 널리 알려진 논쟁이나 문제이다. 회의 참석자들이 접근할 수 있는 거대 담화는 무엇인가? 사람들이 무엇을 말하는지 그리고 특정 의미를 위해 무엇을 취하는지에 이 거대 담화가 어떤 영향을 주는가? 이 회의에서 모두가 인지하는 하나의 거대 담화는 누가 "진짜" 교사인가(대학 교수도 가르치지만 교사로 여겨지지 않는다) 그리고 누구의 지식이 학교 사람들과 학업(예, 학교 사람들과 학업에 대해 실제 전문가는 사범대학인가 아니면 교사인가?)에서 중요하게 여겨져야 하는가와 관련하여 교사와 대학 교수의 지위에 대한 논쟁이다. 이 회의에서 모두가 인지한 거대 담화(보다 지역적인 거대 담화)는 Middleview 지역에서 일반인-교수 간의 갈등의 역사, 즉 노동자 계층 타운과 엘리트 사립 대학 간의 오랜 긴장 그리고 본토박이인 교사들과 타 지역에서 온 교수들 간의 긴장이다.

이러한 거대 담화로 회의에서 사람들이 대화와(언어와) 서로에게 반응하는 방식을 어떻게 만들어 가는지를 조사할 수 있었다. 교육과정 컨설턴트인 Cynthia가 7연에서 "그래서 우리는 당신을 도와주기 위해, 당신을 돕기 위해, 일종의 해설자와 (교육과정을) 만드는 사람의 역할을 하기 위해 있어요"라고 한 말을 살펴보자. 여기서 Cynthia는, 교사가 아니라 교육과정 컨설턴트의 힘과 지위를 의미하는 "(도와)주다"의 단어를, 보다 동등한 협력 관계의 일부로서 부분적으로 교사의 힘과 지위를 함축하는 "돕다"의 단어로 변경하였다. 변경에도 불구하고 "해설자"와 "만드는 사람"은 교사가 아니라 교육과정 컨설턴트의 힘과 지위를 강조하는 것으로 보인다. Cynthia는 매우 민감한 부분에 대해 이야기하고 있다. 왜냐하면 이는 누구의 지식이 학교 관련자들에게 그리고 학업에서 우선시되는가(교사의 지식인가 아니면 매일 교실에서 일하지 않는 교수의 지식인가)처럼 거대 담화와 연관된 문제이기 때문이다.

위 자료의 거의 대부분은 하나 이상의 거대 담화(즉, 지역에서나 사회 전반에서 진행 중인 논쟁으로서 회의 참여자들이 알고 있는 것)와 관련될 수 있다.

거대 담화는 의미를 표현하거나 타인의 말을 해석하기 위한 자원이다.

마지막으로, 조사 도구의 다른 측면은 거대 담론Discourses이다. 거대 담론은 특정 "종류의" 사람이 되는 특정 방식(Hacking, 1986)이다. 거대 담론은 특정 시공간에서 언어(사회언어)를 사용하고 행동·소통·가치부여·생각·믿음의 특정 방식을 사용하고 다양한 종류의 사물, 도구, 테크놀로지를 사용하여 각기 다른 상황에서 사람들이 취하는 사회적으로 의미 있는 정체성을 의미한다. 위의 전사자료에서 교사들은 Middleview 교사의 거대 담론으로, 역사가는 역사학 교수의 거대 담론으로, 교육과정 컨설턴트는 교육과정 전문가의 거대 담론으로 행동하고 가치를 부여하며 말하고 있다. 그러나 사람들이 다른 정체성으로 말하기를 바꾸거나 한 번에 두 가지 이상의 정체성(혼종성 hibridity)으로 전환할 수 있다.

거대 담론은 사회적이며 역사적이다. Middleview 교사나 역사학 교수처럼 생각하고, 행동하고, 소통하고 말하는 방식은 회의 이전부터 이미 존재하던 것이다. 전사자료는 지역적으로 그리고 국가적으로 교사와 교수 간의 수많은 역사적인 갈등을 반영하고 있다. 그래서 거대 담론 분석에서 갈등은 분석의 일부로 다루어져야 한다. 그 자체로 하나의 독립된 영역이다.

문제 중 하나는 어떤 전문가 지식(교사, 교수, 교육과정 전문가)이 어느 맥락(교실, 연구, 교육과정 구성)에서 우선시되는가 하는 것이다. 또 다른 문제는 실제에 근거한 교사의 지식이 전문가 지식으로 볼 수 있는가 아니면 현장의 사례로 일축될 것인가 하는 것이다. 또 다른 문제는, 교실과 학교 정책이나 절차를 (공식적으로 혹은 비공식적으로) 감독할 이가 교사인가 아니면 행정가인가 하는 것이다.

이러한 문제는 교육에서 진행 중이거나 한때 다뤄진 논쟁(거대 담화)이다. 예컨대, 특정 교사와 대학 교수 간뿐만 아니라 다양한 거대 담론 간의 논쟁이 있다(예, 교사 거대 담론, 대학 교수 거대 담론, 사범대 거대 담론, 교사를 감독하고자 하는 정부 기관과 연관된 정책가의 거대 담론). 이 문제들은 지위, 힘, 사회 통제에 대한 논쟁이다. 이 문제들은 사회 재화의 분배로 인한 뿌리

깊은 논쟁이다.

교사, 교수, 교육과정 컨설턴트 각자의 거대 담론은 다양한 방식으로 대화, 신념, 가치 그리고 태도에서의 여러 문제들과 관련 있다. 이 책에 제시된 전사자료는, 특정 사람들 간의 대화이기보다는 국가와 역사의 더 큰 문제를 반영하는 거대 담론 간의 대화로 볼 수 있다. 담론 분석에서 우리가 하고자 하는 것은 현장에서 서로 다른 거대 담론 간의 대화를 발견하는 것이다.

동일한 회의로부터 예를 가져와 마무리해 보자. 이 예는 8장에서 Middleview 지역 사람이 거대 담론을 전환하여 전문 역사가로서의 거대 담론을 바꾸지 않는 Sara를 곤란하게 만드는 예이다. Sara가 Karen의 학교와 Jane의 학교에서 그들을 직접 만난 것이 아니라 교육과정 코디네이터를 찾아갔던 문제로 이 대화가 시작했음을 기억할 것이다. 회의가 끝나고 대부분의 사람들이 떠났을 때 몇몇 사람들이 남아 회의에서 다루었던 주제인 2차 대전에 대해 이야기를 나눴다.

Karen, Jane, 그리고 Joe는 전쟁 중 춤추러 갔던 Bright City 지역에 대해, 자신들의 지역 정보를 근거로, 이야기하기 시작하였다. Joe는 교육과정 코디네이터(Karen 학교나 Jane 학교가 아닌 다른 학교에서 근무)이며 Mary Washington과 같은 행정가이다. 그러나 지금은 교사들과 Joe가, 교사나 행정가로서의 거대 담론이 아닌, 그 지역의 일상적인 시민으로서 Middleview 거대 담론을 이야기하였다.

Karen, Jane, Joe와 같은 사람들은 전형적인 Middleview 주민이다. 그들은 거기서 태어났고 그들의 가족도 오랜 기간 그 곳에서 지냈다. 그들과 자녀 역시 그 지역에서 머물기로 계획하였다. 역사가인 Sara는 그 지역에서 전형적인 교수이다. 그녀는 거기서 태어나지 않았고 교수가 되기 전까지 그 곳에 있지 않았다. 이는 실제 지역마을과 대학의 역사적인 핵심 갈등 중 하나이다. Karen, Jane 그리고 Joe가 Middleview의 "평범한 사람들"이 되었지만 Sara는 역사학 교수로서의 거대 담론에 여전히 머물러 있었다. 그녀는 지역의 거대 담론에 참여하지 못하였다. 아래 전사자료를 보자.

Karen:

1a. 나의 어머니는 40대에 대해 말씀하시곤 했죠
1b. 역 주변을 배회하면
1c. 누군가가 데려오죠
1d. 모두가 춤추러 Bright City에 가기 위해
1e. 서로 안면이 없더라도

Joe:

2. 레이크사이드 무도장

Jane:

3. 그래 물론이지요

Joe:

4. 나의 아버지도 거기서 일하셨어요

Jane:

5a. 그리고 전쟁상황이 되면
5b. Fort Derby를 갖고 있다는 이유로
5c. Bright City로 가기 위해 모두가 타려고 하죠
5d. 놀이동산으로

6a. 타고 싶은 멋진 두세 대의 자동차가 들어와요
6b. 소녀들과 즉석 만남을 위해 이용되었지요

Sara:

7. 글쎄요 사실은 보통 자동차들이 이 곳에 들어왔죠

8. 이에 관해 보고서를 쓴 한 학생을 기억해요
9. Bright City와 공원은 자동차 회사에 의해 세워졌지요
10. 사람들이 갈 수 있는 목표지를 만들어 주고
11. 공생관계로 돈을 벌기 위해

Jane:

12a. 만일 당신이 거기 있었더라면
12b. 보트를 타고
12c. 호수를 오르내릴 수 있었을 거예요

13. 사람들로부터 돈을 벌 수 있는 다른 방법은 많았죠

7행에서 Sara의 "글쎄요 실제로"는 교사들과 Joe의 말을 "정정"하고자 하는 것으로 보인다. 그녀는 지역 정보에 기반한 그들의 지식과, 역사가로서 전문 지식을 구별하고자 하는 것으로 보인다. 아이러니하게도 이전 회의는 지역 구전 역사 프로젝트의 일부였다. 하지만 여기서 그 역사가(Sara)는 연구와 책으로부터 얻은 역사적인 자료를 이용하여 (교사들과 Joe의) 구전 자료를 반박하였다.

Jane은 어렵지 않게 Sara의 정보에다 지역 정보를 보태었다. 자동차 회사와 공원 간의 음모론을 암시하는 듯한 Sara의 발언은—학문적인 거대 담론(표면적인 사실을 설명하는 기저의 구조적 관계)에서 핵심이 될 수 있는 것이지만—무시되었다.

결국 Sara는 대화에 불편함을 느끼고 그 자리를 떠났다. Middleview 지역의 원주민인 교사들과 Joe 그리고 교육과정 컨설턴트들은 지역 정보에 대해 계속 얘기를 나눴다. 전문가(교사, 행정가 그리고 교육과정 컨설턴트) 간의 거대 담론의 팽팽한 긴장은 순식간에 날아가 버렸다. 그들은 그들이 공유한 거대 담론을 나눴지만 Sara의 거대 담론에 대해 이야기를 나누지는 않

았다. 아이러니하게도 이들의 대화 내용은 Sara가 아닌 Middleview 주민들이 얘기할 수 있는 종류의 지역 역사였고 학문적인 전문분야의 지역 역사는 아니었다. 결국 회의가 종료되었을 때 이 지역 역사 이야기로 인해 Sara와 Middleview 사람들이 구분되었다.

거대 담론 혹은 담론 분석은 단순히 추상적인 수준의(학문적인, 이론적인) 이해를 얻는 것이 아니다. 실제 세계에서 실제 문제를 다룰 수 있길 바란다. 이 책에서 분석은 더 생산적이고 인문학적인 방법으로 담론 분석을 시행할 수 있도록 돕기 위해 제시되었다. 이 책의 목적이 담론 분석의 적용은 아니지만, 본 프로젝트에서 서로 다른 거대 담론을 가진 참여자들이 좀 더 생산적인 방식으로 협력할 수 있도록 어떤 일들이 구별되게 다뤄졌어야 했는지를 독자들이 살펴볼 여지를 두고자 한다. 본 저자는 사람들이 역사와 갈등에 관한 서로 다른 거대 담론을 표현하는 것을 다루었다. 차후에는 사람들이 목적을 위해 새롭거나 (하지만 임의적인) 혼용된 거대 담론을 함께 구축하는 다양한 과정을 다뤄야 할 것이다.

제14장

결론

우리 인간에게는 의미를 가진 단어만 있는 것이 아니다. 우리는 거의 대부분 어떤 것에라도 의미를 부여할 수 있다. 나무나, 특정 종류의 나무나 심지어 숲을 의미하기 위해 나무 그림을 그릴 수 있다. 순수함을 표현하기 위해 아기를, 전쟁을 표현하기 위해 늑대를, 평화를 표현하기 위해 비둘기를 사용할 수 있다. 우리는 이러한 단어("늑대" 단어), 그림이나 사물(늑대 그림이나 실제 늑대)을 기호signs, symbols라고 부른다. 기호는 우리 인간이 의미를 재현(represent → re-present)하기 위해 사용하는 모든 것이다.

이 책에서 저자는 사람들이 언어 사용의 맥락 안에서 단어로 의미를 능동적으로 만드는 것을 보였다. 그리고 사람들은 다른 종류의 기호를 사용하여 마찬가지로 의미를 능동적으로 만들었다. 인간은 머리 속 저장고에서 의미를 수동적으로 찾는 것이 아니라 능동적인 생산자이며 디자이너이다.

이러한 의미에 대한 관점은 고전적인 이론이 아니다. 고전적인 관점에서는 단어나 이미지 그리고 이들의 연합된 의미가 우리 머리 속에 저장되어 일상적인 대화에서 사용되기 위해 저장고로부터 추출된다고 보았다. 우리의 문화는 이미 구성되었고 우리 머리 속은 단어와 이미지, 의미로 채워져 있다. 성인은 단어와 이미지의 문화 저장소의 일부를 머리 속에 지니고 있으며 이를 망치나 송곳처럼 바로 쓸 수 있는 도구로 활용한다.

이 책에서 이를 의미의 "주도적인 디자인 이론proactive design theory"이라 명명하였다. 고전적인 관점을 "문화 저장고 이론cultural storehouse theory"이라 명명하였다. 우리는 언어에 대해 고전적인 관점을 갖고 있다. 왜냐하면 우리가 사전에서 단어를 찾아보며 의미를 유추해 본 경험을 갖고 있기 때문이다.

고전적인 관점에서 보면 우리 머리 속에는 사전(언어학자들에 의하면 어휘 목록)을 갖고 있고 우리가 말하거나 글을 쓸 때—매우 빠른 속도로—이 단어를 찾아보곤 한다. 어휘 목록은 발음과 의미가 결합된 정신적인 단어 목록이다. 바퀴를 의미하기 위해 동그라미를 그리고, 빛을 의미하려고 해를 그리고, 정신적인 계몽을 의미하기 위해 불을 그리는 것과 같이 관습적인 이미지에 있어서도 마찬가지다. 문화 저장고 이론에 의하면 우리는 우리 머리 속에 이미지 목록과 이와 관련된 의미를 갖고 있다. 우리는 전반적으로 (이미지와 관련된) 현장을 보기 이전에 누군가가 표현해 놓은 것을 모방한다.

오늘날 인지과학 연구에서는 주도적인 디자인 이론proactive design theory을 지지하는 경향이 있다. 많은 인지 과학자들은 기호학 자원(단어든 다른 종류의 기호이든)의 사용이 우리 인간에게 늘 맥락화되어 있다고 주장한다. 단어나 절(혹은 다른 종류의 기호)의 의미는 일반적인 의미나 개념이 아니라 현장에서 즉각적으로 구성된 것임을 의미한다. 때로는 이러한 구성 과정은 일상적인 일이지만 어떤 때는 새로운 시도일 때도 있다.

일상에서 이 구성 과정이 어떻게 이뤄지는지 알기 위해 앞서 소개한 예를 살펴보자. 내가 "커피를 쏟았어요, 걸레 가져오세요" 혹은 "커피를 쏟았어요 빗자루 가져오세요"라고 말했을 때 당신은 무엇을 생각할지 보라. 첫 번째 사례에서 우리는 커피 의미를 액체로 여길 것이다. 두 번째 사례에서 우리는 커피 의미를 커피콩이나 가루로 여길 것이다. 물론, 아이스크림 가게에서, "커피 쏟았어요. 걸레 가져오세요" 한다면 커피는 커피 아이스크림을 의미할 것이다.

우리는 우리가 속한 맥락(혹은 의미를 만들고자 하는 맥락)에 부합하도록 "맥락화된 의미"를 만든다. 게다가 우리의 특정 목적을 성취하기 위해 만들기 작업building tasks에 관여한다. 즉 의미를 우리의 필요에 연관시킨다. 이 과정은 종종 상호 협조와 소통으로 이뤄진다. 공동의 활동이나 대화에서 타인과의 협조와 소통에 기반하여 역동적인 방법으로 의미를 구성한다.

기호는 기표(구어나 문어 혹은 이미지)와 기의(의미)로 구성되어 있다. 대부분의 경우, 우리가 대화 중 즉석에서 맥락에 부합하는 의미를 만들어 낼 때조차도 기호는 물려받은 것처럼 보인다. 물론, 우리는 새 단어를 만들어 낼 수 있다. 그러나 이러한 경우는 상대적으로 드물고 우리 중 누구도 "쿠키"나 "고양이" 단어를 만든 적이 없다.

"고양이" 단어는 어떤 것을 의미하기 위한 기표로서의 단어로 여겨진다. 특정 의미를 전달하려는 의도의 매개물로 단어를 사용한다. 이 의도는, 사회적인 상호작용을 통해 형성되고 변형될 수 있다. (의도적인 단어 사용과 변형은) 둘 이상의 대화참여자들이 대화나 상호작용에서 나타나는 특징적인 것이다.

화자와 저자는 단어 사용의 구체적인 맥락에 부합하도록 단어의 의도된 뜻(의미 방향 혹은 의미 해석)을 구성한다. 게다가 맥락은 항상 두 가지—참여자들 사이에 공유된 지식과 물리적으로 표현된 것—가 동시에 일어나는 상황을 의미하며, 맥락, 맥락과 관련 있는 내용, 그리고 맥락과 내용을 관련짓는 참여자들의 해석 방식에 의해 구성된다.

그렇다면 이는 단순히 단어를 선택하는 문제(의미의 설계자로서 우리의 중요한 행동의 일부이기는 하지만)가 아니라 우리의 의도에 부합하는 방식으로 특정 맥락에서 맥락화된 의미를 구성하는 문제이다. 우리는 항상 청자와 독자에게 '어떻게 단어를 취했는가, 의미를 어떻게 담고자 했는가'를 알려주어 청자와 독자도 그 방식을 이해할 수 있게끔 해야 한다. 즉, 우리가 "고양이" 단어를 사용할 때마다 우리의 목적(의도)을 실현할 맥락화된 의미를 표현하는 기표로서의 "고양이" 단어를 만들었다.

이와 관련된 구체적인 예를 살펴보자. 다음에서 "민주주의" 단어가 다양하게 인용된 방식을 살펴보자. 앞서 아래 1을 소개한 바 있다:

1. 나는 경제 자유에 대한 전면적인 제한은 민주주의에 부합하지 않는다고 말한 Friedman이 옳다고 믿는다.

(출처: http://www.becker-posner-blog.com/archives/2006/11/on_milton_fried.html)

2. 민주주의가 사람들의 권한을 강화하는 창조적인 과정이라면, 해적판 출판자들[무허가 라디오 송신자들]은 이 과정을 유발하는 완벽한 촉매 역할을 하는 것이다.

(Mason, 2008, p. 47)

3. Penalosa[콜롬비아의 Bogota 시장]는 "일반적으로 높은 질적 수준을 지닌 대중 보행공간과 공원은 진정한 민주주의가 실행되고 있음을 드러

내는 증거"임을 목격하였다.

(Brown, 2008, p. 193)

4. 모든 수단이 허용되지 않고 적이 사용하는 방법 모두에 개방되어 있지 않은 것이 민주주의의 운명이다.

(Weisberg, 2008, pp. 181-2)

첫 번째 인용에서, 유권자 다수가 경제적 제한 상황을 바라고 투표할 수 있으므로 민주주의의 의미가 명확하지 않다. 두 번째 인용은 법이 유권자의 바람을 반영하다 하여도 민주주의가 불법 활동과 동일시될 수 있음을 의미한다. 세 번째 인용은, "진정한 민주주의" 단어를 사용하면서 공원(공공의 장소)을 참된 민주주의 증거로 본 반면, 네 번째 인용은 시민을 괴롭히지 않는 것을 민주주의의 증거로 보았다.

이 인용 구절의 저자들은 무엇이 "실제" 혹은 "진정한" 민주주의인가에 대해 서로 다른 이론 혹은 형상화된 세계를 갖고 있었다. 이 이론 혹은 형상화된 세계에 따라 "민주주의" 단어는 다양한 상황에서 서로 다른 맥락화된 의미를 표현한다. 실제로 사람들은 세상과 대화 맥락을 어떻게 보는가에 근거하여 특정 대화 목적을 갖고 "민주주의"와 같은 단어를 사용한다(예, 그들의 공식/비공식적인 이론이나 형상화된 세계). 목적에 적합한(타인으로 하여금 받아들이게 하는) 구체적인 의미와 의도를 이해하기 위해 자신이 속한 세상과 맥락을 이해해야 한다.

단어와 기호에 대해 지금까지 논의한 내용은 문법에 있어서도 마찬가지이다. 화자와 저자는 언어로 어떻게 구조화할 것인지 결정하고 사회화된 의미를 주입해야 한다. 사실, 단어에만 집중한다면 의사소통하는 데 있어서 디자인 행위의 많은 부분을 놓치게 된다. 화자와 저자가 가장 새로운 의미를 만들거나 의미의 뉘앙스를 연출할 수 있는 방법이 단어의 조합이다. "실제 민주주의" 혹은 "진정한 민주주의"와 같은 단어 조합이 효과 있는 이유이다. 단어 조합은 단어가 표현할 수 있는 의미의 한계를 완화하거나 심지어 바꾸기도 한다. "마이크로소프트의 운영시스템에는 버그가 탑재되어 있다"와 "마이크로소프트는 운영시스템에 버그를 탑재했다"의 이 두 문장 간에는 의도한 의미가 다르다.

주도적인 디자인 이론의 사례를 보자. 먼저, 아래 예문을 보자. 부리또가 샌드위치인지 아닌지에 대해 법원에서 있었던 논쟁을 멕시코계 미국인 교수가 쓴 글이다(2008년 Richard Ruiz의 "부리또의 본질적 지위" 글에서 승인을 얻어 발췌함). 종합상가에서 샌드위치 가계가 경쟁할 다른 샌드위치 가게가 없는 곳에 배정받기로 되어 있었다. 부리또 가계가 개업했을 때 샌드위치 가게는 소송을 내었고 부리또가 샌드위치라고 주장하였다:

> 몇 달 전, Massachusetts에서 판사가 부리또(멕시코 요리의 일종)는 샌드위치가 아니라고 판결하였다. 그가 이 판결을 할 경력이 되는지는 명확하지 않다. 그의 이름만으로는, 나와 다른 사람들이 경험한 것처럼 그도 멕시코 음식과 관련하여 개인적인 경험이 있을 것이라고 결론내릴 수 없었다. 물론 (판사의) 명성은, (음식의) 국가적인 기원을 결정하기에 좋은 기준이 아닌 것을 잘 알지만 말이다(나는 Plunkett이라는 멕시코계 미국인과 함께 학교에 다녔고 Schwartzkopf 성씨를 가진 푸에르토리코인과 함께 일하였다). 판사의 판결은 표면적으로 합법적이지만 여전히 사회문화적인 고려가 있었는지에 대해 의문이 남는다.
>
> 누가 판사하기에 적절한지를 판사나 법원이 결정하는 것은 흔히 있는 일이다. 이 결정 중 일부는 부리또의 본질적 지위를 알아내는 것보다 더 중요하다. 1986년 법정에서 흑인과 백인에게 분리된 공공 시설물을 이용하도록 요구하는 법이 합법적이라고 결정하였다; 원고는 (유전적으로 1/8이 흑인이었던) Homer Plessy였다. 1927년 이 판결에 도전하는 선례인 학교분리School Segregation에서 법원은 중국 소녀가 법적으로 흑인임을 결정하였다(당시의 용어로

> 는 실제 "negro"이다). 1954년 텍사스 법원은 멕시코계 미국인이 백인계임을 공표하였다. 돌이켜보건대, 판사가 이 문제들을 결정할 특별한 권한이 없으며 실책을 하기도 함에 우리 대부분은 동의한다.

Ruiz는 우리가 의미를 지시하는 방법을 선택할 뿐 아니라 이러한 선택이 실제 결과로 이어짐을 지적하고 있다. 또한 그는 이 선택을 하기 위해 사람의 자격 요건을 보아야 함을 지적하였다. 자격 요건은 우리의 문화 저장고, 즉 서로 다른 사회 문화 그룹의 일원으로서 현실에서 갖는 경험과 연관 있다. 문화 저장고가 의미를 결정하지 않고 의사소통 참여자인 우리가 의미를 디자인하지만, 다양성 시대에 다양한 사람에 의해 만들어지고 경험되는 문화 저장고에 대해 우리는 윤리적인 책임이 있다. 이 관점에서는 문화 저장고가 단순히 일련의 의미가 아니라 서로 다른 그룹마다 다른 경험과 가치의 저장소라고 본다. 우리가 (문화 저장고에 대해) 무엇을 아는가 혹은 모르는가 관점에서 모두가 이 문화 저장고에 대해 민감할 필요가 있다. 이제 새롭게 제시할 두 번째 예는 "사랑" "존경" "민주주의"와 같이 산뜻한 단어가 아니라 "소시지sausage" 단어에 관한 것이다. 아프리카계 미국인 변호사 Patricia Williams(1991)가 법정에서 단순해 보이는 단어에 대해 말한 것을 살펴보자. 그는 불순물이 섞인 생산품을 판매한 소시지 가공업자를 기소하였다. 이 가공업자는 "소시지" 단어가 "돼지고기와 많은 불순물"을 의미한다고 주장하였다. Williams는 배심원들에게 최종 보고하는 자리에서 다음과 같이 말하였다.

> 소시지 만드는 기계라 부르는 것이 있다. 돼지고기와 양념을 맨 위에 놓고 손잡이를 돌리면, 이건 소시지를 만드는 기계이므로 다른 한쪽으로 나올 것은 소시지이다. 시간이 지나면, 소시지를 만드는 기계에서 나오는 모든 것이 소시지임을 알게 된다. 사실, 논쟁의 여지 없이 그것이(소시지 만드는 기계에서 나오는 것이) 소시지라고 말할 수 있는 규칙이다.

하루는, 족보가 모호한 몇몇 작은 설치류와 곰인형, 닭고기를 넣었다. 그리고 기계를 돌려 다른 한쪽에 무엇이 나오는지를 보았다. (1) 우리가 이 생산품을 소시지라고 부른다면 기계의 타당성을 증명한 것인가? (2) 우리가 이 생산품을 소시지라고 부른다면 "소시지"의 의미를 확장한 것인가? (3) 우리가 이를 "소시지" 외에 다른 것으로 부른다면 이 관계(소시지를 만드는 기계-결과물로서의 소시지)를 깨뜨리는 데 성공한 것으로 볼 수 있는가?

사실, 우리가 생산품을 소시지라고 부르든지 부르지 않든지 혹은 먼지와 작은 발톱으로 만들어진 생산물을 새로운 이름으로 부르든지 간에 차이를 만들 거라고 확신할 수 없다. 하지만 차이는 무엇을 소시지로 부를 것인가 하는 아래 세 가지 인식에 의해 만들어질 수 있다:

(1) 소시지 생산자를 승인하고 소시지 기계 사용의 필요성을 강화함(즉, 승인된 생산자들이 만지는 모든 것만이 소시지이다.
(2) 더 다양한 종류의 소시지(닭 소시지, 설치류 소시지, 곰인형 소시지 등)를 포함하기 위해 소시지의 정의를 확장함
(3) 소시지가 의미하는 바에 대한 우리의 이해를 점검함. 즉, 소시지가 무엇인지 '합의된 한계'를 명확히 하고 승인과 합법화의 근거를 다시 생각해 봄

판사로서 그리고 심판관으로서 우리 자신의 역할을 정의하고 인식할 때, 즉 현실을 만드는 데에 우리가 직접 참여하고 있음을 인식할 때 우리는 위의 세 가지 다양한 방법이 있음을 알 수 있다.

Williams가 위의 (3)에 동의했음은 명백하다. 그러나 단어 의미의 합의된 한계는 정확히 무엇인가? 회사가 그 단어의 의미를 얼마만큼 확장할 수 있는

가? 단어 의미를 승인하고 합법화하는 근거는 무엇인가? 이 질문들은 사전 속에 있는 단어와 의미에 관한 것이 아니다. 게다가, 이 질문들은 (단어 의미의 합의된) 한계가 사회적이고 윤리적("합의된")이며, 의미 의도meaning intention가 사회 합의나 논의로부터 시작함을 가정하고 있다.

Williams의 인용은, 우리 인간이 단어가 의미하는 바와 그 의미의 한계점이 무엇인지(무엇이 되어야 하는지)를 결정하는 사회적 존재임을 분명히 보여 주고 있다. 우리는 법정에서뿐만 아니라 일상의 삶에서도 그렇다.

우리는 면대면으로 만나 소통하는 그룹의 일원만이 아니라 시공간적으로 서로 다른 거대 담론을 대표하는 사람으로서 의미와 그 한계를 결정한다. "특정 유형의 사람들"의 대표로서 의미와 그 한계를 결정할 때 하나의 동일한 단어에 대해서도 거대 담론이 다르기 때문에 아마도 다양한 결정을 하게 된다.

우리는 특정 유형의 시민으로서, 페미니스트로서, 신보수주의자로서, 환경운동가로서, 학자로서, 정책가로서, 변호사로서, 게이머로서, 부모로서, 범죄자로서 의미를 결정한다. "이런 종류의 사람들"(정체성 혹은 "세계에서 존재하는 방식")은 역사를 통해 형성된다. 이(정체성)는 우리가 있기 전부터 존재해 왔으며 우리가 떠난 뒤에도 존재할 것이다. 우리는 이를 물려받았으며 주도적인 디자인proactive creative design decisions을 통해 직접 형성하거나 재생산하거나 변형하기도 한다. 역사에서 모든 사람들이 주도적인 디자인에 기여한다.

오늘날 디지털 미디어가 생산자와 디자이너로서의 시민 개념을 어떻게 내세우는지에 대해 논의하면서 이야기를 마무리짓고자 한다. 많은 분야에서 디지털 미디어는 모든 세대의 사람들이 공식 자격증 없이도 아마추어로서 자신의 디자인, 미디어, 생산품, 서비스 및 지식을 생산해 낼 수 있도록 기능하고 있다. 프로아마추어Pro-Ams—무엇이든 되고자 하는 열의로 전문가가 되는 아마추어—의 시대로 진입한 것이다.

세분화된 다양한 분야에서 기술적인 전문성을 개발하기 위해 인터넷, 소셜 미디어, 디지털 도구, 그리고 때론 가상 공동체를 활용하는 많은 사람들은 젊은이들이다. 이 분야 중 일부로 디지털 비디오, 비디오 게임, 디지털 스토리텔링, Machinima[1], Citizen Science[2], 팬 픽션, 역사와 문명화의 가상 실험, 음악, 그래픽 아트, 정치 논평, 로봇공학, 일본 애니메이션, 패션 디자인(예, 게임 Sims에서 Sims를 디자인) 등이 있다. 실제로, 인간이 생각할 수 있는 모든 시도가 모두 프로아마추어 영역에서 이루어진다.

예를 들어 보자: 학교에 소속되지 않은 어린 시골 소녀가 테크놀로지에 대한 관심을 고취하는 방과후 프로그램에 참여하였다. 이 프로그램에서 소녀는 게임 Sims에서 자신이 선택한 Sims에 옷을 입히기 위해 포토샵을 사용할 수 있다는 것을 알았다. 포토샵은 기술적인 문제이다. 소녀는 Sims에 옷을 입히고 싶었으나 구체적으로 어떻게 하는지를 배우지 못하였다. 프로그램 운영자 역시 포토샵을 어떻게 사용하는지 모르므로 소녀는 독학을 해야 하였다(인터넷에 이용가능한 자원이 많기 때문에 실질적으로 독학이라 보긴 어렵다). 많은 노력 후에, 그 소녀는 마침내 (자신의 Sims뿐만 아니라) 친구를 위해 실제 옷부터 가상의 옷까지 디자인하였다(이로 인해 또래 내 그녀의 지위가 향상되었다). 그런 후 세계 각지의 사람들이 이를 보고 사용할 수 있도록 인터넷에 자신의 옷 디자인을 올려놓을 수 있음을 알게 되었다. 많은 사람들이 소녀의 디자인을 사용했고 소녀는 칭찬을 받았다(이로 인해 "전 세계적" 지위를 얻었다).

이 소녀는 원래 옷을 팔지 않고 제공하였다. 하지만 이내 그녀는 Second Life(게이머들에 의해 신설된 가상 세계)에서 가계를 직접 설계하고 지어(Second Life에서 입체 엔진을 사용하여) 열었다. Linden Dollars[3]를 받고 옷을 팔았으며 번 돈을 실제 화폐로 바꾸기도 하였다.

이 소녀는 실제 여러 프로아마추어 공동체, 즉 아바타 옷을 설계하고 온라인에서 판매하는 일의 기준을 세우고 모니터하며 나이로 등급 매기지 않는

---

1) Machinima는 게임엔진을 활용하여 제작비와 제작기간을 줄일 수 있는 첨단 영화이다.

2) Citizen Science는 인기 있는 게임명이다.

3) Linden Dollars는 가상 세계인 Second Life에서 통용되는 디지털 화폐이다. Second Life 프로그램 사용자는 아바타를 이용하여 서로 소통한다.

사회 그룹인 소위 "열정적인 공통관심사 공간passionate affinity spaces"에 참여하였다. 이 곳의 기준은 높다. 이 공간에서 사람들은 그녀에게 조언을 준다. 하지만 소녀가 그 공간에서 내부자로 받아들여지려면 매우 높은 기준을 충족해야만 한다.

이 예를 접한 몇몇 교육자들은 패션에 관심 두는 소녀를 과소평가할지도 모른다. 왜냐하면 이 예는 성 고정관념의 사례이기 때문이다. 하지만 소녀에게 이 경험이 자신의 미래를 어떻게 바꿨는지 묻는다면, 소녀는 의상 디자이너가 되려고 했던 것이 아니라 컴퓨터로 작업하고 싶었다고 대답할 것이다. 왜냐하면 소녀는 컴퓨터가 힘의 근거임을 알았기 때문이다. 그녀는 컴퓨터 작업이 혁신과 창조의 원천이라고 보았다. 실제 영역에서 실제 기준으로 일할 때 어떤 정체성으로 변화되었는지 당사자에게 물어보기 전까지는 알 수 없다.

오늘날 남녀노소를 막론하고 많은 사람들이 테크놀로지 기술을 가진 적극적인 생산자, 디자이너 그리고 건설자이다. 이 책에서 사람들은 지금도 그렇지만 지금까지 늘 구어와 문어를 이용하여 능동적으로 (의미를) 만들고 디자인해 왔다. 의식적으로 이를 더 잘 인식할수록—그리고 담론 분석은 이 인식 과정을 도울 수 있을 것이다—"예술(의미 디자인에 대한 저자의 은유)"을 더 많이 감독/조절할 수 있으며 자신들에 대한 타인의 디자인으로부터 스스로를 더 많이 이해하고 보호할 수 있게 될 것이다.

학교와 사회는 사람들을 생산자가 아닌 소비자로, 저자가 아닌 독자로, 참여자가 아닌 관망자로 여겨 왔다. 그러나 디자이너, 프로듀서, 참여자, 예술가, 웃음과 기술을 가진 실력자가 되는 것은 우리 인간의 생득권이다. 담론 분석은 언어 사용자이자 생산자로서의 영향력을 발산할 수 있도록 하는 더 큰 노력의 일부가 되어야 한다. 악이 아닌 선을 위해 우리의 언어학적인 영향력을 사용하도록 격려하는 것에도 노력을 기울여야 할 것이다.

추천문헌

Anderson, C. (2006). *The long tail: Why the future of business is selling less of more.* New York: Hyperion. [About everyday people as makers and producers]

Barsalou, L. W. (1999a). Language comprehension: Archival memory or preparation for situated action. *Discourse Processes* 28: 61–80. [Proactive design theory applied to how we understand language and the world]

Barsalou, L. W. (1999b). Perceptual symbol systems. *Behavioral and Brain Sciences* 22: 577–660. [Proactive design theory applied to how we understand language and the world]

Clark, A. (1989). *Microcognition: Philosophy, cognitive science, and parallel distributed processing.* Cambridge, MA: MIT Press. [An accessible guide to the mind as a network or web of associations, built from experience, on the basis of which we understand language and the world]

Gee, J. P. (1992). *The social mind: Language, ideology, and social practice.* New York: Bergin & Garvey. [Argues the mind is social because our networks or webs of associations are formed from experiences we have had with others and which others have sometimes mentored]

Gee, J. P. (2004). *Situated language and learning: A critique of traditional schooling.* London: Routledge. [Integrates a discussion of language, learning, and digital media]

Gee, J. P. (2012). *Social linguistics and literacies: Ideology in Discourses.* Fourth Edition. New York: Taylor & Francis.

Gee, J. P. (2007b). *What video games have to teach us about learning and literacy.* Second Edition. New York: Palgrave/Macmillan.

Gee, J. P. & Hayes, E. R. (2010). *Women and gaming: The Sims and 21st century learning.* New York: Palgrave/Macmillan. [Discusses passionate affi nity spaces]

Gee, J. P. & Hayes, E. R. (2011). *Language and learning in the digital age.* London: Routledge.

Glenberg, A. M. (1997). What memory is for. *Behavioral and Brain Sciences* 20: 1–55. [Discusses how memory and understanding is an active building process]

Glenberg, A. M., & Robertson, D. A. (1999). Indexical understanding of instructions. *Discourse Processes* 28: 1–26. [Discusses how understanding is embodied and based on experiences we have had as embodied beings in the world]

Hargittai, E. (2010). Digital Na(t)ives? Variation in Internet skills and uses among members of the "Net Generation." *Sociological Inquiry*, 80: 92–113.

Kress, G. (2003). *Literacy in the new media age.* London: Routledge.

Kress, G. (2010). *Multimodality: A social semiotic approach to contemporary communication.* London: Routledge. [A classic on how people proactively make meaning for signifiers, meanings apt to their purposes]

Leadbeater, C. & Miller, P. (2004). *The Pro-Am revolution: How enthusiasts are changing our society and economy.* London: Demos. [About makers as Pro-Ams, i.e., experts without formal credentials]

Mason, M. (2008). *The pirate's dilemma: How youth culture is reinventing capitalism.* New York: Free Press.

Ruiz, R. (2008). The ontological status of burritos. Unpublished paper, University of Arizona, Tuscon, Arizona.

Shirky, C. (2010). *Cognitive surplus: Creativity and generosity in a connected age.* New York: Penguin. [A wonderful book about the powers of creation, production, activism, and design digital media at its best can unleash]

Weisberg, J. (2000). *The Bush tragedy.* New York: Random House.

Williams, P. J. (1991). *The alchemy of race and rights: A diary of law professor.* Cambridge, MA: Harvard University Press.

용어 설명

강세(Stress)

강세는 물리적인 것이 아닌 심리적인 개념이다. 영어로 말하는 사람은 단어에서 다양한 정도의 강세를 (무의식적으로) 사용하거나 들을 수 있다. 하지만 강세는 물리적으로 단일의 형태나 일관된 방법으로 표기되지 않는다. 강세는, 높은 소리 강도와 긴 길이의 조합에 의해, 혹은 단어의 제1의 (악센트가 있는) 음절에 대한 목소리 음조의 변화에 의해 물리적으로 표가 난다. 이들 중 하나, 혹은 그 이상이 복잡한 방식으로, 하나가 다른 하나로 교체되어 사용된다. 따라서 "훌륭하다(WANderful)"는 단어에서, 사람들은 두 번째 음절보다 첫 번째 음절(악센트 있는 음절)에 더 강세를 둔 것을 듣게 되며, 두 번째보다 세 번째 음절에 더 강세를 둔 것을 듣게 된다. 일곱 단어로 구성된 발화에서 각각의 단어는, 문장 내 다른 단어와 비교하여 다양한 정도의 강세를 갖고 있다. 이 강세는 화자가 어떤 내용을 새롭거나 중요한 것으로, 혹은 오래되거나 덜 중요한 것으로 말하기를 원하는가에 따라 다르다. 다양한 단어 내에 강세 패턴은 발화에서 억양 곡선(intonation contour)으로 명명된다. 발화 억양 곡선에서 많이 강조되는 단어는 목소리 음조에서 명백한 변화로 구분되며 정보 강조(information focus) 혹은 억양 곡선에서의 강세로 명명된다. 따라서, "나는 네(강조)가 훌륭하다고 생각해"라고 말한다면 "네"가 새로운 정보이거나 중요한 내용이 되며, "나는 네가 훌륭(강조)하다고 생각해"라고 말한다면 "훌륭하다", "네가 훌륭하다", "나는 네가 훌륭하다고 생각해"가 새롭거나 중요한 정보가 된다(마지막 단어가 강조될 때, 새롭거나 중요한 정보는 그 단어일 수 있지만 단어와 함께 구성된 절이나 구가 될 수도 있다). 발화에서 한 단어가 추가로 강조될 때 "강조 강세(emphatic stress)"라 명명되며 "내(강세) 동생은 진짜 스타(강세)야"처럼 단어를 추가로 강조한다(저자는 "강조 강세"를 위해 진하게 글자를 표기했으며 "강세"를 표시하기 위해 대문자로 글자를 표기했다). 강조 강세는 가끔 대조를 표현하기 위해 사용된다. 앞선 문장에서는 "내 동생"과 "네 동생"의 대비가 가능함을 알 수 있다.

거대 담론(Big "D" Discourse)

사회 언어(social language)는, 사람들이 특정 사회 상황에 맥락화된(socially-situated) 정체성을 수행하고 정체성과 관련된 활동을 할 때 사용하는 언어 양식이다. 그러나 사람들은 언어뿐만 아니라 비언어적인 "것(stuff)"을 언어와 함께 사용하여 정체성과 활동을 수행한다. 거대 담론은, 사회적으로 승인되는 특정 정체성을 수행하기 위해 다양한 상징, 도구, 사물을 사용하는 것뿐만 아니라 가치를 부여하고/믿고/생각하는 방식, 언어, 행동, 상호작용 모두를 통합한 개념이다. 거대 담론은, 사회적으로 인정(승인)되는 특정 정체성을 수행하기 위해 언어, 행동, 상호작용, 사고/신념/가치부여 방식, 다양한 상징이나 도구, 사물을 사용하는 방식을 조합하고 통합하는 방식을 의미하는 용어이다. 저자는 거대 담론에서 첫 자를 대문자(a capital "D" of Discourse)로 표기했다. 만일 누군가가 길거리 갱단의 일원으로 여겨지고 싶다면, 그에 맞는 방식대로 말해야 할 뿐 아니라 그에 맞는 행동을 하고 옷을 입어야만 한다. 또한 특정 방법의 생각, 행동, 상호작용, 가치부여, 느낌과 신념을 가져야만 한다. 적절한 장소와 적절한 순간에 다양한 종류의 기호(예, 낙서), 도구(예, 무기), 사물(예, 거리 후미진 곳)을 사용할 수 있어야 하고 사용해야만 한다. 말만 번지르하게 할 수 없고 말한 바를 수행해야 한다. 법인 변호사, 해양 하사관, 급진적인 여성주의자, 지역 술집의 단골손님이 되거나 행동하는 것도 마찬가지다. 한 사람이 특정 상황에서 길거리 갱단처럼 인식되기 위해 말하고 행동하고 사람들과 교류할 수 있으며, 다른 상황에서는 영재 학생으로 인식되기 위한 방식으로 말하거나 행동하며 사람들과 교류할 수 있다. 물론, 이 두 정체성과, 말하기/행동하기/교류하기의 서로 다른 방법이 동시에 발생하면 특정 환경(다른 사람들이 한 사람에게 서로 다른 정체성을 기대할 때)에서 혹은 개인의 내면에서 혼란이 야기될 수 있다.

가정을 포함하여 생애 초기 사회화에 관여하는 집단을 통해 이루어지는 초기 사회화 과정에서 개인이 익히게 되는 거대 담론을 이 책에서 일차 담론(Primary Discourse)이라 명명했다. 일차 담론은 "우리와 같은 사람"이 되도록 기능하는데, 여기서 "우리"란 개인의 기본적인 사회화 집단을 말한다. 그러한 일차 담론은 가족, 그룹, 혹은 문화의 구성원으로서 생애 초기에 갖게 되는 정체성이며, 개인이 속한 구체적인 상황에 따라 다르게 규정된다.

특정 단어, 행동, 상호작용, 가치, 언어를 통해 특정의 사람이 되는 방법과 관련된 담론을 이차 담론(Secondary Discourse)이라 명명한다. 이차 담론은, 가족이나 생애 초기 사회화에 관여하는 그룹을 벗어나 교회, 학교, 정부, 직장 혹은 이익관계 집단과 같이 더 큰 공공 사회 기관과 관련되어 있다. 이차 담론은, 가정이나 가족 혹은 원문화(home culture)보다 좀 더 공적인 영역과 관련된 정체성을 수행하는 과정에서 사용된다. 몇몇 이차 담론(예컨대, 교회 담론이나 – 많은 중산층 가정의 경우 – 학교 담론)은, 일차 담론과 밀접한 관련이 있는데 이 경우, (이차 담론과 밀접한) 일차 담론의 사람들이 자녀들로 하여금 초기 사회화 과정에서 이차 담론을 배우거나 이차 담론에 대해 충성도를 보이도록 준비시키기 때문인 것으로 보인다. 이 책에서는 이 과정을 차용(borrowing)으로 명명했다.

일차 담론, 이차 담론, 차용 개념은 2011년에 편찬된 원저자의 「사회언어학과 문해: 담화에서의 정체성(social linguistics and literacies: Ideology in Discourses)」에서도 논의된다.

거대 담화(Big "C" Conversation)

거대 담화(영문에서 대문자 C로 시작함)는 특정 그룹이나 사회에서의 현안 · 논쟁을 의미한다. 예컨대, 흡연, 낙태, 학교개혁과 같이 많이 논의되는 문제들이 이에 포함된다. 대부분의 사람들은 자신이 그 논쟁에서 어떤 입장을 취할지 그리고 타인이 어떤 입장을 취하는지를 안다.

거대 담화(Conversation)

"거대 담화" 용어 참조

거대 담화 분석(Conversational Analysis)

거대 담화 분석은, 대화를 인간의 기본 의사소통 형태로 간주하고 사람들이 사회 상호작용에서 대화나 대화 지향성 혹은 타인 지향성을 통해 사회 질서를 생산/재생산하는 과정을 드러내고자 하는 세밀한 담화 분석을 의미한다.

거시구조(Macrostructure)

나의 여름 휴가 이야기, 높은 세금에 대한 논쟁, 부의 재분배를 위한 계획서와 같은 큰 조각의 정보는 나름 독특하며 높은 수준의 조직력을 갖고 있다. 즉, 규모가 큰 정보는 몸의 신체부분(얼굴, 몸통, 손, 다리 등)을 갖고 있는 것처럼 특징적인 부분을 갖고 있다. 이러한 부분은 몸이나 정보에서 가장 큰 단위의 부분이다. 각 부분은 더 작은 부분(궁극적으로 몸의 일부는 피부, 뼈, 근육 등으로 구성되며 정보는 연과 행으로 구성된다)으로 구성된다. 이야기 배경은 이야기보다 더 큰 조직으로서 이야기의 몸집에 해당된다. 이야기는 종종 무대, 기폭제, 위기, 평가, 해결 그리고 종결부로 구성된다. 이야기의 큰 몸통이나 전체로서의 언어 장르는 거시구조로 불리며 이는 미시구조를 구성하는 연과 행과는 대별된다.

관계 만들기 작업(Relationships Building Task)

사람들과의 관계를 만들고 유지하기 위해 혹은 이를 끝내거나 무너뜨리기를 위해 언어를 사용하는 것을 의미한다.

관습(Conventions)

관습은 무의식적으로 추구되는 것을 제외하면 규칙과 유사하다. 관습은 어떻게 행동하고 상호작용할 것인지 사회구성원들과 협의된 것이다. 하지만 이러한 협의는 대부분 암묵적이거나 무의식적인 것이며, 사람들이 다른 사람들이 해온 것을 따르거나 모방하는 과정에서 생성된다. 관습은 엄격함이나 융통성 정도에서 차이가 있다. 즉, 관습을 따르는 사람들은 매번 똑같이 혹은 좀 더 융통성을 지니고 행동하지만 여전히 같은 관습을 따르고 있다고 여긴다. 당신이 말하거나 행동할 때 (사람들이 알 만한) 관습을 따르고 있지 않다면, 사람들은 당신이 무엇을 말하는지 혹은 행동하는지 알 수 없을 것이다. 이는 우리가 실제로 새로운 것을 어떻게 수행하는가 혹은 새로운 관습이 어떻게 생기는가의 문제와 관련 있다(두 가지 모두 사회과학의 난제이다). 물론 이 문제에 대한 대답 중 분명한 것은, 우리가 새로운 관습을 만들기 위해 관습들을 결합시키거나 (때로 다른 관습들에 기초하여) 기존 관습에 부분적으로 새로운 의미를 부여할 수 있다는 것이다. 관습은 규칙과 같고, 관습을 어기는 일은 사회에서 나쁜 결과(일종의 패배)를 초래할 수 있으므로 우리는 사회 내에서 말하고 행동하는 일들을 게임(규칙이 있으며 승리 혹은 패배의 상태를 초래하는 게임)에 참여하는 것처럼 간주한다.

구조 문제(Frame Problem)

사람들은 말과 글의 내용이나 맥락을 토대로 듣거나 읽은 것을 해석한다. 화자나 저자가 모든 것을 말로 표현할 수 없으므로 청자와 독자는 듣고 읽은 것뿐만 아니라 말과 글의 맥락을 토대로 하여 의미를 추론할 수밖에 없다. 그러나 맥락("맥락

용어” 참조)은 광범위하며, 청자와 독자가 맥락의 어떤 부분이 얼마나 화자나 저자가 의도한 내용과 관련 있는지 판단하여 이를 토대로 의미를 해석해야만 한다. 청자와 독자가 맥락을 더 고려한다면, 화자와 저자가 무엇을 의도했는지 이해하는 내용이 달라질 수 있다. 따라서 우리가 언제 (맥락을 어느 선까지 참조하고 해석하는 일을) 멈춰야 할지를 어떻게 알며, 맥락에서 무엇이 해석과 연관되는지 어떻게 판단하며, 맥락과 관련된 내용의 범위를 어떻게 정할 것인가의 문제가 생긴다. 이것은 소위 “구조 문제”라 불린다(컴퓨터와 인류가 이 연관성을 결정하는 대결을 했을 때 컴퓨터가 취약하다).

글 쓰는 맥락이나 글 읽는 맥락, 혹은 이 둘 모두를 고려할 수 있기 때문에 글쓰기는 맥락과 관련하여 문제가 되기도 한다(성경이나 코란처럼 수백 년 혹은 수천 년 후에 맥락과 관련된 해석의 문제가 생길 수도 있다). 사람들은 어느 맥락이 이해의 적절한 근거가 되는지 논쟁하지만 여기에는 정답이 없다. 이것은 선택의 문제이거나, 우리가 참여하고픈 관습에 따라 다를 수 있다.

기능 문법(Functional Grammar)

의사소통에서 사용되는 하나 이상의 기능을 가진 문법 구조(예, 주어, 목적어, 명사와 동사, 명사절과 동사절, 관계사구와 같은 구)의 기술(記述)을 의미한다.

기호(Sign)

(기호 및 사물과 관련된 관습, 해석, 특정 개념으로 이해될 수 있는) 의미를 갖는 단어나 상징물을 의미한다. 이 상징물은 이미지나 사물이 될 수 있다.

기호 체계(Sign System)

특정 영역이나 특정 분야에서 의사소통을 가능케 하기 위해 기호가 상호 관련되어 있는 하나의 체계를 의미한다. 언어(단어 체계와 이 단어들의 조합에 의한 다양한 표현 가능한 기호)는 가장 중요한 기호 체계이다. 하지만 그 밖에도 많은 기호체계가 있다(예로, 수, 길 표지판, 군의 휘장 등). 예를 들면, 누군가가 워싱턴에서 건물 체계를 기호 체계로 다룰 때, 힘과 지위에 대한 메시지를 전달하는 관점에서 건물을 다룰 것이다. 물론, 기호 사용의 주체는 건물 그 자체가 아니라 건물을 유지하는 사람이나 설계자이다. 왜냐하면 그들이 그러한 메시지를 주고받기 때문이다.

기호 체계와 지식 만들기 작업(Sign Systems and Ways of Knowing Building Task)
특정 언어, 기호 체계, 세상을 아는 방식, 또는 그 앎을 표현하는 방식을 만들어 내거나, 유지하거나 수정하거나 변화시키거나, 이들 방식에 특혜/불이익을 주기 위해 언어를 사용하는 것을 의미한다.

기호학(Semiotics)
기호 체계 연구를 위한 용어이다.

담론 분석(Discourse Analysis)
구어와 문어를 모두 포함한 화용어를 분석하는 것이다. 담론 분석에서 다루는 언어 형태는 의사소통에 사용된 언어의 세밀한 문법과 그 문법의 기능이다. 담론 분석에서 다루는 또 다른 언어 형태는 주제와 메시지이다(이 경우 "내용 분석"으로 명명되기도 한다).

만들기 작업(Building Tasks)
이 책에서는 사람들이 현실에서 뭔가를 만들기 위해 적극적으로 언어를 사용한다는 입장을 취한다. 마치 건물을 짓기 위해 망치와 톱을 사용하는 것처럼, 세상에서 무엇인가를 만들거나 만들어진 것에 의미와 가치를 부여하기 위해 문법을 사용한다. 의의(signification), 실제(practice), 정체성(identities), 관계(relationship), 정치학(politics), 연관성(connections) 등을 만들기 위해, 인식론적 명제와 기호 체계를 만들기 위해, 그리고 특정 기호 체계와 인식론적 방법을 중시하기 위해 언어 문법을 사용한다(각각의 만들기 작업에 대해서는 용어 설명 참고). 만들기 작업은 화자나 청자가 정보를 제공하는 것 이상의 일들을 수행함을 의미하며, 대부분의 경우, 우리는 정보를 제공할 때 하나 이상의 만들기 작업을 한다. 화자나 저자 그리고 청자나 독자 모두 만들기 작업을 하는데, 그 이유는 청자나 독자는 화자나 저자가 자신에게 어떤 의미를 만들도록 하는지 이해해야만 하기 때문이다.

말의 분출(Speech Spurts)
인간의 뇌와 음성 체계가 구성되는 방식 때문에 모든 언어의 발화는 작은 분출 단위로 생산된다. 우리가 주의를 기울이지 않는다면, 이런 작은 분출을 들을 수 없다. 왜냐하면 귀는 발화를 한꺼번에 받아들여 마치 발화가 나누어지지 않고 계속되는 흐름으로 들리도록 하기 때문이다. 영어에서 이러한 분출은, 항상 그런 것은 아니지만, 종종 한 구절의 길이에 해당된다. 이러한 분출은, 최종이든 아니든 억양 곡선(intonation contour, 억양 단위)을 형성하고, 하나의 정보(생각 단위)와 하나의 억양 강조(intonation focus, 주된 어조 변화)를 포함한다.

매크로행(Macro-lines)

말하기에서 "문장"의 형태란 없으며 언어학 단위로서의 문장은 단지 글쓰기의 창조물이라고 이야기되곤 한다. 하지만 저자는 사실이 아니라고 생각한다. 실제로 말할 때의 문장은 글쓰기 할 때의 문장보다 더 느슨하게 구성되거나, 덜 압축되어 묶여진다. 그러나 사람들은 둘 이상의 행을 한 문장같이 묶기 위해 종종 문법을 사용한다. 마이크로행(micro-lines)과 매크로행(macro-lines) 간의 구분을 위해(이 책에서 행이 마이크로행을 의미하므로) 저자는 (둘 이상의 행을 묶기 위해 문법을 사용한) 문장을 매크로행이라고 명명했다.

맥락(Context)

맥락은, 의사소통이 이루어지는 물리적인 공간과 그 안에 포함된 모든 것(신체, 시선, 동작의 움직임; 과거 발화된 것; 의사소통에 참여한 사람들에 의해 행해진 것; 구성원과 공유된 문화적 지식을 포함하여 의사소통 참여자들이 공유한 지식 등)을 의미한다. 그러나 맥락은 "이미 그곳에 존재하는 것"과 우리가 말하는 방식에 의해 만들어지는 모든 것을 포함한다. 화자가 말한 것은 청자에게 어떤 방식으로 맥락을 구성할지 중요한 단서가 되며, 동시에 청자는 이미 언급된 것을 해석하기 위해 맥락을 참조한다. 이는 언어와 맥락의 "반영적 특성(reflexive property)"이라 명명된다. 청자는 언급된 것을 해석하기 위해 맥락 중 관련된다고 여기는 부분을 활용한다. ("구조 문제" 용어 참조)

맥락화된 의미(Situated Meanings)

단어나 절이 실제 사용되는 맥락에서 가지는 구체적인 의미를 뜻한다. 화자와 저자는 청자와 독자가 표현 내용과 표현 맥락에 근거하여 구체적인 의미를 구성하도록 이끌기 위해 발화와 문장을 만든다. 물론, 화자와 저자는 청자와 독자가 그들이 의도한, 맥락화된 특정 의미를 구성하는지 확신할 수 없다. 청자와 독자는, 화자와 저자의 의도를 고려하지 않은 채 비협조적으로 (혹은 저항하며) 맥락화된 의미를 구성할 수도 있다.

문법(Grammar)

특정 방언, 사회 언어, 말하기나 쓰기에서 절과 문장의 구성, 단어 사용 등과 관련된 관습을 의미한다. 이런 관습은 종종 "규칙"으로 명명되나 이는 암묵적이고 무의식적이다. 사람들은 문법을 서술하기도 하는데, 즉 언어의 규칙 시스템을 명시적으로 기술하기도 한다. 문법은 화자가 실제로 무엇을 하는지 설명한다는 점에서 전적으로 기술적이다. 또한 문법은 저자가 올바른 작업을 위해 무엇을 해야 할지, 혹은 사람들이 어떻게 말하고 써야 하는지 설명한다는 점에서 규범적이다.

미시 담론(little "d" discourse)

소문자 "d"로 시작하는 미시 담론은 화용어(language in use)뿐만 아니라 구어와 문어의 확장된 형태 모두를 의미한다.

반응 디자인(Response Design)

청자와 독자가, 그들이 듣고 읽은 것에 대해 언어든 행동이든 생각이든 어떤 유형의 반응이든 계획하는 것을 의미한다. 담화 분석의 일 중 하나는, 시간이 흐르는 동안 사람들이 상호작용 중에 서로에게 어떻게 반응하고, 이해를 어떻게 함께 만들어 가며, 서로에게 어떻게 적응하는가를 연구하는 것이다.

발화-유형 의미(Utterance-Type Meaning)

언어 사용의 실제 맥락 밖에서 고려되는 단어나 구의 잠재적 의미나 의미의 범위, 일반적인 의미를 뜻한다.

발화-징표 의미(Utterance-Token Meaning)

이 책에서 맥락화된 의미를 명명할 때 사용되는 또 다른 용어이다.

방언(Dialect)

방언은 특정 지역, 민족, 사회계층, 혹은 기타 사회 부문과 관련된 말이나 글의 스타일을 의미한다. 방언은 발음(액센트), 문법, 담화 특징 등에 따라 다양할 수 있다.

비종결 억양 곡선(Non-Final Intonation Contour)

억양 곡선에서 음 올림이나 음 내림, 강조할 정보에 대한 목소리의 음높이를 사용한 발화이다. 마치 더 많은 정보가 등장할 것같이 비종결인 것으로 들린다. 이 책에서 저자는 단일의 사선(/)으로 비종결 음조 곡선의 끝을 표현했다.

비판적 담론 분석(Critical Discourse Analysis)

정치학과 연관된 담론 분석의 형태("정치학" 용어 설명 참조)를 의미한다. 비판적 담론 분석은 사람들이 말하고 글을 쓸 때, 누구의 "이익"을 표현하고 지원하고 문제시하는가를 다룬다. 비판적 담론 분석이 영문 약호로 CDA라 표현될 때는 주로 Norman Fairclough와 그의 동료들의 연구를 명명하는 것이다.

사회 언어(Social Language)

사회적으로 맥락화된 모든 정체성과 연관된 말하기와 읽기 방식을 의미한다(이 정체성은 사회 집단, 직업군, 문화, 실제, 사회 역할, 비디오 게이머와 같은 흥미중심 활동과 연관될 수도 있다). 레지스터(register)는 때론 (사회 언어와) 같거나 유사한 방식으로 사용된다. 사회 언어는, 특정 사회 정체성과 이 정체성에 동반된 활동을 표현하는 언어나 (특정 계급이나 직업의) 통용어를 포함한다.

사회 재화(Social Goods)

사회에서 개인이나 집단이 원하거나 가치 있게 여기는 것이라면 모두 사회 재화로 간주된다. 지위, 돈, 사랑, 신망, 그리고 우정과 같은 것은 거의 대부분의 사회 구성원들에 의해 사회 재화로 인정되는 것이다. 기타 다른 것은 소수 집단에게만 사회 재화가 될 수 있다(예컨대, 조류관찰자가 희귀 새를 소지하는 것이 이에 해당된다. 물론 이는 몇몇 사람들에게 사회 재화로 인정받은 후에 사회 재화로서 추구되는 대상물이며 상대적으로 작은 집단 내에서 사회 재화로서의 지위를 얻는 사례이다).

상호텍스트성(Intertextuality)

말하거나 글을 쓸 때, 우리가 사용하는 단어는 여러 방법으로 다른 텍스트를 암시하거나 그것과 연관되어 있다. 여기서 다른 텍스트란 사람들이 이미 말하거나 써 놓은 것을 의미한다. 예컨대, 〈Wired〉 라는 잡지에 "실리콘 시대의 새로운 국면: 빠른 속도로 정보기술 직업이 인도로 유입되고 있다. 그것이 문제인가?"(2004년 2월)란 제목의 글이 실린 적이 있다. "그것이 문제인가?"는 영화에서나 책에서 거친 사나이가 말하는 것 같다. 그러한 말이 첨단 기술 전문 잡지에 실렸을 때 우리의 주목을 끈다. 다른 텍스트나 다른 유형의 텍스트와 연관지어 참조하는 일을 상호텍스트성이라 한다. 구어나 문어가 다른 구어나 문어를 연상시키거나, 인용하거나, 연관될 때는 텍스트 간의 연관성을 보여 주는 사례이다.

생각 단위(Idea Unit)

"말의 분출" 용어 참조

생의 세계(Lifeworld)

여러 학문 영역에서 다양하게 사용되는 용어이며, 일상생활 중에는 전혀 사용되지 않는 단어이다. 여러분의 생의 세계는, 여러분이 일반인으로서 의사소통하며 전문 지식이 아니라 상식과 일상의 지식에 근거하여 말하는 공간이다. 사람들은 생의 세계에서 의사소통할 때 자신들의 일상어를 사용한다. 이 개념은 유용한데 그 이유는 우리가 현대 첨단기술의 과학이 지배하는 글로벌 세계에서 생의 세계(사람들이 비전문적 지식에 근거하여 어떤 것을 안다고 편안하게 말할 수 있는 공간)가 축소되고 있다는 사실을 이해하는 데에 도움이 되기 때문이다.

수용 디자인(Recipient Design)

청자와 독자의 정체성 관점에서 무엇을 쓰고 말할 것인지를 계획하는 방법을 의미한다. 이 책에서는 정체성 만들기 작업과 더불어, 사회 언어와 거대 담화에 참여함으로써 정체성이 수행되고 인정받는 방법으로 수용 디자인을 설명한다.

승인 작업(Recognition Work)

사람들이 사회 맥락 내에서 특정 정체성을 인정받기 위해 상호작용하는 것을 의미한다. 인정받거나 인정받기를 실패하는 여러 요인이 있다. 정체성에 대한 논쟁, 협의 그리고 불명확함과, 우리 자신에 대한 평가, 연관짓기, 경쟁 등이 포함된다.

실제(Practice)

다양하게 사용되는 용어이다. 이 책에서 실제는 특정 방법으로 행동을 순서화하거나 연합하는 노력을 뜻하는데 이러한 노력은 사회적으로 인정받으며 사회·문화적으로 지지된다. 학생을 격려하는 것은 행동이며, 대학원에서 지도교수로서 학생을 지도하는 것은 실제에 해당된다. 언어학에 관한 내용을 누군가에게 말하는 것은 행동(알리기)이며 개설강좌에서 언어학을 강의하는 것은 실제에 해당된다. 때로는 "활동" 용어가 실제를 대신하여 사용된다.

실제 만들기 작업(Practice Building Task)

구체적인 실제를 혼자서 혹은 타인과 함께 수행하기 위해 언어를 사용하는 것을 의미한다.

억양 곡선(Intonation Contour)

발화에서 길이, 크기, 음조 변화의 패턴을 의미한다. 억양 곡선이란, 단어를 늘이거나, 여러 다른 단어에서 음 크기에 변화를 주거나, 한 묶음의 단어나 특정 단어의 음조에 변화를 주는 등 우리가 무엇을 어떻게 말할 것인가의 방법에 관한 것이다. 태도, 정서적 의미, 강세, 의미의 다양한 뉘앙스를 표현할 때 영어에서 억양 곡선을 사용한다. 그러한 것을 표현하는 것은 어렵지만 대화에서 중요하며, 이에 따라 대화가 유연하게 진행되거나 사람들을 불편하게 할 수도 있다.

억양 단위(Intonation Unit)

"말의 분출" 용어 참조

언어와 맥락의 반영적 특질(Reflexive Property of Language and Context)

"맥락" 용어 참조

연(Stanza)

특정 시공간에서의 주요 행사, 사건 혹은 현상에 관한 행(line)의 묶음. 혹은 특정 성격, 주제, 이미지, 소주제를 중심으로 한 행의 묶음. 시간, 공간, 성격, 사건과 관점이 변화할 때 새로운 연이 시작된다. 시에서의 연이 담화 분석에서의 기본 단위와 유사하므로 저자는 이 책에서 이 용어를 사용했다.

연관성 만들기 작업(Connections Building Task)

관련 없는 것 간에 연관성을 만들기 위해 언어를 사용하는 것

연상의 망(Webs of Associations)

우리가 머리 속 생각을 상황 속에서 전개되어 온 언어와 연관짓는 방식을 의미한다. 이 책에서 "형상화된 세계" 용어로 연상의 망을 부분적으로 설명했다. 하지만 인지 과학이나 뇌 과학의 연구에서 연상의 망이 더 많이 언급되고 있다(이 책의 마지막 장 참조).

연어 관계(Collocational Patterns)

'일광욕하는 사람'을 표현하기 위해 해가리개 모자, 수영복, 차양제, 타월, 조리개 등이 함께 표현되는 것처럼, 특정 사회 언어를 표현하기 위해 사용되는 단어나 문법 구조(단어, 구, 절의 유형)의 패턴이다.

위치 디자인(Position Design)

청자나 독자가 (좋은 것이든 나쁜 것이든) 특정 활동에 관여하고 특정 정체성을 취하도록 이끄는 노력의 일환으로 무엇을 쓰고 말할지를 디자인하는 방법을 의미한다. 이 책에서는 우리가 사회 언어와 거대 담론을 이용하여 정체성, 관계, 연관성, 의미, 그리고 기타의 것들을 어떻게 만드는가의 관점에서 위치 디자인을 설명했다.

의미(Meaning)

상징(단어, 이미지나 사물 등)은 그 자체로 존재할 때보다는 어떤 것을 나타낼 때(연관되어 있을 때) 의미가 생긴다. "나무" 단어는 세상의 나무들을 의미한다. 나무 사진도 같은 방식으로 다뤄질 수 있다. 나무를 선으로 그린 그림도 마찬가지다. 표현하는 바를 상징의 명시적 의미(denotation) 혹은 참조물(reference)이라 부른다. 사람들은 상징이 표현하는 바를 밝히기 위해 특정 정보나 관습을 사용한다. 머리 속 개념이나 생각 차원에서의 관습이나 정보는 상징의 내포적 의미(connotation)나 의식(sense)이라 불린다. [하지만 내포적 의미나 의식이 실제 사람들 머리 속에서만 존재하는 개념이 아님을 알 수 있다. 의미나 의식은 사람들이 따르는 관습에 근거하고 관습은 사회적 실제이기 때문에 의미나 의식 또한 사람들의 사회적 실제에 반영되어 있다.] 유니콘(unicorn)이란 단어도 "뿔을 가진 말과 같은 동물"을 가리키며, 이 개념과 관련된 관습은 그 단어가 유니콘(유니콘이 실제로 존재하는 것이 아니라 사람들의 이야기, 판타지와 이미지 속에서 존재하는 것)을 의미함을 이해하도록 해준다. 사람들이 아기가 순수함을 의미함(생각, 해석, 관습)에 동의하는 한, 아기는 순수함의 상징으로 표현된다.

의의 만들기 작업(Significance Building Task)

의미 있거나 중요하게 혹은 덜 의미 있거나 덜 중요하게 생각하도록 하기 위해 다양하게 언어를 사용하기

이론(Theory)

현실 공간에 무엇이 존재하며(예, 언어, 세포, 진화, 환경, 사회 등), 이들을 어떻게 묘사해야 하는가, 이들이 서로 어떤 연관이 있으며 상호작용하는가, 그 결과가 무엇인가에 관한 일련의 주장을 이론이라 한다. 주장에 대한 상당한 근거가 모일 때까지 이론에서의 여러 주장은 가설(추측)일 뿐이다. 증거가 수집될 때 이론은 진실(현실의 재현)이 된다. 과학적인 혹은 실증적인 조사의 일반적인 과정을 통해

변경될 여지가 있다 하더라도 말이다. [실증적인 이론이 항상 수정의 여지가 있다 하여도 이론을 무시하는 것은 위험스럽고 어리석으며 더 많은 해를 초래한다.]

전문가 언어(Specialist Language)

특정 영역의 전문가로서 말하기와 쓰기를 할 때 다양한 방식으로 사용되는 (특수한 단어, 문법의 특별한 사용법, 특정 담화의 특징, 특이한 발음 등과 관련된) 언어를 의미한다. 전문성을 공유하는 사람들은 그들 방식대로의 언어를 계발한다. 이러한 사람들은 의사, 목수, 범죄자, 애니메이션 팬, 비디오 게이머, 군인, 생물학자, 조류 관찰자 등등 매우 광범위하고 더욱 많아질 전망이다.

절(Clause)

우리는 동사와, 그 동사와 군집을 이루는 요소를 하나의 "절"로 정의한다. "메리는 피곤했기 때문에 파티를 떠났다."의 문장은 "메리는 파티를 떠났다."와 "피곤했기 때문이다."의 두 개 절로 이뤄져 있다. "메리는 파티를 떠났다."는 문장은 하나의 절만 갖추고 있다. "메리는 파티를 떠나려고 했다."의 문장은 "메리는 ~하려고 했다."의 절과 "(메리는) 파티를 떠나다"의 절로 구성되어 있다. 두 번째 절인 "파티를 떠나다"는 첫 번째 절 동사 "하려고 하다(의도하다)"의 직접 목적어로 삽입되어 있다. 이 두 절은 밀접하게 연결되어 있어서 마치 하나의 언어인 것처럼 발화된다.

정보 강조(Information Focus)

"억양 곡선"과 "강세" 용어 참조

정체성(Identity)

정체성은 그 의미가 다양하다. 이 책에서는 다양한 목적을 위해 다양한 시공간에 존재하는 수많은 방식을 의미한다. 예컨대, 좋은 학생, 열혈한 조류 관찰자, 제1정당 정치인, 강력한 경찰, 비디오 게이머, 미국 원주민 등 끝없는 리스트를 통틀어 그러한 사람이 되는 방식을 의미한다. 근본적으로 나는 누구인가 하는 핵심 자아감을 의미하는 바는 아니다. 이 책에서 저자는 정체성 대신 "사회적으로 구성되는 정체성" 혹은 "사회 정체성"이라 명명했는데, 이는 우리가 다양한 사회 역할이나 사회 위치를 어떻게 인식하고 수행하는가를 설명하기 위함이다.

정체성 만들기 작업(Identity Building Task)

사회적으로 맥락화된 특정 정체성을 수행하거나, 그러한 정체성을 타인에게 투사하거나, 정체성에 특권을 부여 혹은 박탈하기 위해 언어를 사용하는 것을 의미한다.

정치학(Politics)
이 단어는 매우 다양하게 사용된다. 이 책에서 정치학은 사회 재화나 사회 재화의 분배가 있는 어떤 상황이든 모두를 포함한다. 사회 재화를 주거나 철회하거나 사회 재화가 어떻게 분배되어야 하는지를 말하거나 함의하는 방식으로 말하고 글을 쓰며 행동하는 모든 상황을 정치적인 것으로 간주한다. 종종 특정 사람, 사물과 활동 관점에서 무엇이 적절하고, 정상적이며, 자연스럽고 좋으며 받아들여질 만한지를 함의하거나 표현하는 방식으로 말하고 쓰고 행동하는 것은 대부분 사회 재화와 연관된다(예컨대, 많은 사람들이 "받아들여질 수 없는" 혹은 "부정확한" 영어 사용자—설령 그들이 표준 영어보다 영어의 다양한 방언을 말하는 원어민이라 하더라도—로 보이기를 원치 않아 한다).

정치학 만들기 작업(Politics Building Task)
사회 재화를 제공하거나 제거하기 위해 언어를 사용하는 것 혹은 사회 재화가 어떻게 분배되고 또 분배되어야 하는가를 표명하는 것을 의미한다.

조사 도구(Tools of Inquiry)
이 책에서는 형태-기능 관계, 맥락화된 의미, 사회 언어, 거대 담론, 거대 담화, 상호텍스트성 등을 조사 도구로 소개했다(각각의 용어 참조). 이들 개념은 자료에 대해 어떤 질문을 해야 하는지 알 수 있는 근거가 되므로 담론 분석의 조사 도구라 볼 수 있다.

종결 억양 곡선(Final Intonation Contour)
억양 곡선(intonation contour)에서 정보에 따른 목소리의 고저가 반영된 발화를 의미한다. 하나의 정보가 마무리된 것처럼 (최종 억양 곡선의) 발화는 마지막 단계인 것으로 들린다. 이 책에서 저자는 최종 억양 곡선의 끝을 표현하기 위해 이중 사선("//")을 사용했다.

주도적인 디자인 이론(Proactive Design Theory)
사람들은 자신이 속한 혹은 속하고자 하는 상황을 위해, 그들의 청자와 독자의 정체성을 위해, 그들이 만들고자 혹은 성취하고자 하는 것을 위해 그리고 이러한 목적을 용이하게 하기 위해 언어를 적극적으로 설계한다는 개념이다.

일상어(Vernacular)

단어는 다양한 의미를 가진다. 만일 당신이 사전에서 단어 뜻을 찾고자 한다면 해당 단어를 어떻게 사용할 것인지와 전혀 연관이 없는 단어를 발견하게 될 것이다. 이 책에서, 일상어는 사람들이 (타 장소에서는 전문가로서 말할지언정) 전문가가 아니라 일반인으로서 서로 대화하고자 할 때 사용하는 언어의 스타일을 의미한다. 가정이나 공동체 내의 초기 사회화 과정에서 배우는 언어의 형태이다. 도시 사회에서 사람들이 교류할 때 서로 유사한 일상어를 사용하지만 일상어는 개인의 사회 문화 배경에 따라 다양하다. 사람들은 주어진 맥락에서 어떤 방식으로 형식적 혹은 비형식적으로 처신하길 원하는가에 따라 다양한 방식으로 일상어를 사용한다(즉, 사람들은 술집에서 낯선 사람과 대화하는 방식으로 침대에서 배우자와 대화하지 않는다. 그러나 이 두 경우에서 사람들은 일상어(비전문가적인 언어)를 사용할 것이다).

표준 영어(Standard English)

많은 다양한 의미와 뉘앙스를 가진 단어이다. 이 책에서 저자는 공적인 목적(예컨대, 취업 인터뷰, 주류 언론매체, 정치 담화 등)을 위해 표준 영어를 말하고 쓰는 전형적인 방식을 포괄하며 지역, 인종, 사회계층이나 기타 사회적 차이를 반영하지 않는 언어로 표준 영어를 정의한다. 하지만 이는 가설일 뿐인데 왜냐하면 지역, 인종, 사회계층이나 기타 사회적 차이는 언어 사용에서 늘 존재하기 때문이다. 이 가설은 중요하다. 특정 환경에서 표준 영어를 사용하지 않은 결과가 부정적일 수 있기 때문이다. 표준 영어는 사회에서 많은 사람들이 지식인의 말하고 읽는 방식으로 여겨진다. 하지만 지식인들도 친구들과 말할 때는 공적인 상황에서 사용하지 않는 형태의(비공식) 언어를 사용할 것이다.

학문 언어(Academic Language)

학교에서의 교과영역(예, 수학, 과학, 사회학, 역사, 윤리 등)을 포함하여 학문 분야와 관련된 특정 양식의 언어를 의미한다.

행(Line)

이 책에서 행은 “억양 단위”나 “생각 단위”를 명명하는 용어이다.

형상화된 세계(Figured World)

형상화된 세계는 사람, 활동, 사물, 상호작용에 있어서 무엇이 전형적이거나 정상적인가의 생각이 반영된 단순화된 세계 이론(혹은 이야기, 모델, 이미지)을 의미한다. 무엇이 전형적 · 정상적인가 여부는 맥락이나 사람들이 속한 사회 문화 집단에 따라 다양하다. 형상화된 세계는 특정의 배역, 행위자, 행동을 인식하고 의의와 가치를 부여하는 방법이며, 이 방법은 사회문화적으로 형성된다. 우리 모두는 침실, 집, 배우자, 결혼, 육아 방법, 교육받은 사람, 알코올중독자, 로맨스, 학생 등등 무엇이 전형적이고 "적절한지"를 구성하는 방법을 갖고 있다. 형상화된 세계는 "대중 이론(folk theory)" 혹은 "문화 모델(cultural model)"이라 불리기도 한다. 무엇이 전형적이거나 적절한 결혼인지를 떠올릴 때 사람들은 결혼의 형상화된 세계를 만들거나 떠올리는 것이다. 그러나 형상화된 세계는 사람들의 머리 속에만 있지 않은데 그 이유는 종종 형상화된 세계가 텍스트나 다양한 종류의 매체에도 반영되어 표현되기 때문이다.

형태와 기능의 연관성(Form-Function Correlations)

단어, 구, 절의 특정 양식과 특정 의사소통 기능 간의 연관성을 의미한다. 예컨대, 문장의 주어("메리는 스탠포드 대학에 입학했다"에서 "메리"처럼)는 문장의 "주제"가 되는 의사소통 기능을 한다. "주제"는 대화 내용이며, 저자나 화자가 표현하거나 질문하는 대상을 의미한다.

혼종성(Hybridity)

혼종성은 사람, 구어나 문어의 사용, 실제, 거대 담론, 문화 등 둘 이상의 다른 정체성이 혼합 혹은 결합된 것을 의미한다. 종종 혼종성은 숨겨지거나 부인되며 사람들은 (혼종성의 기원을 잊기도 하고) 혼종된 것을 단일의 것 혹은 순수한 것으로 안다. 사람, 언어, 실제, 거대 담론이나 문화 등 현실에서 순수한 것은 매우 드물다. 대부분 역사적으로 혼종된 것이다(예컨대, 영어는 독일어, 라틴어 그리고 초기 프랑스어의 혼종물이며 순수한 독일계 언어가 아니다).

활동(Activity)

"실제(Practice)" 용어 참조

찾아보기

[역자 소개]

이수원

University of Wisconsin-Madison 석사

University of Wisconsin-Madison 박사

현재 계명대학교 유아교육과 교수

임민정

중앙대학교 유아교육학과 석사

University of Georgia 박사

현재 경북대학교 아동학부 교수

박수경

University of Texas at Austin 석사

University of Georgia 박사

현재 건국대학교 교육대학원 교육학과 교수

담론분석 입문: 이론과 방법, 4판

발행일 2017년 6월 30일 초판 발행
저자 James Paul Gee | **역자** 이수원, 임민정, 박수경
발행인 홍진기 | **발행처** 아카데미프레스 | **주소** 413-756 경기도 파주시 문발동 출판정보산업단지 507-9
전화 031-947-7389 | **팩스** 031-947-7698 | **이메일** info@academypress.co.kr
웹사이트 www.academypress.co.kr | **출판등록** 2003. 6. 18. 제406-2011-000131호
ISBN 979-11-6136-003-4 93370

값 20,000원